# 读懂中国经济

蔡　昉◎著

中信出版集团・北京

图书在版编目（CIP）数据

读懂中国经济 / 蔡昉著 . -- 北京：中信出版社，
2017.9（2018.12 重印）
ISBN 978-7-5086-7450-6

I. ①读… II. ①蔡… III. ①中国经济－研究 IV.
① F12

中国版本图书馆 CIP 数据核字（2017）第 081489 号

读懂中国经济

著　　者：蔡　昉
出版发行：中信出版集团股份有限公司
（北京市朝阳区惠新东街甲 4 号富盛大厦 2 座　邮编　100029）
承 印 者：北京通州皇家印刷厂

开　　本：880mm×1230mm　1/32　　印　　张：11.5　　字　　数：260 千字
版　　次：2017 年 9 月第 1 版　　印　　次：2018 年12月第 13 次印刷
广告经营许可证：京朝工商广字第 8087 号
书　　号：ISBN 978-7-5086-7450-6
定　　价：49.00 元

—目　录—

—序 章—

# 拨开中国经济迷雾

中国从1978年改革开放到2011年，长达33年的时间里，实现了年均9.9%的国内生产总值（GDP）增长率，是世界经济发展史上的一个奇迹。当人们习惯于这个高速增长之后，对2012年以来中国增长减速，就容易产生疑惑。那些对中国经济前景的误判，一定是产生于错误的观察方法和偏颇的理论依据。一旦将这些认识中国经济增长的错误方法论予以澄清，必将拨开悲观论调的重重迷雾，重新看到中国经济前景的一片光明。

## 如何打破“不可能三角”

### 快与慢的经济发展规律

宏观经济学本来是由周期理论和增长理论两部分构成的，但是，专注于周期问题研究的学者往往缺乏增长视角。主流经济学家习惯于把观察到的经济增长减速，作为需求不足导致的周期现象来进行分析，因此，他们往往寄希望于刺激需求的政策能够扭转经济下行趋势，而在增速下行的势头始终未能触底的情况下，便会表现出过分悲观的情绪。然而，把这个方法论应用于观察中国经济增速的减缓，无疑犯了经验主义的错误，因为中国经济面临的不是周期现象，而是经济发展阶段变化的表现。从高速增长到中高速增长是经济发展规律作用的结果，是进入经济新常态的特征之一。

如果我们把世界各经济体按照人均 GDP 进行排列，可以看到，经济体从低收入到中等收入再到高收入，经济增速递减只不过是规律性的现象。处在更高收入水平上的中国，与之前自身处在较低收入水平时比较，增速有所降低无疑再正常不过。更应该关注的是，按照世界银行的分组标准，中国无论是在 2000 年以前处于低收入水平阶段时，还是在 2000—2010 年处于中等偏下收入水平阶段时，以及目前处于中等偏上收入水平阶段（人均 GDP 接近 8 000 美元）时，其经济增速都显著高于同样发展阶段里所有国家的平均水平。因此，无须从周期性、需求侧着眼追求短期的 V 形反弹，从供给侧认识新常态，才会看到中国经济政策定力之所在。

也有国外经济学家如巴罗教授，从增长视角观察中国经济减速。他们认为，中国长期的高速增长是一种赶超现象，是经济增长趋同的成功案例，从趋同递减假说出发，不可能长期保持高速赶超，中国增长终将减速。中国以往实现赶超型高速增长，原因在于改革开放消除了妨碍资源配置的体制性障碍，释放了人口红利。现在虽然增长减速，但中国经济赶超的条件依然存在，仍能保持中高速增长的底气。并且，通过供给侧结构性改革，挖掘传统发展动能，培养新的发展动能，我们还可以收获看得见、摸得着的改革红利，进一步提高潜在增长率。

## 量与质的经济发展内涵

我们并非盲目乐观，而且毋庸讳言，中国经济自身也存在问题。然而，问题不在于增长速度，而在于增长内涵，即存在发展的“不平衡、不协调、不可持续”问题。符合经济发展阶段变化的减速，不仅没有恶化这些问题，反而有利于解决此类问题。事实上，恰恰是在增长速度下行的同时，中国经济以更快的步调走向更加平衡、协调和可持续的发展轨道。

**经济增长平衡性提高。**从拉动需求的“三驾马车”看，消费需求对经济增长的贡献率从2010年的43.1%提高到2015年的66.4%，这5年的提高速度是2010年之前5年的5.2倍。第三产业发展加速，第二产业和第三产业之间更加平衡。2015年，第三产业产值比重首次过半，在过去5年中的提高速度是此前5年的2.7倍。此外，中国正在形成新的区域经济增长点，一些中西部省份后起赶超，地区发展更加平衡。

**经济增长新动能加速形成。**新常态下的经济增长必然是一个创造性破坏的过程，即在传统增长动能变弱的同时，新动能开始蓄势而发。例如，有的国内智库根据人力资本含量、科技密集度、产业方向和增长潜力等因素，识别出一些行业以代表新经济，并构造了一个“新经济指数”，发现该指数与传统的采购经理指数（PMI）并不同步。即使在后者呈现下行趋势的情况下，前者仍然保持逆势而上。又如哈佛大学学者用“经济复杂度指数”衡量经济体的出口多样性和复杂程度，中国该指标的全球排位，从1995年的第48位和2005年的第39位，显著提高到2014年的第19位。

**经济发展的分享性明显提高。**在政府再分配政策和发展阶段变化的共同作用下，收入分配开始朝有利于劳动者和低收入群体的方向变化。居民收入提高速度快于GDP增速，农民收入提高速度快于城镇居民。以不变价格计算，城乡居民收入差距于2009年达2.67∶1的峰值后，逐年缩小至2014年的2.40∶1，与此同时，全国基尼系数从2009年的0.49的峰值下降为2014年的0.47。

## 改革、增长和稳定的统一

最近，穆迪分析人员斯卡特表示，中国确立并寻求的改革、增长和金融稳定三个目标，不可能同时达到，终究要有所取舍，至少在一定时期内放弃其中一个。之所以把三个目标割裂开，赋予其彼此独立且对立的性质，也是由于作者因循了流行的观察视角和方法，因而未能抓住中国经济面临问题的本质。一旦我们从供给侧观察现象、分析问题和寻找出路，就会发现，改革、增长和稳定三者之间并不存在非此即彼或者此消彼长的关系。恰恰相反，正如三角形是力学上最稳定的结构一样，从供给侧入手，正确选择结构性改革方向和优先领域，分寸恰当并精准地推进这些改革，既可直接达到保持经济中高速增长的目标，又有助于防范金融风险，实现经济和金融稳定。

供给侧结构性改革的性质，可以从其目标，即提高潜在增长率来理解。有利于提高生产要素供给和全要素生产率增长的改革，即属于此类改革，应该放在改革日程的优先位置。例如，在劳动力总规模不再增长的情况下，提高劳动参与率是今后一个时期扩大劳动力供给的重要选择。

我们的分析表明，劳动参与率每提高 1 个百分点，可以为潜在增长率赢得 0.88 个百分点的改革红利；而全要素生产率增长率每提高 1 个百分点，则可以赢得 0.99 个百分点的改革红利。这方面的改革包括户籍制度改革，降低企业成本和交易费用的政策调整，从体制上拆除不利于竞争的进入和退出障碍等。由于这类改革着眼于供给侧，无须过度倚重需求侧的刺激政策，因而也降低了金融风险，因此可以打破所谓的改革、增长和稳定“不可能三角”。

## 如何实现 L 型中高速增长

### 认识减速：这次不一样

现在最重要的经济问题就是增长速度下行，其他许多问题都是由此衍生出来的。所以应该首先分析经济减速是如何形成的。最近国际和国内都有很多讨论，各种声音都有，有些人认为中国面临的是周期性的减速，还有一些人从长期趋势角度分析。比较有代表性的研究有以下几个。

萨默斯认为经济增速不可能长期持续超常，终究要回到均值水平，就是世界平均增长速度（大约 3%）。他们预测 2013—2023 年中国经济增长速度平均是 5%，2023—2033 年平均是 3.3%，即回到了均值。他们没有给出理由，只是说有这样的统计规律。

巴罗认为如果具备了若干条件，后起国家的增长速度会更快一些，最终会与发达国家的经济发展水平趋同。但是从长期来看，趋同的速度不会超过2%这个所谓“铁律”。中国过去大大超过了这个速度，所以到了减速的时候。因此他对中国经济的增速预测也是3%左右。这个预测已经被证明是错的。

上述两个研究都有一个共同的特点——尽管都在讲中国，但是都没有找准中国的特点，所以没讲出中国特有的故事。

巴里·艾肯格林（Barry Eichengreen）等把所有具备长期数据的国家放在一起进行统计分析，发现了一些减速的规律。他们认为在大约中国目前的收入水平上，各国基本都经历了减速，减速的幅度可以超过此前增速的一半。他们探讨减速除一般规律之外，还包含了一些国别的因素，就是不同的国家可能有自己的因素。

总的来看，这些研究都依据了某种方法，也发现了一些规律，但是，也都具有“只见森林，不见树木”的缺陷，讲得更多的还是森林，而中国是一棵不同寻常的大树，所以其结论对中国来说未必全都具有适用性。

林毅夫主张，中国的问题是国际金融危机之后全球经济增长乏力造成的，问题在于需求侧，所以是周期性的。在他看来，中国目前人均GDP相当于美国的20%，这个阶段相当于日本的1951年、新加坡的1967年、中国台湾的1975年和韩国的1977年。在那之后，这四个经济体都经历过20年的高速增长，所以他得出了中国经济长期增长潜力8%的结论。

他采用发展阶段比较的方法，一般来说固然是对的，但是，用人均GDP来判断发展阶段可能忽略了中国的一个重要特征——“未富先老”。虽然中国人均GDP比较低，但是老龄化程度已经不低于甚至超过了很多其他国家和地区。

2010年，中国15—59岁的劳动年龄人口数量达到峰值。这个现象发生在日本的时间不是1951年，而是1990—1995年；韩国是2010—2015年，比中国还晚一点；新加坡是2015—2020年。如果按人口转变阶段来看，而不是简单以人均GDP看，中国的发展阶段已经大不一样了。

抚养比是反映人口红利的指标。日本的人口抚养比在1970年就基本降到底部，但没有马上上升，而是稳定了20年，从20世纪90年代才开始上升。中国的人口抚养比大体上在2010年左右降到最低点，随后迅速上升。新加坡和韩国到达这个转折点的时间跟我们差不多。这同样证明了中国是在非常低的人均GDP水平上就开始丧失了人口红利。

从这个人口角度看，中国可能没有20年平均增长8%的机会了。良好的人口年龄结构能够保证劳动力充足、人力资本充足，劳动力的转移还能提高资源的配置效率，有利于提高全要素生产率，低抚养比有利于高储蓄率和资本回报率。人口红利消失意味着所有上述因素都会逆向变化，导致潜在增长率下降。

我们预测了中国经济潜在增长率的变化。2010年之前潜在增长率大体是10%，从那时开始就迅速降到了“十二五”时期的7.6%，从“十三五”开始进入6.2%的阶段。潜在增长率是供给侧因素形成的，周期性需求侧因素只能导致实际增长率与潜在增长率的偏离。用实际增长率减去潜在增长率，就可以得到增长率缺口。如果这个缺口是负数，说明没有把生产能力充分发挥出来。只有在出现负的经济增长缺口的时候，需求侧的宽松政策才能刺激经济增长。

如果认为中国经济潜在增长率仍然是10%，而现在的增长速度是6%—7%，则会得出负的增长率缺口，人们就会认为减速是由于周期性、需求侧等因素，就会不断提出经济下行何时触底的问题，就要期待政策刺激和一个V形的反转。事实上，中国经济的潜在增长率已经降下来，不是10%了，所以也没有明显的负增长缺口。经济减速是因为潜在增长率下降，而不是因为需求不足。

## 刺激不起来的潜在增长率

从供给侧认识经济增长，就意味着放弃国民经济恒等式（或所谓“三驾马车”需求因素分析法），而转向从生产函数的角度，观察导致潜在增长率下降的因素。我们可以发现以下四个现象。

第一，劳动力的持续短缺导致工资上涨。与任何商品一样，数量出现短缺，价格就上涨。在一定时期内，工资的上涨可以用劳动生产率的提高去弥补，但是如果劳动力短缺过于严重，工资上涨得过快，劳动生产率增长速度跟不上，就会导致单位劳动成本的提高。单位劳动成本与工资成正比，与劳动生产率成反比。其过快提高，意味着与发达制造业国家相比，我们在制造业上的比较优势趋于下降。

第二，新成长劳动力和人力资本逐渐减少。新成长劳动力包括各级各类学校每年毕业未升学和辍学的年轻人，即每年真正进入劳动力市场就业的人。这部分人也代表着人力资本的增量。新成长劳动力增长速度下降，也就意味着人力资本改善速度下降。计算表明，2014—2020年，每年新成长人力资本（新成长劳动力 × 人均受教育年限）的增长率是负 1.3%。

第三，资本大规模替代劳动，导致资本劳动比的过快上升。进而，如果人力资本不能同步得到改善，资本回报率则不可避免地下降。根据白重恩等人计算，2008—2013 年，资本回报率下降了 45%。这是投资增速下降的主要原因。

第四，资源重新配置效率的空间缩小，传统模式下的城镇化也即将减速。过去经济增长既靠生产要素的积累，也靠全要素生产率的提高。而在中国，接近一半的全要素生产率提高来自劳动力从生产率低的部门转移到生产率高的部门，即资源重新配置效率。这种趋势很可能会越来越弱，甚至会逆转。真正的农民工增量来自 16—19 岁的农村人口，这部分人口在 2014 年达到峰值，此后开始绝对减少，相应地，农民工增长率也开始降低。这意味着疾风暴雨式的劳动力转移，及其实现的资源重新配置即将结束，全要素生产率的提高速度会大幅减慢。

## 供给侧结构性改革红利

经济体制一些领域的改革进度尚不尽如人意，供给侧结构性改革也遇到“因为包袱重而等待、困难多而不作为、有风险而躲避、有阵痛而不前”的推进困难。这有以下两个原因。

第一，并不是每个人都真的相信改革能带来红利。改革红利看不见、摸不着，至少不敢说哪一项改革对应着哪部分红利。相反，实行需求侧的刺激政策，可以识别出财政性投资增加多少或者银行发放多少货币对应着 GDP 增速的百分点。所以有些地方和部门的改革决心不大，反而倾向于使用刺激性政策手段，延误改革时机。

第二，改革要靠全社会努力（激励相容）。改革成本可以确定是由谁来承担的，但改革红利并不是由支出了成本的主体排他性获得的，而是具有外部性。由于改革成本的分担和红利的分享还没有界定清楚，因此产生了改革的激励不相容问题，造成改革难以推进。

供给侧结构性改革应该着眼于提高劳动参与率、生育率、人力资本和全要素生产率等方面，以达到提高潜在增长率的效果。“三去一降一补”也是为了改进资源配置效率，提高潜在增长率。我们的测算表明，在相关领域推进改革，可以带来真金白银的改革红利。同时，以不同的力度和方式推进改革，会带来不尽相同的改革效果。

固然，根据权威人士的说法，就算不刺激，经济也跌不到哪儿去，到 2050 年中国经济增速才会降到世界平均值，在这之前还是高于世界平均值的，但是实质性推进改革就能取得更好的结果。我们的模拟表明，改革越彻底、力度越大，未来的潜在增长率就越呈现 L 型。

## 如何释放城镇化新红利

当前，世界各国形势都发生了一些重要的变化，特别是贸易保护主义的抬头，很可能会对经济全球化产生向后拉的动力。

这个动力到底能不能把全球化往后拉？我们不知道，但至少可以一方面尽己所能地推进全球化，另一方面做好自己的事情。这对于经济学家来说有两点：一是实现经济拉动力向内需转变；二是要进一步挖掘供给侧的经济增长因素，清除旧的障碍，所以我把新经济增长因素看作经济增长的新动力。

## 城镇化人口红利窗口期

中国经济到了这个发展阶段，经济增长就不会在原来那个量级上了。2010 年之前，我们测算的经济潜在增长率应该在 10% 左右，总体上实际增长速度有波动，但长期趋势也是在 10% 左右。

2010 年的人口普查显示，中国人口红利正在消失，因此在“十二五”时期，我们测算的潜在增长率是 7.6%，事后也证明中国的实际增长速度是 7.8%。按照我们现在的测算，如果没有别的因素，在改革红利还没有充分显示出来的情况下，“十三五”期间大概是 6.2% 的潜在增长率。尽管这样，我们的实际增长率仍然在潜在增长率之上，因此中国现在没有通胀，也没有周期性失业。但我们还是要探讨有什么方式能够让中国保持中高速，能够比静态测算出来的潜在增长率更好一些，这就是供给侧结构性改革。我认为城镇化是供给侧结构性改革的重要领域。

有很多人认为经济增长还会回到原来的水平上，或者说我们现在遭遇的还是短期的周期性因素。他们会问的一个最重要的问题是，历史上其他经济体在我们这样的人均收入水平上都没有减速，还会保持很长时间的高速增长，为什么我们在人均收入水平这么低的情况下（相当于美国的 20%）速度就要降下来呢？我想主要是在判断经济发展阶段时，不能仅仅依据人均 GDP 水平，还有一个重要指标是人口结构，要看人口结构究竟是有利于经济增长，能够创造人口红利，还是可能会产生人口负债，成为阻碍经济增长的因素。

我们用人口扶养比和东亚几个先行国家进行比较，即15—59岁生产力强的人口能够支撑的依赖性人口（15岁之前以及60岁之后）情况。扶养比下降比较低的时期很自然就是人口红利比较充足的时期，反过来就意味着人口红利正在消失，人口结构变成了食之者众、生之者寡。2010年进行人口普查时，总体来说扶养比正好下降到了最低点，在这之前是不断下降的人口红利冲突，到了最低点之后就迅速上升了。

历史上，日本大概在1970年开始降到了谷底，但没有立刻上升，直到20年之后才上升，因此维持了长达20年的较低的人口扶养比。新加坡、韩国的人均收入目前比我们高很多，但它们的人口扶养比的变化趋势跟我们几乎是一样的。也就是说，我们在较低的收入水平上达到了比较高的老龄化程度，比较早地丧失了人口红利。

过去我们获取人口红利的主要手段其实是借助城镇化，特别是农民工从农村、农业这些生产率低的部门转向生产率高的城市和非农产业。这是一个重要贡献，未来如果还能继续保持下去，我们还可以得到经济增长的动能。

## 城镇化提供新增长动力

另外，新型城镇化可能还有一些新的经济增长源泉。下面，我们分析一下改革时期传统城镇化如何为经济增长做贡献，今后其贡献方式将如何发生变化。

第一，城镇化主要是劳动力从农村转向城市，给我们带来了充分的劳动力供给。劳动力供给是重要的生产要素，不会成为经济增长的瓶颈。农民工一直在城镇就业，但过去他们并没有被统计进城市的就业人口里。现在这部分人占的比重逐年增大，已经是稳定的城镇就业人口了。

为什么过去不统计农民工，现在统计农民工呢？因为城镇对劳动力的需求越来越强烈，劳动力短缺现象越来越严重，农民工在城镇就业也就越来越稳定、越来越持续、时间越来越长。无论在住户调查，还是企业调查中，都越来越把农民工当作城市就业者。很显然，农民工和向城市转移的农业劳动力成为劳动力供给的重要因素。

第二，我们知道对经济增长贡献最大的是资本积累，因为资本回报率比较高、储蓄率比较高，资本积累对经济增长才有这么大的贡献。农民工或城镇化为什么能够做到这一点？在供给侧。如果人口扶养比，食之者寡，生之者众，能够把更多东西储蓄起来形成投资，与此同时，劳动力无限供给、资本报酬递减现象不会过早发生，因此资本回报率就会较高。目前的非户籍人口，也就是城镇化的新移民，他们具有更年轻、更具生产力的人口年龄特点。有了他们，我们整体城市的年龄构成更加合理，因此变得更有利于资本积累和资本回报率。

第三，城镇化对人力资本的贡献表现在，农村劳动力转移到城市中来，不仅从数量上而且在质量上都对劳动力群体做出了贡献。也就是说，他们贡献了人力资本。总体来看，农民工比城市本地户籍劳动者的受教育年限还是要低一些的，但由于进城的农民工大部分集中在相对年轻的群体中，而这些相对年轻的农民工和城市中年龄偏大的那部分劳动者比较，受教育程度就高了，因此当他们进城替代了逐年退休的那部分年老的城市职工时，城市的人力资本得到了改善，因此我们说城镇化对人力资本的贡献是非常明显的。

第四，经济结构的变化和城市化，说穿了其实是一个“库兹涅茨过程”。库兹涅茨是美国的一位经济学家，他认为整个资源流动的过程就是逐渐向更有效率的部门和地区配置的过程，因此整体生产率就会随之提高。在过去几十年里，农业劳动力的比重和数量都在迅速下降，但是如果看统计年鉴会发现，我们还有 29% 的人口在务农。实际上，如果你到村庄里，至少到县城里看中国经济，就会知道农村哪怕一个 40 岁以下的劳动力，都很难找到。

因此重新估算后，我们发现目前只有 19% 的人口在务农（比较保守的统计），其他人都在非农产业，因为我们的估算和官方统计有一个差额，但不知道我们算的比官方统计多出来的这部分人应该放在第二产业还是第三产业，所以我把他们单独列出来。正常的年份这部分人是在第二、三产业中，如果城市遇到不好的宏观经济形势，需要他们退回去，他们就会回到农业生产力的蓄水池里。但农业越来越机械化了，因此这部分人越来越回不到农业中去了，他们已经稳定地从事非农产业了。这个过程就意味着这部分劳动力的重新配置，就是我们生产力提高的重要源泉，所以我们说它是“库兹涅茨过程”。

## 不能靠改变行政区划实现城镇化

现在我们想把中国目前城镇化推进的方式、具体渠道做一个分解，来预测未来城镇化的趋势。2010 年的数据可以表明 2017 年的情况，因为它最丰富。我们会看到城镇化的源泉，也就是城镇人口的增长只有16%来自城市自身，我们把它叫作“自然增长”，其他的84%都是“机械增长”，即从非城市地区迁入，其中26%的人是农民工。还有5%的人口，从农村转到城市的同时也得到了城市户口。农民工是没有得到城市户口的。贡献最大的53%的部分，这部分人口不是“库兹涅茨过程”，我们把它叫作“就地转移”——工作性质没变，居住地没变，但因为行政区划的变化，比如过去一个地方叫“乡”现在叫“镇”，人的身份可能就会随之而变。这部分人对城镇化有很大一部分贡献，但是这部分贡献有一定的虚拟性，并没有真正的“库兹涅茨进步”，只是人身份的改变而已。

因此真正有意义的是农民工这部分，农民工26%的贡献率如果继续持续，我们城镇化就具有可持续性。据此我们预测一下未来的城镇化。目前城镇化率是56%，到了2020年大约是60%，但到了2030年就会减速，按照现在的预测只有67%，即使这样减速了的城镇化也需要依靠每年几百万到上千万的农民工继续从农村转向城市，我们把这部分人口叫作“农业转移人口”。

这部分人口的趋势如何？2014年，这部分人口已经达到峰值，从2016年开始它已经在负增长，农民工的增长速度会下降，城镇化也会有减速的趋势，因此我们需要推动城镇化，需要进行改革。改革可以得到及时的改革红利，也就证明，通过户籍制度改革加快以人为核心的新型城镇化，就可以提高城镇化的潜在增长能力。

我们前几年做了一个模拟，在2011—2020年，如果每年非农产业劳动参与率（劳动率供给）能增加1个百分点，对应这个时期的潜在增长率会增加0.88个百分点，几乎是1∶1。同样，如果全要素生产率的速度提高1个百分点，对应的潜在增长率几乎也会增加

1 个百分点，因此这两项改革可以带来真金白银、实实在在、显而易见的改革红利。

现在要推进改革，我想应该做以下三件事情。

第一，真正认识到改革是有红利的，改革和增长不是此消彼长、有此无彼的关系，改革可以提高潜在增长率，至少户籍制度改革能够做到这一点（增加劳动力供给，提高全要素生产率）。

第二，即使认识到改革能够带来红利，但这个红利能够得到吗？户籍制度改革的成本已经确定了，目前来看，城市政府一定要承担这项成本，但它带来的改革红利对潜在增长率的提高是不是能够完全排他性地被当地城市政府获得呢？不一定，因此改革成本和改革收益变成了不对称的东西。这时候必须做出恰当的制度安排，让大家分担改革成本，分享改革红利，预期明确才可能推进改革。

第三，我们应该看到，户籍制度改革也一样，要把目标定在机制和体制的变化上，而不要用指标来考察它，这一点非常重要。我们必须着眼于让真正意义上的资源重新配置，推动城镇化，获得改革红利。

# 第一篇
# 中国奇迹

中国改革开放已历时近40年，经济腾飞，民生大为改善，被誉为“中国奇迹”。“中国奇迹”带来的改变是几千年来的中国历史上从未有过的，在世界经济史上也极为罕见。本篇旨在通过人口与发展理论，剖析“中国奇迹”背后的逻辑，把中国经济放到大历史的角度、全球的范畴，加以探讨和研究，以便为中国巨轮在深水区航行指明航向。中国经济的发展经历过哪些阶段？中国经济的发展又有怎样的独特性？如何认识中国经济的发展？认识中国经济时容易产生哪些误区？对此，本篇各章节有详细的分析与解答。

# 第一章
# 理解经济的发展阶段

关于中国经济的发展阶段，我在很多文章和讲座中都反复讲过。我常把自己的研究比喻为俄罗斯套娃。我讲故事的时候，听众一边听一边质疑，在回应听众质疑的过程中，我也不断做新的研究。我的这些研究涉及中国经济和国际经济史的整个过程，兼收并蓄各国经验的经济增长原理。我把这些用一个统一的模式融合起来，同时把我所做的每个局部研究合并进来，就像一个大的套娃。这个大的套娃其实就是一个大的框架。本章的内容是把经济增长进行一般性阶段划分和中国如何对号入座，放在每一个特定发展阶段，在每一个特定的发展阶段上列出重要的理论命题，并分析这些命题的中国版本是什么。

## 如何划分经济的发展阶段

谈及经济的发展阶段，无论如何都绕不开中国经济的发展和经验。中国经验不仅仅是中国的经验，而且是唯一有利于我们理解经济增长理论和发展经济学的经验。从国际经济的图景来看，中国几乎走过了经济发展主要阶段的绝大部分，正在逐步迈入最后的阶段。我们经历的范围很大，同时又是在相对短的时间内跨越了很多重要的阶段，因此有足够多的观察和素材。同时，中国的经历中特别重要的是由盛而衰，然后由衰而盛的过程（见图 1–1）。

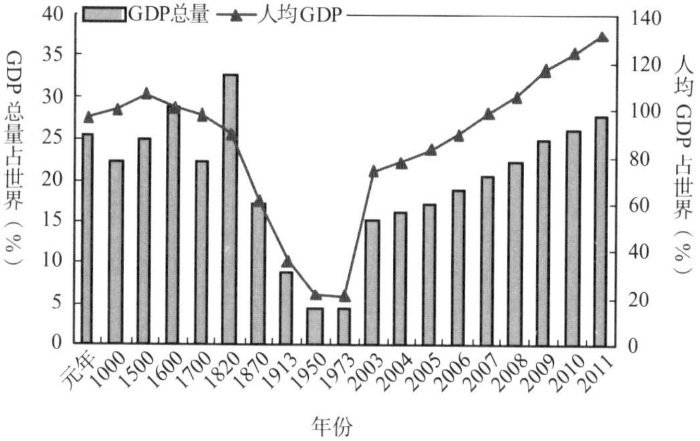


**图 1–1　中国由盛而衰和由衰而盛**

从大历史的角度回望中国经济的历史图景可以发现，中国的 GDP 总量占世界的比重曾经很大，最高的时候是在 1820 年前后，占到全世界 GDP 的 1/3。后来它一路下降，人均 GDP 也一路下降，一直降到最低点。图 1–1 中有一个值得注意的地方，就是 GDP 总量和人均 GDP 在降到最低点之前，坐标的刻度都是以千年、百年、数十年这样来划分的，之后则是以每年为一个划分段。也就是说，改革开放以后，我们在非常短的时间里，就逆转了中国经济在世界上的地位，所以我认为中国的经验应该能对经济增长理论做出应有的贡献。

我们先来看看应如何划分经济增长阶段。应该说很长一段时间以来，我们既学经济学，也学增长理论，但是不太关心阶段划分的问题，更多接触的是所谓现代的新古典增长理论。当然，在它的基础上又有创新修正，比如说新增长理论。但是当年我们在读书期间学发展经济学、学增长问题的时候，接触的是对增长阶段各种各样的划分，而现在的潮流是，现代的理论越来越不倾向于划分阶段。我认为划分阶段还是有意义的，因为我们作为世界经济增长史的一个组成部分，如果有一个阶段，前面有比我们更富裕的国家，我们是中等偏上收入国家，后边还有中等收入国家、中等偏下收入国家和许多贫困国家，于是我们从整个人类经济发展长河中，有一个阶段的划分，就能找一个好的坐标。然后把我们放在特定的坐标中，“瞻前顾后”，就能认清我们处在什么阶段，有什么挑战，我们可以接受什么样的经验，吸取什么样的教训，所有这些经验教训对我们而言都会变得更有针对性。

宏观经济学应该是两个部分：一部分是研究周期问题，是短期的；一部分叫经济增长。但是，现在大多数宏观经济学家其实不谈经济增长，而是关注周期问题，关心货币发行量、PMI最近有什么变化、CPI（居民消费价格指数）有什么变化、就业有什么变化等这些相当短期和具体的东西，反而把宏观经济学变得不那么宏观了。如果我们认识长期经济增长，又有阶段的概念，就容易形成一个真正宏观的视野，能够把中国的近期问题放在一个长期框架中来认识。经济学家卢卡斯说，研究一个国家长期经济的盛衰起伏，是一件如此诱惑人的事情，以至于一旦开始思考这些问题，就心无旁骛了。所以，我们观察分析更长期的发展，对理解当前的问题会有更多的帮助。

过去对经济增长阶段的划分可谓五花八门。一个比较有代表性的人物是罗斯托，此人既是经济学家，也是政治家，曾经在美国当过很高的官，他对经济发展阶段的划分，对相当一部分经济学人的影响是很大的。早期他把经济发展划分为五个阶段：第一是传统农业社会，生产率很低，标准的贫困社会。第二是为起飞准备条件的发展阶段。因为贫困，大家都努力发展，并且为发展准备了一些必要的条件。第三是起飞阶段，关键是满足必要的资本积累水平。第四是步入正轨的经济发展阶段。第五是大众消费阶段，收入水平和消费水平大幅度提高。后来他在修正这个理论的时候，又加了一个提高生活质量阶段。现在人们一般只记住了他的前五个阶段。

20 世纪 50 年代，这些人在世界上的影响很大，但是到了 60 年代，人们开始怀疑发展经济学，到七八十年代以后就开始放弃发展经济学。在美国大学里基本上是没有发展经济学课程的，我们熟知的像刘易斯这样的经济学家，在西方已经不被人提起了。他们认为经济发展就是像美国、欧洲一样的新古典的增长过程，因此他们不再划分阶段。

但是近年来又出现一个新的变化，比如说青木昌彦教授。几年前召开的世界经济学家大会，当时他是世界经济学家联合会的主席，他的主席报告按照东亚的经验把经济发展划分为四个阶段：第一个阶段是马尔萨斯阶段，或 M 阶段，主要表现是贫困的均衡陷阱，即使人们短暂地摆脱了这个陷阱，收入水平刚一提高就多生孩子，人一多就把原来的产品摊薄了，人均收入水平又降下来了。第二个阶段是政府主导的工业化阶段。这个阶段有一个时期的重点是经济结构的调整，逐渐缩小农业份额，扩大第二、三产业的比重，也叫作库兹涅茨转变或 K 阶段。

我曾经对青木昌彦教授说，他的这个阶段也可以叫刘易斯阶段，因为它主要涉及的是劳动力从农业转向非农产业。他最初接受了，说也可以把它叫作 L 阶段。后来回去他认真想了以后，还是坚持叫 K 阶段。第三个阶段是 H 阶段，是一个靠人力资本提高生产率的发展阶段。如果你能够通过这一关，就进入第四个阶段，即后人口转变阶段。这个阶段基本上就是老龄化社会，生育率非常低，不再有人口红利，就像所有的新古典类型的经济一样，只有靠生产率的提高、技术进步和创新才能得到发展。青木昌彦教授主要以东亚地区模式来进行划分。

理论经济学家中特别是经济增长理论中倾向于划分阶段的，是一个叫普雷斯科特的诺贝尔经济学奖得主，他和一个同事在一篇文章中说："我们过去只承认一个新古典增长，叫作索洛阶段，其实不能忽略人类在很长时间里是一个马尔萨斯的发展类型。"因此他建立了一个模型，说人类至少有两个发展阶段：一个叫作马尔萨斯阶段，一个叫作索洛阶段。前面是一个贫困的均衡，如果你打破了这个均衡，实现了经济增长的转型，那么就进入新古典阶段，就要遵循索洛所提出来的——经济增长唯一的来源是全要素生产率的提高。作为在传统的经济理论中打开的一个缺口，主流经济学家终于承认除了索洛阶段，还有其他的发展阶段。

同时普雷斯科特还提出，在马尔萨斯和索洛之间应该还有一个其他的阶段。他没说这个阶段应该叫什么，他说这个阶段的主要任务是消除阻碍农业中剩余劳动力转移的制度障碍。也就是说，这是劳动力从农业这个生产率低的部门，转向非农产业和城市那些生产率更高部门的一个过程。这个阶段对我们来说很自然，这个就是刘易斯（L）阶段，就是所谓的二元经济发展。不过，青木昌彦教授还是不愿意把K阶段叫作L阶段。

按照他们已经做的工作和观察，中国走过的路程，以及在我们看到大量发展经济学的文献以后，我们确定，经济发展可以划分为四个阶段：第一，马尔萨斯贫困陷阱或M类型的经济增长。第二，刘易斯的二元经济发展，或L类型的经济增长。第三，刘易斯转折点，或T类型。我们特别把刘易斯转折阶段列出来，因为它对中国有特别的含义。第四，索洛新古典增长，或S类型。

有了这四个发展阶段的划分，我们就得到一个框架。我们可以按照这个框架来观察人类历史是怎么发展的，中国是怎么走过来的，我们今天处在哪个阶段，我们在每个阶段上会面临什么样的重大命题，这些命题正是广大的知识分子关心的。中国未来经济的走向如何，也是经济学家关注的重要的理论题目。

在后面的几节中，我们分别来看一下这几个阶段，以及和这几个阶段相关的重要命题是什么。

## 马尔萨斯陷阱："大分流"前的漫漫长夜

我们首先谈一下马尔萨斯贫困陷阱。马尔萨斯发展阶段是我们最不应该忽略的，因为人类长期处于马尔萨斯贫困陷阱之中。经济理论学家琼斯说，大家一般公认的人类历史已经有100万年，他把人类100万年历史假设成100码长的美式橄榄球场，假设人类从橄榄球场的这一头起步往那边走，走到99码的时候，即时间已经过去99万年了，只给人类剩下1万年，这时候，人类最重要的产业——农业才出现。再继续走，到了公元初，到了罗马帝国的鼎盛时期，这个时候距球场终点只剩下7英寸了。再继续走，有一个重要的节点是工业革命，对于今天来说工业革命是很久以前的事情了，但是到了工业革命的时候，人类历史已经走到了剩下不到1英寸的地方。工业革命是划分马尔萨斯贫困陷阱和现代经济的一个关键点。可见，人类99.99%的历史都是处在马尔萨斯时代，也就是贫困陷阱。

只是到了工业革命时代，即1800年左右，世界上才出现了人均收入的实质性增长。在这之前，全世界的人均GDP基本上是在100美元左右，之后开始迅速提高，现在大概几千美元。在这个提高的过程中，并不是所有的国家一起提高，首先是英国，然后是欧洲大陆，之后扩展到欧洲的移民国家，比如北美、澳大利亚、新西兰，后来扩大到了东亚的日本等。

也就是说，在工业革命以后，人均收入有实质性增长的同时，在世界上出现了大分流，一部分国家开始了快速的现代意义上的经济增长，但是还有大量的国家处在落后、贫穷、缓慢的增长或者停滞中。因此大分流和世界经济增长，是工业革命之后的事（见图1–2）。

因此，马尔萨斯阶段是一个很长的历史过程，我们不能忽略。同时我们知道今天的世界有大量的马尔萨斯现象：人们说人口爆炸是马尔萨斯陷阱；说出现自然灾害、饥荒是人口和自然环境之间的不协调，是马尔萨斯式的抑制；出现气候变化的恶果同样也会联想

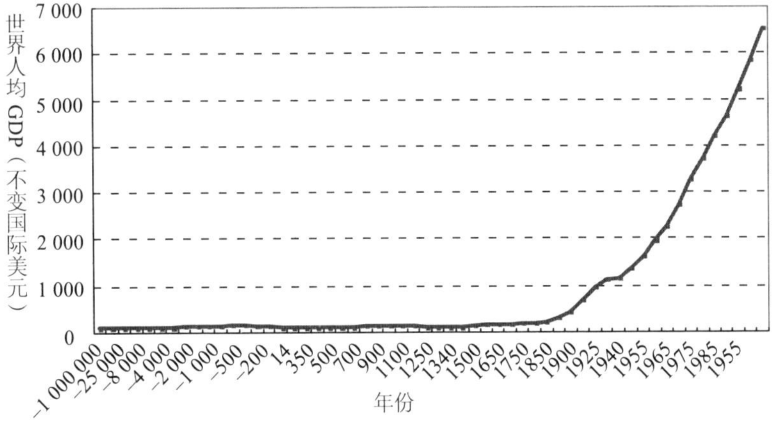


**图 1–2　工业革命之后的“大分流”**

到马尔萨斯；出现了战争与冲突，也说这是马尔萨斯抑制在起作用。因此在某种程度上，马尔萨斯理论在今天也可以找到应用场景。

马尔萨斯理论对中国人来说是臭名昭著的理论，其实在世界上也是，过去 200 多年大家都在对其进行批判，但是他却成为一个人们永远忘不掉的经济学家。有人做了一个有趣的比较，20 世纪 90 年代在伦敦的拍卖市场上，你去找英国最有名的古典经济学家的著作的第一版，其拍卖价为：现代经济学之父斯密的《国富论》为 2 万英镑，另一位伟大的经济学家李嘉图的《政治经济学及赋税原理》仅为 6 500 英镑，而马尔萨斯的《人口论》则高达 3 万英镑。从这个侧面可以反映出，马尔萨斯的影响力甚至比斯密和李嘉图还要大。

这是一个特定的阶段，在认识这个阶段时，人们很自然地提出一个命题，即如何解释“大分流”。为什么在工业革命之前，世界上所有的国家，无论何时何地，都处于贫困状态。也就是说，无论你在欧洲、亚洲，还是美洲，无论是在罗马帝国时期，还是在中国的秦代，甚至更早或者更晚，人类生活都是一样贫困，没有什么差别。如果你在研究经济史的时候，凑巧没有比较经济发展水平或者富裕程度的指标数据，你完全可以用人口的平均身高作为代理指标，来衡量人均收入水平。

有一个有趣的例子，我曾长期担任主编的一本杂志叫《中国人口科学》，一个德国人投了一篇研究兵马俑的稿子，我也不能完全看懂，但是觉得很有意思，就给他发表了。他做了考察，兵马俑的原型是真人大小的士兵，士兵当然要挑最年轻和身体最好的人，因此他做出一定假设之后，估算了秦代士兵的平均身高，得出了一个结论。他发现秦代士兵的平均身高要高于美国南北战争时期士兵的平均身高，这意味着美国到了南北战争时期依然处在马尔萨斯阶段，它的生活水平并不比中国秦代高。

为什么到了工业革命时期一下子就出现了如此不同的路径呢？人们提出“大分流”这个重要的命题，中国人给这个命题起了一个中国版的名字，叫“李约瑟之谜”。李约瑟是中国科技史专家，他比较早地提出了中国在历史上是很发达的，不仅经济发展水平很高，科技也是领先于世界其他地区的，但是到了近代，中国就跟西方拉开了距离，明显落后了。他说：“我们要解释的是，为什么中国在前现代时期科技领先世界，到了工业革命的时候却落后了。”中国有很多学者写了大量的文章来讨论这个问题，众说纷纭，大家也可以看一看。也有很多经济学家讨论这个问题。在此没有过多篇幅涉及这些讨论，不过我想简单地讲两点。

现在的经济增长理论，已经形成一个普遍认识，即经济增长的核心其实不仅仅是物质资本的积累，不是土地的多少，而是来自

ideas，过去我们把它翻成“思想”，其实不对。如果一定要翻译的话，我们应叫它为“创意”或者“创新”。我们至少可以看到，解释经济增长与否，有两个必须关注的东西：一个是物质资本的积累，一个是人力资本的积累。有了人力资本的积累才可能有创新或创意，有物质资本的积累才能把创新和创意变成实质性的物质的经济增长。但是，这两个东西在马尔萨斯时代的任何国家都是稀缺的。如何把这些东西培养、积累起来是问题的关键，所以，要从是否具备物质资本和人力资本积累的激励机制着眼。中国与西方，恰恰是在这两点上产生了差距，进而出现大分流。

第一，中国在一定的发展阶段中缺乏物质积累的激励。在早期马尔萨斯时代，大家都务农，人均GDP只有100美元，让每一个农业劳动者进行物质资本的积累是不可能的，因此在那个年代需要国家的积累，或者形成一个地方性的能够具有积累的激励机制的经济体。在欧洲形成了典型的分封制——你有战功或者是贵族，就分给你一片土地，建立庄园，形成独立的经济体。你可以和外国人做贸易，你的经济发展了，我不会进行剥夺，但是我们两个之间是契约关系，我分给你土地，你享受它的成果。到了打仗的时候，由于当时没有国家军队，所以你要带人跟着我去打仗。没有钱的贵族也可以自己披一身盔甲，骑匹马，扛支枪跟我去打仗。由于在君主、贵族和地方经济体之间形成了这种契约关系，因此地方有发展自己经济的动力和激励，实现了小农经济一家一户无法做到的事情。

中国比较早地形成了中央帝国，这个帝国的中央政府是不能直接搞经济的，除非要修长城，要修都江堰。大多数情况它都不参加经济建设，只是派官员去负责抽税征兵。官员只对皇帝负责，对中央政府负责，不对地方经济负责，也不会从地方经济中得到直接好处。土地可以买卖，也有其他自主权，但是从产权上讲统统是莫非王土，因此我们没有形成独立且有很强激励性的，并且具有一定规模的地方经济主体。这是物质资本的积累机制的不同之处。

第二，关于人力资本的积累。很多学者包括李约瑟和林毅夫教授都讲，我们的科举制度是最阻碍人力资本形成的一个因素。但是很多人的研究到此为止，并没有说科举制度为什么会产生。制度是被需求诱致产生的，科举制度也是如此。那时中央王朝和地方不是西欧那样的契约关系，而是中央政府有绝对的权威，这种权威要不断地被重复，不断地被确定，不断地由每一个精英直接表达出来，因此在选择精英的时候：其一，你要能够论证皇朝和中央政府的合法性；其二，要表明你的忠诚。当时统治者发现在诸子百家中，儒家的学说是最有利的，可以利用这一套基本伦理，使精英们表达对皇朝的忠诚，因此就接受了这个思想，独尊儒术。再用科举制的形式确定下来，所有人想进入精英阶层就只有一座独木桥。这座独木桥就是要考八股，根本不允许创新。

中国社会也有能工巧匠或者科技精英，既然人口众多，创意也可以大量涌现。但是现在只给了他们一条路，大家都挤到那座独木桥上去了，而科技、工艺、技能这些东西在当时都是不受鼓励的。虽然有创新，也有发明，但是无法形成足够的氛围，也不能形成临界最小努力，没有形成打破马尔萨斯陷阱的力量。这是马尔萨斯发展阶段的重要命题，在国际上要解释大分流，而在中国则要回答“李约瑟之谜”，即为什么我们在近代没有能够实现工业革命，没有成为资本主义的故乡，而是落到了后面。

## 人口红利驱动的刘易斯二元经济发展

我们再来看刘易斯二元经济发展阶段。刘易斯在1954年发表了他的重要文章，即《劳动力无限供给条件下的经济发展》，并于1979年得了诺贝尔经济学奖。从此他给了我们一个工具，让我们知道了在很多发展中国家，发展的主要过程就是把农业中的剩余劳动力不断吸纳出来，用不变的工资吸纳他们进入非农产业，直到有一天把劳动力吸收完，整个过程就叫二元经济的发展过程。

包括刘易斯本人也没有明确讲，二元经济发展其实是两个过程，至少你要看两个事件才能看明白：一个是经济过程本身，劳动力不断被吸收、工业部门不断扩大的过程；一个是人口转变的过程。这个人口转变过程总的来说可以这样描述，就是生育水平或者人口增长会从马尔萨斯类型（出生率很高，死亡率也高，人口增长率并不高），逐渐开始人口的增长，进而到了现代人口转变的发展阶段，人们开始较少地生孩子，生育率慢慢下降。作为对人口总量变化的一个回应，是劳动年龄人口的变化，比如劳动年龄人口的比重与人口增长率有20年的时滞，也经历了从低到高再下降的过程，最终出现人口老龄化，劳动年龄人口的比重也下降了。

因此，有两条倒U形曲线，揭示了为什么我们有剩余劳动力（见图1–3），为什么能够得到人口红利，为什么这个人口红利终究会过去，剩余劳动力终究要吸纳殆尽，为什么我们要进入一个老龄化社会，为什么我们终究要走向新古典的增长过程。这是我们想讲的二元经济发展过程。

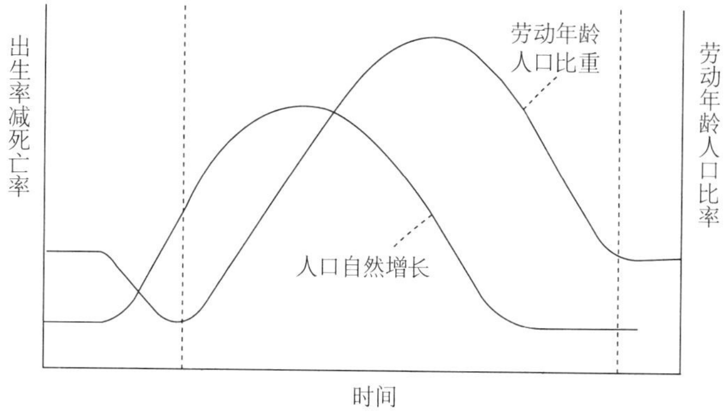


**图 1–3 人口转变的两条倒 U 形曲线**

20 世纪 90 年代初，世界银行向世界推荐所谓的“东亚奇迹”，当时主要以“亚洲四小龙”的成功为代表。很多新古典经济学家，由于不懂什么叫剩余劳动力，不懂什么叫人口红利，因此批评东亚经济，说这些国家和地区没有什么奇迹，好日子也不会持续下去。最典型的是克鲁格曼教授，他看到几篇重要的计量经济学文章，许多论点使用的是新加坡的数据，他就说新加坡的 GDP 增长主要靠生产要素，即资本和劳动力投入，没有技术进步，没有全要素生产率的提高。苏联就是这种增长模式，最后经济崩溃了，所以他说东亚经济就是个纸老虎。因为他虽然是一个凯恩斯主义者，骨子里信奉的增长理论却是新古典那一套，不知道东亚是有剩余劳动力的，也不知道东亚有一个特殊的人口转变过程，在特定的时期能够创造人口红利。他没有做严肃的研究，只是把别人的研究成果写成普及性的文章。结果大家都和他争论，很多人批评他的观点，因为这个事，他在新加坡很出名。

我听说林毅夫讲过一个故事。在2000年的一个会议上，克鲁格曼去参会，李光耀也在，人们把他介绍给李光耀，说他是诺贝尔经济学奖得主，李光耀说："我当然认识他。"接着又说："克鲁格曼教授，我向您请教一个问题，您说新加坡过去的经济增长都是靠高储蓄、高投资，资本回报终究会下降的，经济增长不可持续，但是这种高投资、高储蓄在新加坡已经持续了40年之久，我们的回报到今天还是很高，您怎么解释这个现象？"这个故事到此为止，不知道克鲁格曼是怎么解释的。我觉得他可能解释不了，因为他不知道人口红利。

在东亚各国都是有剩余劳动力和人口红利的，因为我们经历过很快的人口转变过程，劳动年龄人口曾经一度迅速增长。过去我们测算人口红利，是把人口抚养比单独作为一个变量，放在经济增长的模型中来看它贡献了多少。后来我想了一下，这并不一定是恰当的方法。我们应该看到人口因素在所有经济增长的变量中都起到了作用。

图1–4展示的是中国从改革开始直到2009年的数据，当整个经济增长速度接近10%时，每一种生产要素和生产率做出的贡献。最大的一块贡献是资本积累的贡献，占到60%—70%，中国经济增长主要是靠这部分促成的。看上去它不是什么人口红利，其实不然，它跟人口因素密切相关。我们讲两个理由：一是如果劳动年龄人口增长迅速，占的比重越来越大，很自然它倒过来的指标就叫作人口抚养比，人口抚养比则不断下降，人口的负担很轻，我们生产的剩余则可以积累下来用于投资，这就保证了物质资本的来源；二是物质资本要想不断投入，对经济增长起到的正面作用，还要有回报率，但是新古典增长理论告诉我们说，仅仅靠物质资本的投入，

回报率会下降，因为边际报酬递减规律在起作用。但是边际报酬递减的前提条件是劳动力短缺，即一种要素数量不变，不断增加另一种要素投入，报酬一定会递减。但是在东亚和中国有无限供给的劳动力，你积累了多少资本，我就有成比例的劳动力和你匹配。过去30年，中国大量的劳动力每年从农业转出来，保证了劳动力的无限供给，因此没有出现报酬递减现象。过去清华大学有些老师做过研究，证明中国在很多年里资本回报率相当高，这就是人口因素带来的。除此之外，人力资本、劳动力、劳动力的配置，即从低生产率的部门（农业）转到高生产率的部门（非农）重新配置，都和人口有直接关系。

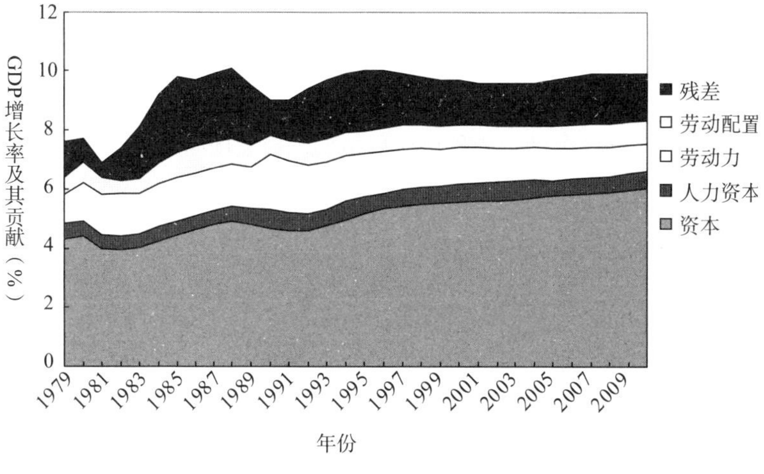


**图 1–4　改革时期增长的人口红利贡献**

中国长时间处在一个典型的二元经济发展阶段，刘易斯理论是可以用来分析中国的。很多人深受新古典经济学理论的影响，不愿意承认这一点。美国有一个专门研究中国的经济学刊物，叫作《中国经济评论》，它的主编应该是一位新古典经济学家，他对我提出的刘易斯转折点已经到来的判断并不赞成，但是他觉得这个话题很重要，相关讨论也比较深入，于是他就组织正方和反方一块儿写文章。当然我是正方，他也找了反方，最后他变成了更极端的反方。正方说中国的刘易斯转折点已经到了，反方说还没有到，这位主编则认为，刘易斯这个命题在中国根本不成立，刘易斯理论根本没有解释力。

我们知道，1979 年刘易斯去斯德哥尔摩领诺贝尔经济学奖的时候，跟他一起获奖的还有一个人，就是林毅夫的导师舒尔茨，他俩一起获奖，都有很大的贡献。但是，他们的观点却是针锋相对的。刘易斯认为在发展中国家有一大批剩余劳动力，劳动的边际生产力是零或者是负数。舒尔茨则坚决反对说，没有什么剩余劳动力，认为市场会把剩余劳动力的价格压得很低，最后就结清了，更不会出现劳动的边际生产率为零的现象。他们的观点是完全不同的，但是最后两个都有道理，都有启发，就一块儿获了奖。

我顺便插一个趣闻，大概在 1995 年，我突然接到一位美国教授的邀请，说他有一个难题，请我来帮助解决一下。他做的课题是关于中国农业发展的，就卡在了剩余劳动力问题上。我就摘了一个现成的桃子，帮助他用一周时间对剩余劳动力做了一个估算，整个课题我就成了三个作者之一。在课题结项的时候，资助方请一些大牌专家来评论，其中一个人是林毅夫的另一位导师约翰森。这个教授狠狠地批评了这个课题，而且主要批评的是我做的剩余劳动力这个部分，说根本不应该有剩余劳动力。因为他是芝加哥学派的重要经济学家，也可以算是舒尔茨的学生，他坚决要捍卫说没有什么剩余劳动力，说这个课题不行。当时我们三个作者的态度很坚定，反对批评意见，也没有做修改，最后结项了，出了书。

有趣的是，约翰森教授人特别好，他对中国学生尤其好。退休以后，他的两个最重要的学生林毅夫和赵耀辉经常邀请他到中国来访问、做研究，他做了大量关于中国农村的调查和研究。最后，林毅夫和赵耀辉为他编了一本很厚的论文集，全是研究中国农村经济的。我也认真拜读了，发现他的论文有不少地方讲到中国的农业剩余劳动力，完全承认中国有剩余的劳动力，指出农业的劳动生产率比其他部门要低很多。很多新古典经济学家可能还没有认识到这个问题，没有认识到这个问题就解释不了东亚奇迹，也解释不了中国奇迹。

经济学家是一个最不容易形成共识的职业群体。但是，一旦从实证研究中获得了关于某种假说的经验证明，那些严肃而且以追求认识现实为己任的学者，往往是可以放弃成见而乐于接受新观点的。约翰森教授就是这样一位伟大的经济学家。2000 年，我主编的《人口与劳动绿皮书》首卷出版，那卷是以农村人口和劳动力为主题的。约翰森教授看到后（很可能是请他的学生介绍了书的内容），主动给我写信表示祝贺，并指出研究中国农村人口和劳动力的极端重要性。很显然，他已经放弃以前坚持的观点，承认中国农村存在剩余劳动力。

约翰森教授的得意门生林毅夫教授也是这样一位学者。有趣的是，林毅夫在 20 世纪 80 年代后期回国后，我们就开始合作。在合作中几乎是唯一没有共识的方面，就是我非常看重农业剩余劳动力在认识中国农村和中国经济中的作用，而他作为芝加哥大学的杰出毕业生，舒尔茨和约翰森的高足，完全不承认有剩余劳动力这回事。所以，很长时间里我们都不再争论这个问题，我坚持研究我的，他继续忽略他的。更有趣的是，如今，我看到了刘易斯转折点的到来，剩余劳动力即将转移殆尽，而林毅夫却越来越频繁和严肃地讲到农业剩余劳动力。

我们知道，二元经济发展时期是一个劳动力不断从农业转向非农产业、农业劳动力比重不断下降的过程。日本、韩国和中国是最典型的经历二元经济发展时期的国家，农业劳动力的比重下降速度很快（见图 1–5）。日本在 1960 年的时候到达了刘易斯转折点，之后它的农业劳动力比重还是在不断下降。很多人批评我说："中国有的是剩余劳动力可以转移，你怎么说刘易斯转折点到了？"其实，我没有说没有劳动力可转移了，但是刘易斯转折点还是到了。

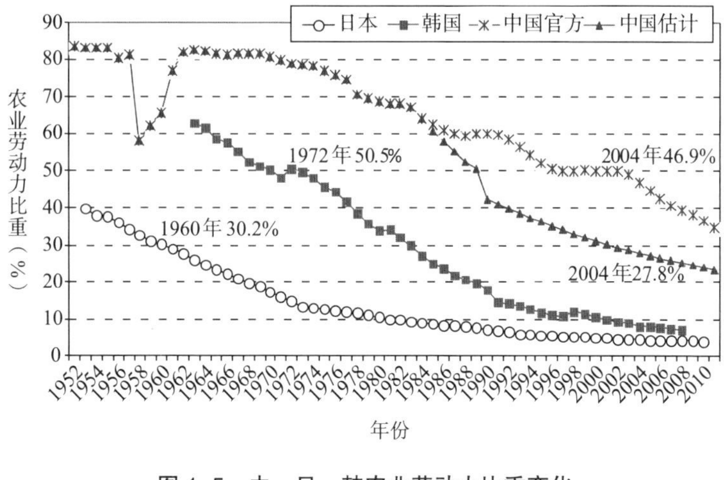


**图 1–5　中、日、韩农业劳动力比重变化**

刘易斯转折点的含义只是说还有剩余劳动力，但是如果不能提高工资，人家就不再转移了。韩国 1972 年到达刘易斯转折点，在此之后劳动力仍在继续转移。我认为中国在 2004 年到达刘易斯转折点，过去，农业劳动力是迅速转移的，今后仍将迅速转移。

## 刘易斯转折点与中等收入陷阱

第三个发展阶段或增长类型是针对中国的特点特意构造出来的，即刘易斯转折点，它对我们有特别的意义。前文提到，并不是说刘易斯转折点到了，剩余劳动力就没了。你去读刘易斯的经典文章（其实只是几篇文章而已），读完以后会发现，到达第一个转折点时，剩余劳动力还是有的，但是过去用不变水平的生存工资就可以无限吸纳劳动力，现在就不太可行了，你必须给他涨工资，促使他继续转移出来。因此，当出现了普通劳动者的短缺现象，出现普通劳动者工资的持续上涨时，就是刘易斯转折点出现的标志。

根据中国的特点，我们在刘易斯的模型中加上了一个人口因素。如果说 2004 年我们看到出现了民工荒、招工难，此后农民工的工资一直处在上涨过程是一个标志性现象，那么背后的推动力至少有一个，就是劳动年龄人口增长的速度越来越慢。终于到了 2010 年，15—59 岁的劳动年龄人口开始绝对减少。我们的人口抚养比是把劳动年龄人口放在分母上，于是人口抚养比开始上升了。前面说的中国经济增长获得人口红利，那些有利于经济增长的因素便发生了逆转。很自然，经济增长速度就会降下来，人口红利应该说就消失了。

在争论刘易斯转折点究竟是否到来的时候，也有一位好心的国外学者提出一个建议，他说因为经济发展是很长的过程，所谓的点就是一年，如果不说刘易斯转折点，而是说刘易斯转折区间，即把这种转折定位于若干年，也许人们更愿意接受我的观点。我就想这个区间到底有多长。从2004年看到了2010年，我们突然发现有两个变化：一是2004年出现民工荒、劳动力短缺、工资上涨；二是2010年劳动年龄人口开始绝对减少。这6年的时间应该算是一个区间（见图1–6）。所以，即使说刘易斯转折区间，我认为它也走完了。我们面临一个经济增长减速的过程，这时人们开始讨论所谓的中等收入陷阱。

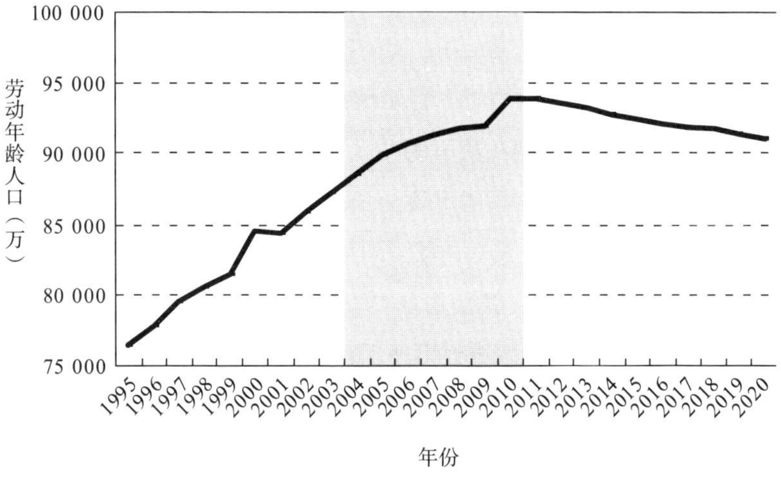


**图1–6　中国的刘易斯转折区间**

中等收入陷阱是指一个国家发展到中等收入阶段，特别是中等偏上收入阶段以后，常常不再增长了，后面几十年甚至上百年都只能处在中等收入阶段，意味着这个国家陷入了中等收入陷阱。这个陷阱的起始点，往往是出现一个经济高速增长突然减速的现象。因此，有一些人便研究，什么时候经济增长会发生突然减速的现象。美国有一位大牌学者巴里·艾肯格林做了一项研究，研究用的是一种特殊的美元标准，并且构造了很多国家的数据，包括早期工业化国家，还有东亚和拉美国家。结果发现，在人均 GDP 达到 17 000 美元时，一般就会发生经济增长减速现象。这些国家前 7 年的平均增长速度是 6.8%，人均 GDP 到了 17 000 美元之后，7 年的平均增长速度一下降到了 3.3%，减掉的速度是 3.5 个百分点，降了一半还多。

如果一定要说中国有个减速点，我觉得是 2010 年。因为到这一年，劳动年龄人口达到峰值，之后就绝对减少了，人口红利就消失了。相应地，我们的潜在增长率就大幅度降了下来。按照前面那项研究的口径来计算，2010 年中国人均 GDP 是 11 466 美元，比美国人研究的一般减速时间来得早了一点，这也正好符合中国“未富先老”的特点，人口转变来得太快了。

所谓减速表现在我们估算的潜在增长率下降，也就是说按照劳动力的供给、资本投资水平、生产率的进步情况等因素，模拟我们的增长能力到底有多强，发现从 2010 年之后的确下降了（见图 1–7）。总的来说，1995—2010 年，我们的潜在增长率平均是 10.3%。实际增长率也差不多，大部分年份两者是符合的。在这之后，在“十二五”期间只有 7.6%，到“十三五”期间将只有 6.2%，主要原因是人口红利消失，剩余劳动力大幅度减少，这时增长速度就要降下来。当然 6% 或 7% 的增长速度在世界上看，还是一般规律中减速之前的速度，还不是坏消息。这就是二元经济发展结束之际，形成了一个特殊的刘易斯转折阶段，而这个阶段上的重要命题，就是如何避免中等收入陷阱。就像在马尔萨斯结束的时候提出一个大分流命题，或者说李约瑟之谜一样。

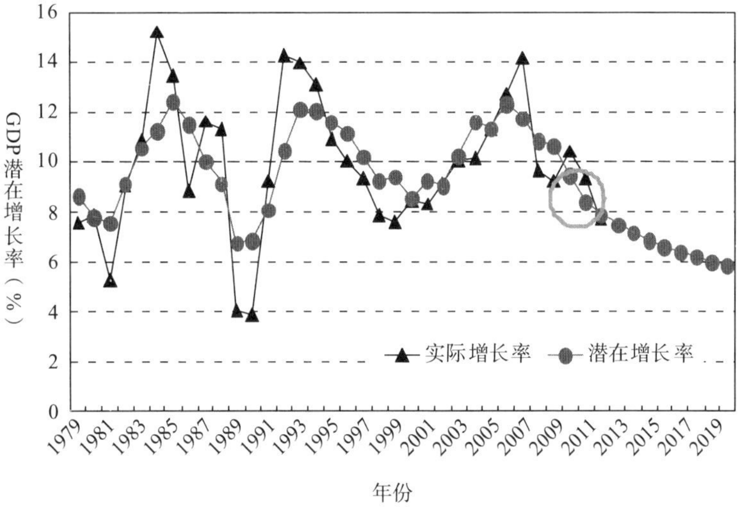


**图 1–7 中国经济的减速点**

中国还没有陷入中等收入陷阱，只是在减速，减速有可能成为中等收入陷阱的一个开端。最有名的陷入中等收入陷阱的是拉美的很多国家，还有亚洲的马来西亚等国家。我们总结这些国家的经验，发现中等收入陷阱有“四部曲”，也可以看作四个步骤，它们有时候也是并存的。

第一步是发展阶段变化导致的经济增长减速。有时，大家看到的是因为某个特殊的机缘，比如墨西哥比索的贬值导致经济增长速度下降，但任何事情总是会因为某一件事情的触发，把背后的逻辑暴露出来。在这个发展阶段之前，你有一些能够促进经济增长的手段，但是到了特定发展阶段以后，以往促进增长的手段就不管用了，又没有找到新的撒手锏，所以经济增长就要减速。

有时，减速并不一定是坏事，但是要明白以后如何持续增长。如果减速之后不知道其中的原因，不知道人口红利消失了，不知道是因为刘易斯转折点到了，不知道是因为传统的靠投入推动增长的模式不管用了，而是应该靠技术进步、靠改革，你就会犯一些政策上的错误，就会把正常的减速变成经济的长期停滞。这就是陷入中等收入陷阱的第二步。1990 年之后，日本人口红利消失了，和我们 2010 年的情况几乎一样。但是日本不知道它的人口红利消失了，也不知道它的潜在供给能力降低了，以为是需求不足，因此用了大量的精力大规模地刺激需求，还搞了产业政策和区域政策。但是刺激并没有带来全要素生产率的改善，最后错失 20 多年，基本上是零增长，把减速变成了停滞。

一个国家在经济高速增长期间会出现收入差距扩大的现象，在这个时期，你增长，我也增长，你拿的份额高，我也有所改善，收入差距尚可接受。但是，如果经济不再增长，蛋糕不再做大，成为一个大小不变的蛋糕，人们唯一可以做的事就是重新分配这个蛋糕。还能均等地分配吗？肯定不能。谁的谈判力更强，谁对政策的影响力更大，或者谁以前占有更多的资源，谁就可以得到更大的份额。这样重新分配蛋糕的结果，收入差距就会急剧扩大，社会矛盾会变得越来越尖锐。中等收入陷阱就走到了第三步。

在这种情况下，一些国家的领导人就提出要改善收入分配，改善老百姓的生活，但是由于蛋糕不变并不能兑现诺言，于是他们的政策就变成了典型的民粹主义政策。这时，有更强谈判力和政策影响力的人会站出来，反对任何形式的改革，导致这些国家陷入恶性循环，导致体制固化。这时，第四步则会把一个国家真正带入中等收入陷阱。拉美国家中最典型的是阿根廷，阿根廷在20世纪30年代比美国还要富裕，历史上人均GDP曾经超过1万美元，几乎进入高收入国家行列，但是在那之后不仅停滞不前，甚至开始倒退。

我们应该想方设法来避免掉进这个陷阱。我先用运动员的例子来讲讲什么叫潜在增长率。潜在增长率就是运动能力，对运动员来说，潜在增长率是他作为个体，身体素质有什么样的能力和极限。对于运动员来说，还有他的生产率的变化，他的生产率是教练团队和科学的训练，所有的这些加在一起，形成稳定的应该达到的成绩，那个成绩就是潜在增长率。当他的成绩不再增长，稳定在某个水平，甚至有时会下降的时候，可能是因为他的极限发生作用了。比如他从18岁长到28岁，潜在增长率就要开始下降了。如果这时我们站出来说，不是这么回事，下降的问题是缺乏刺激，是需求不足导致的，可以用需求的因素刺激他。我们到网上去鼓励一个运动员或者骂一个运动员，或者行政主管部门说这是政治任务，要为国争光，或者广告商用物质利益去刺激他等，结果不知道运动员的潜在增长率和供给方因素，仅仅从需求方去刺激他，总想让他在实际增长率之上去比赛。有的时候也许会达到目的，但是总体上看，必然出现的结果就是使运动员受伤。拿这个比喻来形容经济增长，要说的事情就更多了，结果可能是通货膨胀或泡沫经济，甚至会制造“僵尸企业”。

有人讲中国新一届政府有一个新的经济框架或思路，也就是外资机构巴克莱银行提出的“克强经济学”（Likonomics）。其第一条就是不搞大规模刺激计划，这个概括是对的。日本就是刺激经济，它的人口红利消失，不再有剩余劳动力，传统制造业没有竞争力了。表面上看，确实是需求的因素，背后却是它的劳动力不像过去那么充足了。如果这个时候刺激经济，还要生产更多的产品，结果没人买，再刺激也没用。那么刺激基础设施建设呢？基础设施建设的投资需求是派生性的，有相应的实体经济增长，才会对基础设施建设提出相应的要求。产业增长慢了，潜在增长率下降了，反而要刺激基础设施，就没有人愿意投资。在没有投资激励的情况下刺激基础设施建设，必然会扩大流动性。钱总要流向一个地方，除了流到贪污腐败分子的腰包里，还会流向非实体经济，比如理财行业等虚拟经济。

凯恩斯就主张刺激经济。当年，一位与他一起在政府任职的经济学家给他写信说：“如果你宣布启动一项2亿英镑的宏大计划，将会在至少一年的时间里拿不到一个订单，因为经济中没有需求。当流动性放出以后，对股票部门有很强的刺激性，人们都会把它放到虚拟经济中去投资，结果就是泡沫经济。”这个分析真是有预见性，在日本和中国，流动性释放出来后，人们买股票、外国资产和梵高的画，炒房地产，所有能够在实体经济之外创造财富的理财产品都买，实际上已经背离了经济刺激政策的初衷。这必然导致的结果是经济泡沫起来了，终究要破灭。日本捅破了泡沫以后，就陷入20多年的停滞。

我们必须认清形势，问题出在供给方，是潜在增长率的下降，解决这一问题是有办法的。让我们回到前面讲到的故事：克鲁格曼和李光耀的对话。李光耀说新加坡的高储蓄率持续了40年，投资回报还这么高，问克鲁格曼怎么解释。问得非常好，因为克鲁格曼不懂人口红利，所以没办法回答。但李光耀也有一个混淆是非的地方，他混淆了投资回报率和资本边际报酬。这两个东西，有时候存在一致性，有时候也不尽相同。

我们看看图1–8，横坐标是二元经济发展过程中，劳动力长期不断从农业中转移出来。一边转移劳动力，一边积累资本，直到刘易斯转折点到来之前。在纵坐标上的资本边际报酬可以保持不降低，同时资本回报率也可以很高，一直保持在$OA$的水平上。但是刘易斯转折点到了，劳动力成本提高了，劳动力不再是无限供给的了，资本边际报酬就会下降，导致资本回报率下降。一种可能性是我们不去管它，则会按照$QB_0$这个趋势降下来。我们可以看看还有没有制度潜力，通过改革可以创造制度红利。中国经济增长减速，原因是劳动力不充足了。因为劳动力受到户籍制度等因素的约束，

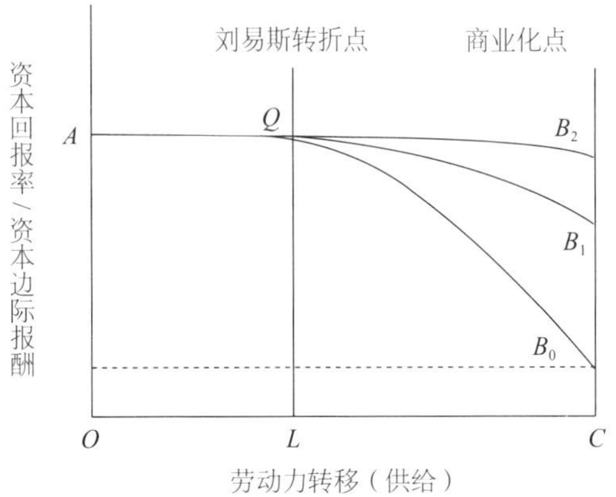


**图1–8　减缓资本边际报酬递减和保持资本回报率**

所以如果打破这些约束，就可以增加劳动力供给，延长人口红利，让资本边际报酬的下降速度慢一点。让资本边际报酬的下降速度不是 $QB_0$ 而是 $QB_1$，是完全可以做到的，新加坡实际上就是这么做的。

在刘易斯转折点之后，新加坡采取了开放的移民政策，利用了一个开放的刘易斯二元经济发展。今天，新加坡 40% 的 GDP 是由外籍工人创造的，它可以防止资本边际报酬过快下降。日本的移民政策很严格，所以劳动力就是短缺的。中国未来缺少劳动力，但是，即便现在把所有号称有人口红利的国家的人口加在一起给我们也不够。虽然我们有潜力可以挖，如让农民工转移得更充分一些，但是，最终我们的资本边际报酬总是要下降的，人口红利总是要彻底消失的。这时我们可以通过技术和制度创新，提高全要素生产率，把资本边际报酬下降的那部分补回来，仍然可以使资本回报率不下降，即沿着 $QB_2$ 变化。新加坡做到了这一点，该国目前全球创新的排名列在前 10 位，日本则在 20 位以后。这两个过程对于今天的我们来说，都是通过改革创造制度红利的过程。

我们做了一个模拟，按照目前的趋势，如果不改革，中国的潜在增长率从现在的水平上还会继续下降。当然，不会下降到停滞的状况。不过，我们想问：还有没有人口红利潜力可以挖掘？

**模拟一：**2011—2020 年，中国的劳动力总量是减少的，但是如果能让劳动参与率更高，让更多的人加入劳动力市场，就可以增加劳动力供给。假如每年劳动参与率提高一个百分点，就可以使这个时期的年平均潜在增长率增加 0.88 个百分点，这是相当可观的。提高劳动参与率，靠延迟退休是不行的，60 岁上下的工人的受教育程度已经很低了，企业不需要他们。但是企业目前还需要农民工，因为户籍制度的约束，农民工没有养老保险，没有社会保障，他们退出劳动力市场太早、太频繁。所以如果搞好户籍制度改革，提高农民工的市民化程度，就可以增加农民工的劳动力供给，提高劳动参与率。

**模拟二：**在此期间，我们想把全要素生产率的速度再提高一个百分点，应该说相当困难。我们只是模拟而已，如果的确能够做到，潜在增长率可以增长 0.99 个百分点，几乎就是一比一的对应效果，这也符合西方新古典增长理论的预期，即没有全要素生产率，就没有 GDP 的增长率，全要素增长率直接支撑经济增长。这个全要素生产率的提高需要通过改革得到，也只能通过改革得到。例如，通过加大农村劳动力转移，可以继续提升资源重新配置效率，通过优胜劣汰可以提高企业的竞争力，从而通过部门内部、企业之间的资源重新配置获得效率，当然还有技术进步和创新因素。

## 索洛新古典增长：创新改变世界

最后一个阶段是索洛新古典增长。新古典增长的核心是没有任何红利，没有剩余劳动力，资本报酬递减规律发挥作用，因此经济增长的唯一来源是全要素生产率的提高，这是它的基本假设。全要素生产率的提高其实有两部分：第一，技术进步。最富裕、最健康的国家在创新力上总体都排在世界前列，新技术都是在它们那里通过创新产生的。不过，这在提高全要素生产率中只起到一半作用。第二，发达国家的资源重新配置潜力。过去我们对此没有了解。发达国家虽然没有大量的剩余劳动力从农业向非农产业转移，但是经济学家发现，在部门内部企业之间也有生产率的差距。如果你的生产率低于我，说明你的生产要素没有得到有效利用，就应该交给我用，应该把你淘汰掉。

因此，发达国家的企业之间一直在经历生产要素的你争我夺，最有效率的企业得到更多的投入和更多的生产要素，因此它能生存下来而且规模会扩大。按照一些学者的估算，这种生生死死（创造性破坏），对美国的全要素生产率提高贡献了30%—50%。对于我们来说，这种资源重新配置效率的潜力当然更大了，城乡之间的生产率有差距，部门之间的生产率有差距，企业之间的生产率差距也很大。我们需要重组，这就要求改革，所以改革的红利是存在的。

对中国经济的发展前途，经济学家莫衷一是。克鲁格曼最近发表了一个言论，说中国到达了刘易斯转折点，剩余劳动力没了，前面变成了一堵墙，中国很可能撞上这堵墙。他不仅是中国崩溃论的鼓吹者，其实他看谁都要崩溃，称得上崩溃论的老祖宗。作为一个经济学家，我希望更多的同行，包括诺贝尔经济学奖获得者认同我关于刘易斯转折点到来的结论，但是他的引申含义则完全不对。历史上，他也没有说对过，我们必须采取行动才能让他的理论再一次破产。另一位中国崩溃论的鼓吹者章家敦也引用我关于人口结构变化的观点，同样得出唱衰中国的结论，我同样不赞成。

另一些经济学家则相当乐观，尽管不是无条件的。大家很熟悉的美国经济学家萨默斯在很多讲华尔街金融危机的电影都露过脸，他说话很直，并不招美国公众喜欢，但是他对中国经济则非常乐观。他有一个做冥思的习惯，问自己这样的问题："300年以后的人们会如何写今天的历史？"一次，他说那时候的人们已经忘记了

“9·11”恐怖袭击，可能也忘记了冷战时代的结束，但是他们一定能够记住中国经济的崛起以及中国的崛起对其他国家的影响。为什么？他说中国大概是唯一能够实现在一个人的一生中，生活水平的改善超过 100 倍的国家。为什么这么说？

爱因斯坦认为复利是人类发明的最伟大的东西之一，可以被列为世界第八大奇迹。在统计学上有一个著名的拇指规则，不用电脑就可以估算增长速度，叫作“七二法则”。它的含义是无论人口也好，经济也好，如果每年增长 1%，翻一番需要 72 年；如果每年增长 7.2%，10 年就可以翻一番；如果每年增长 10%，7.2 年就能翻一番。我算了一下，按照改革开放开始时的预期寿命，那时出生的一个中国人，能够在一生见到的人均 GDP 增长应该是 70 多倍，这是其他国家的历史上没有出现过的。把中国的经济放在一个更大的历史背景中以及各个发展阶段来看，也能让我们增加信心，会知道应该干什么。了解我们今天遇到的问题，了解我们在经济史上处于什么地位，有利于我们找到一些有价值的选题，找到新的研究角度。

# 第二章 中国经济增长到底有多快

改革开放以来的30多年间，中国GDP的年平均增长率约为9.9%。增长速度如此之快，而且持续时间如此之长，不能不说是一个奇迹。尽管中国经济也曾经遭遇过诸如失业人数增多和通货膨胀的威胁，还存在收入差距扩大等一系列问题，但其增长的高速、健康、稳定性质毋庸置疑。中国经济奇迹的内在逻辑是什么？如何看待中国的潜在增长率？中国经济还能持续增长多久？

## 持续高速增长：中国的经济奇迹

改革开放以来，中国经济长期保持如此高的增长速度，的确是世所罕见。很多人尤其是国际上的专家学者，一度对此持怀疑态度，并且发起了一个不大不小的探讨高潮。因此，我们有必要认真探讨这个问题，以正视听。

## 中国经济增长成绩

1978—2013年，中国GDP的年平均增长率约为9.8%。一些年份的增长率极高，在15%上下，增长率最低的年份为1990年，略低于5%。沿海省份实现了超过10%的增长速度。物价指数的年增长率大多数在10%以下，只有个别年份在10%以上。不仅是经济总量，人均收入增长也创造了奇迹。其间，剔除通货膨胀因素之后，人均GDP的平均增长率高达8.8%。按照统计学的一个拇指法则，7.2%的年均增长率可以实现10年翻一番，而10%的年均增长率可实现7.2年翻一番。如此可以想象，上述GDP增长速度持续30多年可以产生的效果。

我们来比较一下不同国家在类似的增长时期，人均GDP翻一番所需要的时间：英国58年（1780—1838年），美国47年（1839—1886年），日本34年（1885—1919年），韩国11年（1966—1977年），而中国只用了9年（1978—1987年），紧接着在1987—1996年的9年中再次翻番。1995—2004年分别用8年和9年再次两度翻番，并于2011年再翻一番，而这一次只用了7年。中国的人均GDP翻番所用的时间之少，其他国家无法相提并论。

不仅经济总量增长迅速，整个产业增长和调整的速度也非常快，尤其是第二、三产业。正是由于斯密—配第—克拉克定理或农业份额相对下降规律的作用，使得不同产业的增长速度不尽相同，即农业增长相对慢，第二产业增长快，而第三产业地位越来越高的趋势。随着经济发展水平和人均GDP水平的提高，农业的产值份额和就业份额就会下降，这是一个古老的经济规律。几乎所有的社会在从不发达到发达的经济发展过程中，都不可避免地要经历一个顺应这个趋势而进行经济结构调整的过程。

## 中国经济的增长不容置疑

中国经济的增长受到国内外一些研究者的质疑。早在新千年刚到来的时候，西方就出现了很多质疑中国经济发展的声音。这里不过多回应那些以“狼来了”为己任的炒作者，而只列举一些严肃研究的例子。

第一，根据一些变量如交通客运量、全社会货物周转量、就业增长、能源消耗等，甚至税收等数据，去推测另一些变量（如 GDP 增长），发现其与经济增长率不一致，从而质疑中国经济的增长速度。这个批评具有一定的历史，如美国匹兹堡大学教授托马斯·罗斯基（Thomas G. Rawski）在《中国经济评论》2001 年 12 月号上，发表了专门讨论中国 1997—2000 年 GDP 统计数据可靠性问题的文章。当时，我和同事为了回应这个观点，专门进行了研究。为了使罗斯基教授能够看到并读懂，也专门在英文报纸《中国日报》发表了我们的结论。

总的来说，那些指标的确与 GDP 增长率密切相关，却不是以简单线性的关系表现出来的。忽略经济变量之间错综复杂的关系，或者把某些时期的经验关系应用到变化了的条件下，其结论有很大的风险。其一，增长速度超过一定水平，那些投入因素的增长会更快，表现为较大的增长弹性。反过来，当增长速度从很高的水平下降时，这些投入因素的下降幅度也更大，大于 GDP 增长率的降幅。其二，中国的产业结构和发展方式在发生变化，变量之间的关系也必然相应变化，看不到这种变化，用以往的经验认识新现象，则会得出错误的判断。例如，传统的经济增长主体部分——工农业的产值比重逐渐下降，贡献率缩小；相应地，第三产业的贡献率稳步增长。这就必然导致经济增长模式的变化，诸如能源消耗等投入的特征也会发生变化。

第二，罗斯基与许多国外学者（甚至许多中国学者）在研究中国经济时，有一个共同的不足，就是读不懂中国的就业数据，以致认为中国无就业增长。由于经济增长却不创造就业是一个矛盾的现象，因此，这成为质疑中国速度的理由。其实这是一个巨大的误区，可以通过以下例子予以澄清。

在按年度进行的城镇就业统计中，一种口径是单位就业，包括法人单位和产业活动单位。根据这一“基本单位统计报表制度”获得的数据，2014 年仅城镇单位就业总人数就达 1.8278 亿。当年我在与罗斯基教授的多次讨论中发现，他和其他国外学者，在大多数情况下，就是把这个数据当作城镇就业总量的。但是，单位就业总人数并不包括私营企业和个体工商户，所以一旦把这两类就业加入统计中，城镇就业人数就增加到 3.4861 亿人。此外，由于城镇单位大量使用临时雇用人员和劳务派遣工（很多是农民工和下岗再就业人员），却往往不将他们作为雇员记录在报表中，致使这些就业者在统计中被遗漏。所以，以城镇住户为基础，按照国际劳工组织推荐的口径进行调查，得出实际城镇就业总人数竟高达 3.931 亿，其与单位就业总人数之间的差异则可以被看作非正规就业人数。这个数字也可能遗漏了大量在城市稳定就业的农民工，根据计算，在现行统计的城镇就业总人数之外，尚有 4 710 万进城农民工未被纳入就业统计。

换句话说，如果把在城镇稳定就业的农民工全部包括在城镇就业统计中，2014 年城镇实际就业人数可达 4.402 亿。很显然，罗斯基教授在得出中国无就业增长的结论时，绝非以这个数字概念作为依据的。

第三，实际经济增长总体符合潜在增长率。我们的估算表明，1978—2010 年，生产要素供给和全要素生产率提高可以支撑的潜在增长率平均为 10% 左右。随后，在“十二五”期间下降为平均 7.6%，在“十三五”期间下降到平均 6.2%。迄今为止，实际增长率虽然存在年度之间的波动，但平均来看，与潜在增长率是相符的。按照定义，实际增长率与潜在增长率相一致，意味着不会出现明显的通货膨胀，也不会出现周期性失业。如果我们把实际增长率与估算的潜在增长率相减，可以得到各年份的增长率缺口（见图 2–1），借此，我们可以回顾一下改革开放以来的宏观经济波动史。图 2–1 中实际增长率高于潜在增长率的情形表现为正缺口，实际增长率低

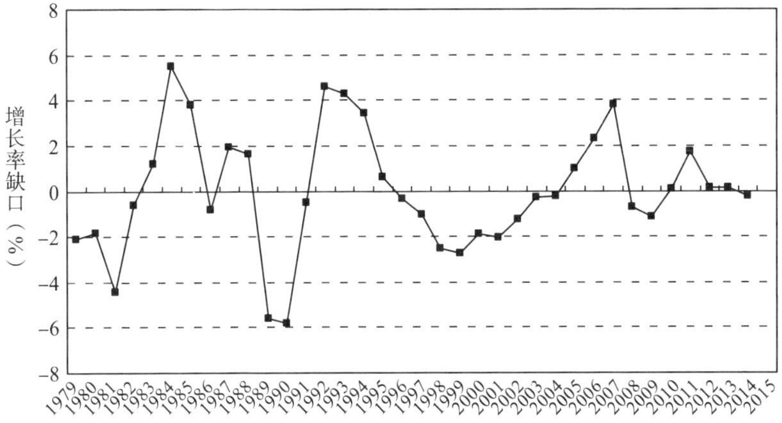


图 2–1　增长率缺口显示的中国宏观经济波动

于潜在增长率的情形表现为负缺口。

如果读者愿意做一点简单的计算，即找出宏观经济低迷期（负缺口）、高峰期（正缺口）以及正常期（零缺口）相应年份的失业率和通货膨胀率数据，便可以发现，宏观经济和劳动力市场指标与GDP实际增长率（及其与潜在增长率之间的差异）之间，具有明显的一致性。最典型的是三个波动周期，分别在1981年、1990年、1999年和2009年形成四个波谷，分别对应着就业冲击最严峻的情形。这种对应关系以宏观经济变量之间符合理论预期的一致性说明，中国经济增长数据是符合实际的。

第四，中国居民显现出的巨大消费力，人均收入快速提高、中等收入群体扩大的结果，否定了高速经济增长这个事实，就会陷入解释困境。我们以中国的中等收入群体规模，回溯长达30多年的经济增长绩效。关于中间群体，或中等收入者，或者国外所称中产阶级的人数和比例的估计，其实从来都只是一个定义的问题，不同定义导致大相径庭的数量结果。在学术界来看，有人尝试依据人口的主观感受定义中等收入者，更多的学者则按照客观收入或消费水平定义中等收入者，后者之中又有以相对水平定义的中等收入者概念，以及以绝对收入水平定义的中等收入者概念。应该是，不同的定义分别来自不同的研究框架，有不尽相同的学术意图，当然也就对应着不同的数字估计。

无论以何种定义或估算，作为人均收入长期高速增长以及收入差距自2009年以来缩小的符合逻辑的结果，中国的中等收入群体在迅速扩大，对应中国庞大的人口总规模，中等收入群体的绝对数额必然也是引人瞩目的，对世界和中国都具有显著意义。下面，我们概要列举一些相关的估计数字。值得指出的是，对目前的中国来说，以主观感受定义中等收入者的估计数不具有适用性，因为高速增长导致收入增长的预期很高，而结构性减速和生活成本上升又会产生落差，所以人们的主观感受比实际状况要悲观很多。

作为一个具有影响、以相对收入水平作为依据的研究，中国社会科学院社会学研究所采用居民收入中位数为基准，以占该基准水平 75%—200% 的群体作为中等收入群体，得出这部分人群占全部人口的 37.4%，共约 5.14 亿人。其中，75%—125% 以及 125%—200% 分别作为中等偏下收入群体和中等偏上收入群体，占人口的比重分别为 18.9% 和 18.5%。

官方数据也可以作为这种相对收入水平估计的佐证。国家统计局城乡住户抽样调查，把城乡居民分为 5 个收入组，从数据可见，除去 20% 的贫困组外，其他各收入组的每日平均收入都显著超过购买力平价 2 美元的贫困线。如果再除去 20% 的高收入组，处于中间的 20% 中等收入组，日均收入约为 21 购买力平价美元，而中间的 3 个收入组共占人口的 60%，也都可以算作中等收入群体，包括了高达 8.2 亿的人口。

如果以绝对收入水平估算，按照比较通行的世界银行贫困线标准，可以把超出贫困线的人口作为中等收入及以上群体，那么中国的这个群体极为庞大。按照美元与人民币购买力平价关系 1∶3.5 估算，每天的收入超过 2 美元即为脱贫人口，或者广义的中等收入及以上群体。也就是说，中国尚有大约 5 000 万城乡居民属于贫困人口，贫困人口只是人口总数的零头，即 13 亿中国人都在中等收入以上的分组中。

## 如何看待 GDP“世界第一”的判断

人们通常说，对于超常规的中国经济增长奇迹，国际上的观察者视之为难解之谜，以致不是唱衰的论调，就是“捧杀”的论调。世界银行在 2014 年 4 月发布的一份报告中宣称，按照购买力平价计算，中国 GDP 总量预计年底超过美国，成为世界第一大经济体。对于这个判断，我国官方没有做出明确的评价，但是，我们的确应该密切关注，充分研究成为第一大经济体的含义。

目前国际上关于购买力平价的估算存在诸多问题，不足以引以为据。世界银行、国际货币基金组织等在进行国际经济总量和人均收入比较时，不仅使用汇率法计算 GDP 总量和人均量，还提供一套按照购买力平价计算的分国别数据。由于人们一般认为，各国的价格水平不尽相同，汇率也不能完全反映市场均衡水平，所以一些国际机构和学术单位，常常按照各国货币对一揽子商品的实际购买能力，计算出购买力平价，修正 GDP 总量和人均水平。这种估算在应用于我国时，往往会有意无意地产生两个误判：一是低估我国实际物价水平；二是暗含我国汇率仍然被低估的假设。其结果可能过早改变我国作为发展中国家的地位。实际上，我国官方从未承认以购买力平价计算的 GDP 数字。因此，按照一贯的原则，我国不应对世界银行的这个预测做出正式反应。

不过，对于我国经济总量超过美国的预期，应该有所预判并及早研究，形成政策储备。应该看到，按照我国过去的实际增长速度，以及未来一段时间的增长速度预期，经济总量超过美国是迟早的事情。例如，按照汇率法计算的我国经济总量，在 20 世纪 90 年代，从占世界第10位提高到占世界第6位。在21世纪的前10年，则分别超过法国、英国、德国和日本，位居美国之后的世界第二位。几年前，国际货币基金组织就已经预测，以购买力平价计算，中国GDP总量将于2017年赶超美国。一般认为，按照汇率法计算的经济总量来说，中国也将在2030年之前超过美国，跃居世界第一大经济体。对于世界经济版图这一迟早要发生的重大变化，我们应该及时做好严肃的研究和充足的政策准备。

实际上，被反复渲染的赶超美国的预期，具有正面和负面双重影响。从正面来看，我国经济将继续快速增长的预期，有利于增强国内外投资者的信心。随着我国劳动年龄人口从连续增长转为绝对减少，人口红利逐渐消失，GDP增长率从“十二五”期间开始已经有所减缓。国内外分析家有了一种经济悲观情绪。国际上的一些观察家关于中国经济将要“撞墙”，或者像美国底特律那样深陷“锈带”命运，乃至泡沫即将破裂的各种预言不绝如缕。尽管经济增长中长期面临的一些深层次问题正在得到改善，却成为唱衰中国经济的素材。国内一些经济分析人士受到增长速度减缓等现象的影响，陷入经济悲观主义，乃至提出不恰当的政策建议。在这种氛围下，由世界经济发展的权威机构发布看好中国经济的新闻，有利于消除分析家和投资者的悲观情绪，为我国经济发展保持持续动力赢得信心。

然而，中国经济超越美国的预测被不断炒作，会刺激美国的神经，使其做出进一步遏制我国的政治、经济和外交举措，不利于保持我国和平发展的外部环境。例如，2013年，美国哈佛大学学者阿里森发表文章，认为中美面临一个所谓的“修昔底德陷阱”。

2000 多年前，雅典将领、历史学家修昔底德在其著作《伯罗奔尼撒战争史》中指出，历时长久、后果惨烈的伯罗奔尼撒战争，起因正是雅典的崛起及其在斯巴达引发的恐惧。阿里森还举出诸多其他历史事实，证明在大国关系历史上的确存在“修昔底德陷阱”。即使经济总量日益接近甚至最终超过美国，我国人均 GDP 排位仍将长期靠后，缩小与美国在科技、军事、文化等方面的硬实力和软实力差距，仍然需要付出长期、艰巨的努力。因此，我们应该放低姿态，赢得时间，加快改革步伐，实现向高收入国家的转变。

借此机会，我们应该加紧研究作为对世界经济、政治、外交负有更多责任的大国策略。作为世界经济大国，各国对我国所要承担的国际责任有更高的期望。其中不乏来自那些欲图遏制我国和平发展的国家的恶意要求，如在履行世界贸易组织协议和承诺温室气体排放等方面，否定我国作为发展中国家的地位，也有来自其他新兴市场的经济体和许多发展中国家，由于对中国经济的依赖度大幅提高而形成的更多期待。对此，我国应有足够的研究，形成具有长期性、大局性和战略性的策略：一方面利用日益增强的经济实力，加快对外投资“走出去”的步伐，提高制定国际交往规则的话语权，创造更有利于经济发展的外部环境；另一方面争取长期保持作为发展中国家的身份，本着以我为主、以国内发展为主的原则发挥应有的国际作用，创造有利于发展中国家赶超发达经济体的世界经济格局。

## 对中国潜在增长率的推算

我们应准确判断我国经济发展所处的阶段性特征，防止因政策失误将增长速度放缓变成经济发展停滞，陷入中等收入陷阱。虽然按照以往的增长率预测，我国终将在总量上赶超美国，在人均 GDP 水平上进入高收入国家的行列，但是从劳动力供给、资本回报率和生产率提高的趋势判断，我国 GDP 增长率预期将逐年有所下降。当前我国经济增长出现的下行趋势，既有宏观经济周期因素，也反映了长期潜在增长率的变化。周期性下行与长期减速是由不同因素造成的，因此，在认识上应该避免将两者混淆，而在应对政策上，特别要防止用刺激性手段应对长期减速趋势。

## 经济增长下行，潜在增长率降低

供给和需求两方面因素都影响经济增长。长期来看，经济增长是受供给方因素制约的，这些因素包括劳动力、资本等要素及其生产率，以及全要素生产率。在经济发展的不同阶段，生产要素供给水平和生产率提高方式皆具有阶段性特点，构成特定的潜在增长率。在改革开放的 30 余年中，得益于人口红利，我国要素供给充足，生产率提升空间巨大，潜在的和实际的增长率都达到很高的水平。

根据我们的估算，GDP 的潜在增长率，即生产要素供给和生产率提高速度可以维持的正常增长速度，正在从 1995—2010 年的平均 10.3%，下降到“十二五”时期的平均 7.6%，到“十三五”时期还会继续下降到 6.2%。应该认识到，经济增长放缓是供给方面能力变化的结果，而不是因需求方面的冲击造成的。

目前我国经济增长的下行趋势，固然受到欧债危机和主要发达经济体复苏乏力的需求因素制约，但是，从根本上是潜在增长率降低的表现。虽然受出口、投资和消费需求的影响，实际经济增长速度可能周期性地分别处于潜在增长率之上或之下，但归根结底，由供给方因素决定的潜在增长率，构成了未来经济增长速度的根本制约。因此，应准确认识经济增长换挡期，冷静接受与潜在增长率相符的较低增长速度，正确地应对策略不是加大对经济的刺激力度，而是通过改革释放经济增长潜力。

把目前的实际增长率与潜在增长率相比，把需求因素与供给因素相比，正如在“十二五”时期 7%—7.5% 的 GDP 增长率是可以而且应该接受的，在“十三五”时期，6.2%—6.5% 的速度也是可以接受的。实际上，这样的增长速度恰好符合中央的预期，即适当的低速度有利于加快转变经济发展方式，实现中国经济增长的再平衡。

## 不应通过刺激性政策手段“保增长”

在理解潜在增长率问题上，存在一个致命的误区，即混淆经济增长的供给方因素和需求方因素。在很多情况下，人们常常会把由潜在增长率下降导致的增长减速误认为是需求不足，因而主张采取扩大需求的办法刺激经济增长。例如，日本在 1990 年以人口抚养比上升为标志，人口红利正式消失，潜在增长率大幅度降低。但是许多经济学家和决策者认为，减速是需求不足导致的，多年来坚持采取宽松的货币政策和刺激性的财政政策，尝试了各种凯恩斯主义的刺激版本，政策倾向上不啻南辕北辙。由于未能抓住日本经济停滞的要害——全要素生产率增长率的停滞，最终日本经济陷入“失去的二十年”，GDP 年平均增长率不到 1%。

尝试超越潜在增长率的政策工具，可能具体体现在产业扶持政策、区域发展政策和宏观经济刺激政策之中。这类政策应用的限度是使实际增长率与潜在增长率相符，一旦应用过度，即用产业政策和区域政策达到某种期望的增长速度，以刺激需求的手段试图超越潜在增长率，则必然导致扭曲的结果，加重经济发展的不协调、不平衡和不可持续。从国际经验和我国现实看，通过政策手段不遗余力地“保增长”，会导致欲速则不达的结果。

第一，扭曲生产要素价格。人为推动的大规模投资意味着过多廉价资本的投入，压低了资本要素的相对价格，导致背离比较优势的资本密集程度提高，并加剧资本报酬递减现象。日本在丧失人口红利之后，用提高资本劳动比的手段提高劳动生产率，却忽视了全要素生产率的提高。在其1990年以后劳动生产率的提高过程中，资本劳动比的贡献率高达94%，全要素生产率的贡献率则为–15%，是其经济增长停滞的主要原因。

第二，浪费资源，加重已经呈现的产能过剩。市场力量之外的投资行为，容易导致资源的配置不当，降低投资效率，进而造成产能过剩。例如，2010年，相对于中国工业平均水平而言，除了纺织业和轻工业中的部分具有国际竞争力的行业之外，那些被列入产业政策扶持对象的行业，产能利用率大多显著低于中国工业总体产能利用率82%的水平。其中钢铁行业的产能利用率还不到50%，有色金属行业略强，只有70%。

第三，形成不恰当的保护。向经营不善、应该退出的企业和行业提供补贴等各种优惠，乃至政府进行直接干预防止其倒闭，都是以就业、GDP和税收的名义进行的。但其结果则是保护落后，使那些长期没有效率的企业得以继续生存，最终破坏竞争机制，产生

“僵尸企业”。一旦这类企业在经济中所占比重过大，整体经济效率必然降低。

## 通过改革提高潜在增长率

潜在增长率是可以改变的。对于我国来说，现实中的确存在诸多机会窗口，可以通过改革达到提高潜在增长率的目标。下列相关改革应该被置于优先地位。

第一，深度推进城市化进程。推进农民工市民化，继续挖掘劳动力供给潜力，提高劳动参与率及其稳定性，是有助于显著提高潜在增长率的重要举措。一般来说，在劳动力成为经济增长制约要素之后，提高劳动参与率可以提高潜在增长率。对于中国未来5—10年来说，进一步推动农村劳动力向城市非农产业转移，稳定其劳动力供给，是提高劳动参与率的中国特色道路。这涉及户籍制度和土地制度等领域的改革。

第二，保持教育优先发展的趋势。经济增长的长期可持续性，要求顺应创新和产业结构升级对人力资本的需要，大幅度改善和提升劳动者的技能。受教育年限的提高需要长期积累，不是一朝一夕可以做到的。在义务教育毛入学率达到100%之后，提高学前教育和高中教育的入学率，是增加未来劳动者受教育年限的关键，而高等教育发展更是提升国家创新能力的必由之路。这涉及对教育体制和培训形式进行根本性的改革。

第三，提高全要素生产率。在超越劳动力无限供给阶段之后，经济增长的唯一可持续源泉是通过资源重新配置和技术进步实现全要素生产率的不断提高。随着三次产业之间的资源重新配置效率终将式微，今后全要素生产率提高将更多地来自以下两个源泉。

其一，由于各行业之间的生产率存在差异，生产要素会向生产率更高的行业流动，可以继续获得资源重新配置效率。未来 10 年，是中国从中等偏上收入国家迈向高收入国家行列的关键时期，与人均 GDP 在 6 000—12 000 美元的中等收入国家相比，中国农业劳动力继续转移的潜力仍然是巨大的。按照学者的估算，截至 2009 年，中国农业劳动力比重为 24% 左右，而按照官方统计口径，农业劳动力比重仍然高达35%左右。这意味着在今后10年乃至20年的时间内，从现有的农业劳动力出发，中国每年需要减少数百万农业劳动力，即每年降低农业劳动力比重 1 个百分点以上。这样的话，就能保持资源重新配置效率的持续提高，进而支撑中国经济增长的可持续性。

其二，行业内部的企业之间的生产率也存在差异，允许更有效率的企业生存、扩大和发展，淘汰那些长期没有效率提升的企业，可以提高行业以及整体经济的生产率水平。研究表明，在美国，通过部门内企业的进入、退出、生存、消亡这种创造性破坏机制，对全要素生产率提高的贡献率为 30%—50%。此外，还有研究表明，中国部门内企业间生产率差异巨大，如果缩小到美国的水平，可以提高全要素生产率 30%—50%。这两个数字如此巧合的含义是，迄今为止，中国尚未获得这种类型的全要素生产率增长源泉。这就要求进行相应的改革，拆除行业进入和退出壁垒，消除生产要素流动的制度性障碍，通过竞争机制实现优胜劣汰。

深化改革固然是长期可持续增长的必由之路，却不应该过于功利地看待改革，期待所有领域的改革都能够对经济增长有立竿见影的效果。面对潜在增长率的下降：一方面需要把改革推向新的高度和深度，为更长期的持续增长构建制度条件；另一方面也要做好充分的心理准备，习惯并接受较低的增长速度，把增长模式从立足于投入增长的速度型，转向立足于生产率提高的质量型。

## 中国经济奇迹及其延续的逻辑

十四大为中国经济改革设立的目标是建立社会主义市场经济体制，因此，改革最突出的成就，应该以计划经济向市场经济的体制转变来表达，终极检验则是看改革开放对经济社会发展的促进效果。在具体评价改革成就时，可以从经济体制的若干重要方面来分别概括。例如，阿瑟·林德贝克（Assar Lindbeck）从9个方面考察中国经济体制发生的变化：（1）企业的所有制状况；（2）资产的所有制状况；（3）分权的状况；（4）经济决策的方式；（5）企业的激励方式；（6）针对个人的激励方式；（7）企业面对的竞争程度；（8）个人面对的竞争程度；（9）对外开放的程度。这9个方面涵盖了经济体制的主要和重要维度，然而，这种概括本身却是平面的。虽然林德贝克也提及这些维度之间的相互联系和内在关系，却没有能够把上述各个方面的层级关系和逻辑联系清晰地揭示出来。

林毅夫等把经济体制模式描述为四个在逻辑上紧密相扣的环节。第一个环节是一国选择的经济发展战略。比较概括性地划分，通常有违背比较优势发展战略（comparative advantage-defying strategy）和比较优势发展战略（comparative advantage-following strategy）两种选择。对应于发展战略的选择，第二个环节是为执行特定发展战略形成的宏观政策环境。在推行比较优势发展战略的条件下，产品和生产要素的价格都反映其供求关系与相对稀缺性。与违背比较优势发展战略相适应的宏观政策环境，则是产品和生产要素价格的扭曲，通常被人为压低以便降低重工业发展的成本。第三个环节是相应选择的资源配置机制。在相对价格没有扭曲的情况下，资源配置主要是通过市场机制，否则便主要通过集中的计划机制。第四个环节是与前面的政策选择和制度形成相关的微观经营机制。在推行违背比较优势发展战略，从而形成扭曲价格的宏观政策环境，以及资源配置集中计划机制的条件下，微观经营机制主要表现为企业缺乏自主权、软预算约束，通过政府保护而免于竞争，并且缺乏激励机制。相反，则是具有充分自主权的企业在市场上的竞争、硬预算约束和经济激励。

在20世纪50年代中国形成其经济体制之时，重工业优先发展战略的选择成为其逻辑起点。由于这个战略产生了经济发展目标与资源禀赋结构的矛盾，即重工业发展需要资本高度密集和大规模投入，与资本稀缺的发展阶段是矛盾的，因此，宏观政策环境就以人为压低资本和其他生产要素的价格为核心。在稀缺生产要素的价格被抑制的条件下，只好借助高度集中的计划体制来配置资源，市场机制和价格信号的作用被排斥。继而，为了在生产单位的环节上保证资源被投入和再投入到发展战略所要求的重工业领域，工业部门的国有化和农业的人民公社化，也就成为合乎逻辑的制度安排。就是这样，中国在20世纪50年代后期形成了一个逻辑完整的传统经济体制模式。

这种经济体制有一系列的低效率表现，包括在微观层面上缺乏技术效率和在宏观层面上缺乏配置效率。如果改革着眼于首先解决诸如资源配置效率低下和计划经济的弊端这样的问题，则要求整个体制在短期内的一揽子改变。但是，对于一个没有市场机制作为基础，以及经济发展水平较低，以致不能承受大幅度经济衰退的国家来说，从这些方面入手的改革是典型的“休克疗法”，是难以保证成功的。事实上，中国的经济改革是从微观环节入手，由工农业基层生产单位直接解决微观激励和效率问题而发动的，包括农业中家庭联产承包责任制的实行和国有企业放权让利的改革，因而从一开始就奠定了改革可以沿着一个具有中国特色的方式往前推进的路径。看上去，这种改革是按照上述经济体制模式形成的相反顺序，在逻辑上却符合规律的改革推动方式。

经济学家常常联系中国的经济改革效果，进行关于改革目标模式的讨论，如华盛顿共识和北京经验；进行关于改革方式的讨论，如改革的渐进性和激进性；进行关于政府和市场关系的讨论，如威权型体制和中性政府。有趣的是，针对同样的中国经验，学者们常常得出针锋相对或截然相反的结论。造成这种运用概念上产生歧义和观察现象上出现矛盾的原因，在于相对于其他国家来说，中国的改革理念和实践具有以下特征，即中国改革的目标是确定的，具体的目标模式以及达到目标的手段和方式却并不确定，而是有着众多的混合表现和实用主义性质[①]。尽管有这样一些复杂的现象，下面概括和列举的几个方面，仍然可以从总体上反映中国经济改革的基本特征。

---

① 例如，农村改革和劳动力市场改革，就分别显示出渐进与激进改革、增量与存量改革方式并用的特点。

首先是改革的渐进性质。针对微观环节的体制弊端，农业中和企业中的改革直接切中缺乏激励与低效率的问题，可以采用诸如承包制这样的单一改革形式即时增加生产、推动经济增长。在显示了改革成效，从而坚定了社会对改革信心的同时，更加有活力的微观经营单位开始寻求更多的计划外生产要素投入，以便进一步改善配置效率，增加经营利润和劳动收入。因此，改革顺理成章地进入资源配置的层面，在计划机制之外生长出市场机制，并不断扩大后者调节产品流通和生产要素配置的范围与规模。随着产品和要素市场范围的扩大，价格越来越多地摆脱计划控制，而由市场供求和相对稀缺性决定。一旦价格逐步得到矫正，重工业优先发展战略的引导基础就不再牢固，经济增长和结构变化会越来越符合比较优势所指示的方向。

其次是增量改革的特点。改革从解决激励问题和微观效率入手，却不过早地涉及任何存量的调整，因而不会伤害传统体制下的既得利益群体。研究经济转型的经济学家，往往十分关注如何把改革对既得利益集团的伤害降到最低，从而最大限度地降低改革的政治成本和风险。在中国，相当部分所谓的既得利益群体，实际上是收入水平较低的普通居民。对国有企业就业进行打破“大锅饭”式的存量调整可能波及职工群体，他们不仅工资水平低，而且年龄偏大，教育程度和技能都难以在劳动力市场具有竞争力。商品价格改革一下子放开的方式可能伤及的居民，也是在低工资制度下承受力较弱的人群。因此，坚持增量改革原则，适度保护既得利益群体（但不是拥有特权的既得利益集团），与改革提高广大人民群众生活水平的目标是一致的。

再次是改革促发展的原则。许多国外的观察家和研究者都注意到，中国的渐进式经济改革，是在没有一个总体蓝图的情况下起步，采取解决当时存在的紧迫问题和追求直接效果为出发点的方式，分步骤进行的。尽管1992年十四大确立了建立社会主义市场经济体制的目标模式，“摸着石头过河”的改革特点始终存在，主要表现在对多数改革任务来说，没有明确的时间表，改革次序也不是有意识确定的，并且呈现出改革推进方式因时因地而异。

从某种教条出发，在评估中国改革的成效时，西方经济学家习惯于用一个固定、先验的参照系来进行比较，但是，往往发觉这个参照系并非中国改革自觉遵循与主动追寻的。其实，这里体现的是中国与其他国家在改革哲学上的不同。也就是说，中国改革的出发点并不是要达到某个既定的目标模式，而是提高人民的生活水平和增强国力。从这个目的出发，我们逐步探索出一条符合中国国情的道路，以实现从计划经济向市场经济的转变。市场经济体制这个目标并没有固定成为独立的模式，而是服从于改善民生和提高国力的目的。

也正是这个改革哲学和直接出发点的不同，使中国改革的指导原则和推进方式并没有陷入任何先验的教条中。改革是提高生产力、改善最大多数人民群众的生活水平和增强国力，这个原则自始至终是明确的，并得以坚持。在这个改革理念的指导下，改革、发展和稳定成为一个整体，改革是为了发展，也要服从稳定，而发展成效被用来检验改革道路的正确与否，稳定则为进一步改革创造条件。

最后是改革的整体推进特点。虽然改革没有一个明确宣布的总体蓝图，但由于经济体制是一个整体，体制的每个环节需要统一配套运作并互相适应，又由于中国改革推进方式具有的自发性，因此，改革进程并不是随机的和任意的，仍然呈现出一定的逻辑性。在把中国的改革表征为一个渐进的和增量式的制度变迁过程的同时，人们常常观察到某些领域的改革滞后于另一些领域的改革。

例如，包括劳动力市场转型和发育在内的生产要素市场的改革，就被认为是一个改革相对滞后的领域。但是，一个由此而来的问题就是，如果真的存在改革推进过程中如此重要组成部分的滞后，从而导致体制内部的不协调，为什么改革的整体效果仍然如此显而易见，并且表现为30多年的高速经济增长、生产力提高和居民生活的大幅度改善呢？

实际上，深入考察中国经济改革历程和逻辑，我们可以发现，在整体上表现为只涉及增量变化的循序渐进特点的同时，在不同时期、不同阶段和不同领域，也交织着涉及存量变化的相对激进的改革。改革采取什么样的形式和步骤，取决于体制作为一个整体的相互适应性的需要和社会承受力。无论从局部效果，还是从阶段效果来观察，其实改革是整体推进的，并不存在实质上超前或滞后的领域。

中国经过30多年改革与开放的实践，在经济和社会的各个领域取得了史无前例的成就。这些成就可以分别从中国经济参与全球化的程度，产品市场和生产要素市场的发育，政府职能的转变，经济发展和社会事业发展的协调程度，经济结构的调整，就业、社会保障和收入分配制度的改革，以及相关民生事业的发展等各个方面来观察。我们应尝试从上述方面展现改革开放和经济社会发展的成功，提炼和分析相关的经验和教训，识别和提出新的改革方向，并阐述中国经验对于其他国家的借鉴意义，乃至中国经济的成功经验对于经济学理论可能做出的贡献。

大多数学者都承认，过去30多年中国的高速增长得益于人口红利。但是，对人口红利的利用是有条件的，特别需要一系列制度条件。已有的众多文献表明，对于发展中国家来说，实现赶超发达国家的关键在于以比后者更快的速度实现增长，从而形成一个趋同结果。这个趋同是条件趋同，即只有满足一系列物质的和制度的条件，发展中国家诸种潜在的因素才能成为现实的经济增长源泉，从而实现更快的经济增长。中国人口抚养比下降开始于20世纪60年代中期，只有改革开放创造了利用第一次人口红利的条件。

按照定义来看，无论是创造第二次人口红利也好，还是探寻崭新的经济增长源泉也好，对体制的条件要求更高：在经济方面涉及企业制度、金融制度、财税制度、投融资制度和对外经济制度等，在社会和民生领域则涉及教育制度、就业制度、户籍制度和养老保障制度的改革，以及资本市场的发育。正是这一系列具有密切逻辑相关的领域取得的改革成绩，在过去为释放人口红利创造了制度条件，也必然成为未来经济可持续增长的制度保障。

# 第三章
# 如何认识中国的经济发展

本章从经济学研究者与普通读者对话的角度，论证为什么人们需要研究经济发展，特别是研究中国的经济发展；从理论创新的目的出发，讨论为什么需要以批判性或者另类的思维方式研究经济发展；从方法论角度列举一些重要的正面和反面范式，作为批判地研究经济发展的例子。同时简要介绍可以作为理论研究出发点的、经济学说史中若干关于经济发展的重要特征化事实的概括。本章最后还会讨论，如何认识中国经济的减速以及经济减速带来的问题。

## 中国发展之谜：诺贝尔奖级别的课题

我们为什么要研究中国的经济发展，其实不是一个可以直截了当予以回答的问题。这当然首先是因为中国经济值得关心，即使不是研究经济问题的人，作为中国人，所有人关心的问题最终都落脚在中国经济。另外，明白中国经济发展改革的历程，甚至它的历史，懂得用什么样的理论框架、思维框架去看待中国经济，本身是一种训练。

阅读本章并不必然得出正确的结论，重要的是进行一些关于创造性的分析训练，能够在涉及经济问题的讨论时，更像是受过专业训练的人，能够发挥专业背景优势，而不是像出租车司机似的，对乘客仅能说出直觉式的道理。那么，既然是培养经济思维，之所以研究中国的经济发展问题，除了我们是中国人，自然关心中国发展现象和经济前景之外，还有以下几个理由。

第一，我们先思考一下什么是理论。理论不可能脱离实际，理论脱离实际也就没有意义了，就像是屠龙之术，只能被束之高阁。理论为什么有用？因为理论对现实做了一种抽象。有人会问，现实是实际存在的，直接观察现实即可，为什么要抽象为理论？首先，人们描述现实不可能穷尽所有实际事物，必须把它加以裁剪、抽象，浓缩在更小一点的框架内，这样我们的大脑才能够处理。正如需要各种比例的地图，我们才能得到关于世界或者某个特定区域的整体概况一样。其次，尽管人们可以观察横向现实，但不能观察到所有现象，也可能受假象迷惑，得到错误的结果。

近年来，关于中国经济发展的讨论十分激烈并引人注目。但是，有一些特别的现象影响了讨论的质量。其一，争论双方的许多意见大多没有付诸学术性论文，而是在报刊、网络以及在会议发言和新闻采访中表达，通常未提出什么论据。其二，一些争论的参加者干脆采取偷懒的办法，对自己不赞同的观点索性也不提什么针对性的意见，只是冠以“伪命题”。

由于科学上讲的伪命题或不真实的命题，是指一种判断既不符合客观事实，也不符合理论预期，因此，回应这些不同意见的方式，无疑是继续进行经验研究，提供更多的证据，所以我们仍然需要理论。进一步讲，经济学家更看重借助理论去预测尚未发生的事件。因此，预测能力越强的理论就是越好的理论。我们退一步看，理论还是一种与一系列特征化事实（stylized facts）或经验相关的概念，并且与特定的认识论和方法论相联系，可以使我们透过表面甚至假象去认识事物的本质或者变化趋势，使我们不致受到传统观念的束缚。

第二，通过历史即别人的文献可以观察纵向现实，但这些文献可能是错的。历史记载可能是客观的，但大多数情况下往往是主观的，诸如“为尊者讳”“为贤者讳”，涉及重要人物时会进行粉饰，因此任何历史都不会绝对客观。即使历史记载可能是真实的，也不一定是具有代表性的。需要抽象的理论帮助我们正确认识历史，尽管文献不一定正确，但是有了理论框架、思维方式之后可以重新“反读”文献，利用现有文献，而不是受它影响。

第三，未来是观察不到的，那么如何预测未来呢？基于此，需要抽象的理论理解过去和认识当前，然后才能预见未来，只有按照理论逻辑想象看不见的未来，才可能是正确的。真正认识历史发展规律，以古鉴今、洞悉未来、见微知著、高屋建瓴，需要学会创造性思维，特别是批评性思维，甚至有时需要另类思维。其中最重要的则是掌握理论的抽象性质。

经济学家这种洞悉力的最好例子，是凯恩斯的成名之作《和约的经济后果》。1919年，凯恩斯曾经作为顾问参加旨在惩罚作为战败国的德国的巴黎和会。当政治家们全力以赴要求德国赔款时，凯恩斯匠心独具地看到过度沉重的赔款负担终究会压垮德国，并预见到这会成为未来战争灾难的种子。他的建议并没有被政治家接受，后来希特勒发动罪恶的第二次世界大战，证明了他的远见卓识。第二次世界大战之后，美国一改过去的要求赔款的做法，实施了著名的“马歇尔计划”，无疑是凯恩斯思想的开花结果。一个有趣的后续事件，证明了凯恩斯的预见性。据报道，德国第一次世界大战作为战败国的赔款，直到2011年才最终支付完成。

我们再来看看什么是中国的经济发展经验。讨论中国的发展经验，首先固然是因为我们在世界发展谱系的后端，拥有计划经济的所有弊端，具有经历了二元经济的所有发展中国家的特征。在经历30余年的改革和发展过程中，迅速地改变了面貌，人们普遍认为这是一个成功的经验。特别是在促进经济发展的做法上，既否定了计划经济下传统的发展战略，也没有照搬新古典主义、新自由主义、华盛顿共识，好像创造了中国独特的模式。虽然这些都是研究中国问题的理由，但不是全部理由。

重要的是，中国经验可以帮助我们浓缩历史经验，并抽象成经济理论。前面讲到理论的核心是抽象。什么是抽象？以每个人为例，具象类似于我们的每一张脸，每一张都不一样。当描述一个人群时，比如中国社会科学院研究生院的学生，把1 000多人都描述出来是不现实的，必须找到一些共同特征，因此需要抽象：由于有入学限制，年龄不能太大，只有两种性别，大学毕业之后才能读研。这样概括之后，能够说这是学生，这是研究生，再加上其他限制，是社科院研究生院研究生。

中国经验的优势就在于，它自身已经做了抽象。研究西方发展史、历史著作甚至一些文学作品，都或多或少有局限。比如我们读茨威格的书，他从个人观察的角度记录了那个时代的一些变化，但记录的也只能是他观察到的变化。距我们已经很长时间了，如果再把那之前及之后发生的加进来，跟我们类似的经历大概在几百年前的西方都发生过，这意味着西方经济发展史是在特别长的时间里逐渐显现的。

再如，刘易斯讲二元经济理论，也就是说很多发展中国家具有劳动力无限供给的特征。经历二元经济发展时期，这个时期的后期发生了转折点变化，后来也有人称之为转折时期。一般认为，这是发展中国家的特征。西方国家有没有二元经济理论呢？这个问题非常值得研究。刘易斯在提出二元经济理论特征时用了很多欧美国家早期经济发展的经验，但是从来没有人说西方国家也有二元经济理论。

我认为，对任何国家的发展过程进行抽象之后，都是共性多于个性。为什么刘易斯的二元经济理论的对象是发展中国家，运用其理论的也是发展中国家，原因就在于早期欧美国家的二元经济发展历程是匀质和渐变的，每个特殊时期不具有典型的结构性特征，结构演变在非常长期的过程中形成。而发展中国家的结果是非均衡和异质的，拥有显著的阶段性特征的发展过程。

经济学家一直把有没有二元经济视为发达国家和发展中国家发展历程的不同，其实我认为根本的不同在于，发达国家早期发展历程太长，以至于看不出阶段变化。举一个不恰当的例子，有两个品种：一个是人类，假定自然寿命是 80 岁，以 10 年为单位划分年龄段，在每个年龄段是变化的；另一个是猴类，假定自然寿命是 300 岁，在人类可见的发展变化中看不出猴是老还是年轻。也就是说，时间太长会把所有的区别与特征都拉平。又如生命科学家为什么总是用白鼠做实验呢？因为白鼠的生命周期很短，会在可以接受的时间里完成科学家期望显示出的生命特征。再如画一张曲线图，本身具有很多很大的波动，然而西方国家的长期发展历程把它拉得太长了，最后就看不出动态了。

中国经验不仅像其他发展中国家一样，浓缩了发达国家早期的发展历程，而且中国的发展比一般发展中国家更浓缩，浓缩的结果就是把所有特定时期的特征——转折时期的特征、各种阶段性的特征更加清晰地展示出来。因此，中国的发展经验把其他国家上百年甚至几百年的发展历程浓缩到几十年中，这样中国经验本身已经做了足够的抽象，研究这个抽象过程有助于再做进一步的抽象。

从这个意义上，弗里德曼说，谁把中国的发展和改革说清楚，谁就应该获得诺贝尔经济学奖。看上去这话跟没说一样，因为无法定义是否说清楚了。我想他是说，一般而言，中国是世界上一个举足轻重的国家，人口最多，既是计划经济的受害者，又是不发达的受害者，经济学既要研究发展现象，又要研究转轨现象，然而这么重要的两个现象在中国同时出现，如果说清了，那么理论上一定有创新，因此应该获得诺贝尔经济学奖。

我们还可以从个人的功利性角度来理解为什么要研究中国的经济发展。学经济学，无论是经济理论，还是经济发展事实，固然应该当作一门公众的学问来研究，不能仅仅为了搞纯粹的经济研究，应该超越这个直接目的。从现实来看，大部分读者本身不是搞研究的，无论读博士还是读硕士，毕业后并非人人都想心无旁骛地搞研究。这也是理所当然的，如果大家都进来干我们这一行，供给大于需求，工资率被压低，这样也不好。我强调的是，学经济学，理解经济发展，对每一个人都有意义。

首先，公务员可能也要做一些研究，要写报告。作为公职人员，认清世界以及中国经济发展的规律、潮流、未来的走向，对于日常工作的判断也有帮助。实际上，即使官不大，不是决策者，仅仅是负一个小小的具体责任的公职人员，也面临各种选择和决策，因为最后领导的选择依靠的是你提供给他的信息。在这种选择中，并非永远都有可依据的材料（比如中央文件），也有很多选项文件没有涉及，只要符合大的原则精神，这个时候你做出的决策就非常重要。这样的决策对国家有利，无疑对个人也有利。因为最终一个人对一次、错一次，没有太大差别，但是从大数上，你对的次数比其他人多，那么个人业绩表现就比别人好。

其次，对做企业的人来说，要判断中国未来的发展前景。如果经历一些阶段性的变化，那么这个变化的政策含义是什么，这个含义如何变成商机，如何变成经营中必须避免的误区？学习经济学、理解经济发展事实对此意义重大。以刘易斯转折点为例，我总在讲刘易斯转折点的到来和人口红利的消失，曾经受到来自各界人士众口一词的批评。然而，尽管投资经济学家批评，但是他们高度重视。很多当年写文章批评这些观点的人，现在都说，很早的时候就认为中国达到了某某转折点了，因为他们的主要任务就是让客户相信他们的判断永远正确。这也说明他们的确认为看清经济发展规律对投资、对未来事业的发展有直接帮助。但是我认为他们中的许多人的理解太直接、太狭隘，如果他们能够更深入地研究问题，可能会做得更好。

再次，研究经济发展规律，研究经济学的基本原理，对个人理财也有帮助。我举一个例子，著名收藏家马未都说，随着世界对于中国文化的再认识，中国的文物、古董、艺术品等因其艺术价值会越来越值钱。他本人是一个成功的实践者，个人理财成功了，但理论不一定对。

其实，文物和艺术品能不能升值的原因不在于有没有艺术价值。想一下埃及的文物，动辄就是具有三五千年历史的东西，人物绘画、雕塑反映出古埃及人的解剖学在当时非常发达，很可能科技水平也比当时的中国人高，但是他们的文物并不值钱。原因在于，文物和艺术归根结底都是这个国家自己的，没有所谓“世界的”。“越是民族的越是世界的”这个说法从经济学意义上看是不对的。当我把小提琴协奏曲《梁祝》磁带送给外国朋友时，他们通常会非常象征性地听一听，根本不知所云。而我自己在插队时第一次听到这段音乐，真有荡气回肠、绕梁三日的感觉，急忙向人打听，才知道那就是《梁祝》。文化也好，艺术品也好，文化产品的价格都是本国投资者抬高的。一个国家经济增长得越快，富人乃至中等收入群体人数增加得越快，当他们不知道该把钱投向何处时，这个国家的文物和艺术品就一定看涨，绝对不是外国人抬起来的。

最后，我认为一个人一生的成功，既包括事业成功，也包括精神的愉悦感，活得明白，这些都取决于他的思维方式。思维方式千奇百怪，如何看待朋友，如何看待日常的娱乐，品位如何，涉及生活的各个方面。对事物进行判断，对人生有更多影响的判断，我个人觉得经济学是相对成熟的，是一种更加理性的判断方式。因此，无论你的专业是什么，做研究还是着眼于个人所在的领域，具备一点经济学的理性思维方式，对个人在一生中做出正确的人生抉择会有帮助。

另外，可以利用经济学的理性思维方式认识社会和个人的关系，对社会认识得越多、越透彻，能够抛开凡人琐事的可能性就越大，也就更能享受得到的东西。当看似悲观的事情发生时，比如某一阶段的收入很低，你可以把它放在历史长河里来看，将其看作（国家）成长中的（个人）烦恼，就没什么了不起了。

## 用批判性思维模式研究中国经济

上述关于为什么要研究中国经济发展的理由是从一般意义上讲的，或者说从纯的方法论上来说，中国经济发展经验更具有进行理论创新和理论抽象的空间。对具体的研究过程来说，从商、从政、做研究的人无疑都关心中国，研究中国经济发展固然各有其功利目的，但是，背后有一个目的却是共性的，即培养正确的思维方式。所以本章可以理解为“一个另类却有用的分析框架”。其实不仅仅是另类的，也是批判性的，用此思维方式来观察和分析中国经济发展，可以说是“有用的”。随后，我们将说明为什么需要批判性思维，以及培养这种思维方式的途径。

在阅读中，我们能够接触到的解释性理论太多，随便选择一个就可以帮助我们很省心地解释中国的某个现象。举一个例子说明这一点，在进行“南南”学习时，国际组织可能会请中国人去给非洲人或者拉美人讲中国的故事，介绍中国的发展经验。这个任务说难也不难，随便挑一个著名经济学家如吴敬琏、林毅夫的解释框架去讲就可以对付了。这样做，其实是在偷懒。人都有天生的思维惰性，通常讲有人“懒一点”或者有人“勤快一点”，其实最大的差别是有的人不愿意动脑子。然而，我们必须培养自己用批判性思维学习别人的理论，找自己的解释。加尔布雷思提出“传统观念”（Conventional Wisdom）这个概念，其核心就是，传统观念巨大的惰性是社会性、全国性甚至世界性的。在一定程度上，大家都被现存理论解释俘获了。凯恩斯也说过，政治家无论承认与否，其实他们都是某种已故经济学家思想的俘虏。

无论是作为理论的生产者，还是消费者，理想的状况是都应该有自己创造性的思维，要解释现实，哪怕是用另类的理论。但是，如果不知道别人的东西，怎么知道自己是另类的？如何判断自己的理论是创新的？因此，理解别人的理论与形成自己的理论之间的关系是，要在学习过程中自己反复琢磨，就像“学而不思则罔，思而不学则殆”所说的那样。接下来进入批判性思考过程，着眼于学的目的是创新，找到一种更加具有解释力的新理论，而不是学过且过、照单全收。

怎样形成自己的思维范式，或者说怎样培养自己的创造性思维呢？一种方法是，不断研究，问题越来越深入，最后培养出自己的一套东西，培养出自己的思维方式。功夫不负有心人，这诚然是一种可行的途径。但值得注意的是，这条道路是异常艰辛的，存在不能成功的风险。换句话说，成功概率充其量只有5%。为什么这么说呢？一般来说，读博士学位的目的是做研究，若是想做具体事情（当公务员、从商），本科毕业之后就可以了，或者读MBA（工商管理硕士），读了博士之后一般是教学或科研。有人统计发现，在美国拿到经济学博士学位的毕业生中，只有5%的人成为经济学家。其中经济学家的含义也存在差别，我们过去认为成名成家之后有一定影响的才可以被称为经济学家，但在美国，以经济学研究作为职业的人就被称为经济学家。在这5%中只有更小的比例可以有创造性成果，也就意味着，仅仅靠自己不断地做那些不能升华到创造性水平的研究，并不能达到目的。

所以，在做研究的过程中需要不断回顾、总结、找路径，分析自己过去的路径对不对，然后找到下一层次的路径。我们常常讲转变经济发展方式，其实我们的研究方式也面临着转变。在疲于奔命完成课题任务的同时，我们也变成了传统研究方式的生产者，不断地投入（体力、脑力、精力），固然可以依靠这种方式养家糊口，但只是低水平的循环，提高就很有限，离真正的理论创新只能渐行渐远。

## 避免思维偏颇的几个重要范式

托尔斯泰说："幸福的家庭都是相似的，不幸的家庭各有各的不幸。"不过，在研究中遇到的困扰，也常常具有一些共性。换句话说，一些常见的不正确的思维方式，总是把我们不约而同地推向错误思维。批判性思维的一些范式问题，来自用平时自己使用的框架去审视自己的研究。我借着这些审视思考一些问题，非常不完整，没有讨论方法论中很多成形、比较系统的思维框架，只是把自己在阅读中见到的，并于研究中思考的一些逻辑要点或者误区整理于此，以帮助我们形成批判性思维方式。

## “于此之后，必为所致”

这句话来自拉丁语“post hoc ergo propter hoc”，译为英语是“after this, therefore because of this”。关于该逻辑谬误的中文表述是，“既然这个事件在上一个事件之后发生，那么这个事件一定由上一个事件引起”，可以把其简化为“于此之后”（post hoc）。简单来说，这是在说明一种错误的因果假设，例如错误的原因、偶然的关系或者是非因果关系。这种逻辑谬误与“因为如此，所以这般”（cum hoc ergo propter hoc）存在微小的区别，“于此之后”逻辑谬误强调按时间顺序发生的事件之间的一种谬误关系。例如，春节和明信片之间的关系——在春节前发送明信片。按照时间顺序，错误的推论是：由于先发送明信片，然后才产生春节。

这种因果关系是在思考问题时，特别是在做经济学研究的时候，最容易犯的错误。如果在早期，比如经济学研究初期（当时被称为政治经济学），人们还不知道计量，这类问题可能还少一些。尽管有人有正确的因果观，有人有错误的因果观，但是错误的因果观没有成为普遍现象。随着经济学的高度发达，特别是计量经济学的作用越来越重要，错误的因果观成为普遍现象。可以说，无论在中国还是在外国，经济学家中有一半有错误的因果观。我们的学生学了计量，特别是计量学得不错的，最容易落入这种“于此之后”陷阱。

另外，目前在学者中存在一个常见的现象——阅读文献时首先看用了什么数据，如果发现中国有这样的数据，就去看模型估计方法，最后得出结果。人家都做过，还做它干什么呢？把前面所有的理论分析、理论的因果都省略了。美国的学术期刊有一种不好的导向，鼓励人们在数据和统计技巧上花样翻新，误导了年轻学者，使其忘记自己的终极目标。诺贝尔经济学奖获得者海克曼专门批评过这样的倾向，即对于从事理论的经济学家，只管构造与世脱节的理论模型，对于从事经验研究的经济学家，一心想着用数据做出一个引人注目的计量结果，都违背了经济学研究经世济用的出发点。所以，学者应该反复提醒自己尽可能避免这种倾向。因为因果是客观存在的，但观察不到客观存在，如果从客观出发看因果，只能看到明信片先到、春节后来。因此，只能用理论看因果，没有理论就没有正确的因果观。

经济学说史中存在很多错误因果的典型案例。杰文斯对现代经济学的发展做出了非常重要的贡献，特别是边际分析，但是他也闹过很大的笑话。他用太阳黑子的变化解释英国经济周期，而且在当时计量经济学发展的基础上做出了非常完美的模型，通过了各种检验，对解释变量和被解释变量之间的关系做了看似合理的解释。在计量经济学课程中，好的老师应该讲这个例子，防止学生在做计量时陷入这种“于此之后”陷阱。

### “反设事实”

一种值得正面推荐的方法是所谓的“反设事实”法（counterfactual）。“反设事实”是一个心理学术语，描述了人们有设想实际情况对立面的倾向。人们经常有意地去思考如果前提发生变化，事物将会怎样。可以理解为，通常认为历史发生过一个变化，随后产生了因它而生的一系列变化，但是作为逻辑起点，假如作为因的变化是不真实的，即假如没有这样的变化，那么随后的所有结论就有可能不成立。

在思考问题时需要用劲想一想，作为逻辑起点的那个事件到底真实与否，任何研究都不可避免地回到以前那个时间的逻辑起点。如果中国不是计划经济，当然只是一种纯粹的假设，如果计划经济不是由意识形态造成的，而是为了加快工业化，那么该怎样解释中国的经济发展；如果仅仅是因为有人告诉中国要搞计划经济，那么对于中国经济发展的解释又会是什么结果。研究中大部分时间都会与过去的事实打交道，因此有必要分析过去的事实是否成立。

有几个比较成功的研究案例旨在说明，当起点事实发生变化后，某些原来得出的结论可能并不正确。但是如果不改变起点事实，不设想不同的起点事实，不用理论推理出这样的事实，可能后面的研究就不知道该怎么做，只能是人云亦云，得不出有价值的研究结论。因此，善于提出假设，重现假设历史，可能是培养自己思维的一种方式。

罗伯特·福格尔（Robert Fogel）与诺斯一起获得 1993 年的诺贝尔经济学奖，获奖理由是他的两个与所有现存的观点完全不一样，且经计量经济史方法检验的观点。一是美国的奴隶制。人们普遍认为奴隶制是不人道且低效率的，但福格尔研究的出发点是，假如奴隶制是低效率的，为什么通过战争推翻它，花费巨大代价，而不是通过经济制度的转变来改变。他回到起点进行研究发现，奴隶制是有效率的，而且在南方效率很高。通过反推发现，南北战争造成了巨大的经济损失，甚至几十年都没有回到原点上。二是贯通美国东西的大铁路对美国经济增长的贡献。长期以来，在美国经济史的研究中，人们都认为东西大铁路对美国经济发展是有贡献的，因为它使美国经济加快西进。这里，他也回到原来的起点进行研究发现，东西大铁路的修建对美国经济发展的贡献微乎其微，根本不能解释美国经济的快速增长。

安格斯·麦迪森（Angus Madison）的研究（例如《世界经济千年史》《中国经济增长的长期表现》）的方法论，也建立在“反设事实”的出发点上。他整理的各国经济历史数据，在实际历史上是没有的。为了发掘这些数据，在方法上必须有假设，要有一种特殊的路径才能回到原点把“没有”变成“有”。

我和同事写过一篇关于剩余劳动力估计的文章，设问“假如农业劳动力不再剩余，会发生什么”。剩余劳动力估计本身并不需要“反设事实”，只是一种反传统观念，但逻辑上继续推演，就是“反设事实”方法了：如果剩余劳动力不再是 1.5 亿或者 2 亿，而是很少甚至微不足道，那么一向为人所接受的很多其他结论可能是错的。例如，城乡收入差距可能被夸大，农业技术进步也不再是劳动使用型，而可能是劳动节约型。

## “传统观念”

推荐大家阅读加尔布雷思在 20 世纪 50 年代末写的《富裕社会》。在相当长的时间里，加尔布雷思都被主流经济学家当作另类，许多诺贝尔经济学奖获得者都批判他，甚至在他当选美国经济学会主席之后，有许多一流的大师级人物宣称要抵制他，但最后他们都到会了。虽然他们众口一词地进行批判，却不得不承认加尔布雷思的巨大影响。他们可以批判他不是正宗的经济学家，但不会认为他是无足轻重的人。他当过总统顾问、驻印度大使、美国经济学会会长，虽然没能获得诺贝尔经济学奖，但他的影响却是迄今为止美国经济学家中最大的。《富裕社会》就是批判传统观念（或传统智慧），其中第二章阐述了传统观念的概念。如果说哪位经济学家创造了一系列概念，能够持久地变成全世界流行的知识分子共同语言，那么他是唯一的，如传统智慧、制衡力量等。

加尔布雷思认为，当人们反思最经常被接受的观念或理念时，很可能发现它们已经过时。人们在创造这些概念时可能进行了抽象，反映了特定时期相对的真理和规律性，随着时间的推移，它们变成传统观念，不再能解释今天的现象。加尔布雷思是一个坚定的凯恩斯主义者。凯恩斯遭到了众人的批判，尤其在美国。凯恩斯遇到的最大挑战，就是亚当·斯密、马歇尔流传下来的古典或新古典、自由放任的经济理论。因此，在凯恩斯时代，这些理论即为传统观念。加尔布雷思也认为，随着凯恩斯被人们接受以后，他自身也不可避免地成为传统观念。不打破、不怀疑传统观念，永远都会跟在别人后面思考，甚至会不断地试图验证这些传统观念。

传统观念最大的问题，即最容易让我们掉入这个陷阱的原因是，我们天生就崇拜前人、死人、名人、权威。如果当今有人提出一种理论，尤其是他跟我是同代人、同辈人甚至是我的大学同学，那么即使理论是正确的，我也会说它是错的，很自然地挑战他的权威。如果这个人已经被称作大师，成为很权威的学者，那么我就不会挑战，接受他的观点就变成传统观念。加尔布雷思在《富裕社会》中提到，传统观念不容易被推翻，即使做了很多工作，人们也认为新观点是对的，但转身之后又会回到传统观念。

以中国人口为例，许多人动辄说中国人口将要达到16亿高峰，但是研究人口的人都知道，中国人口甚至不可能达到15亿，即使在适度调整生育政策的情况下，也不可能。16亿只是最初的预测，然而预测需要随着变动不断调整。比如世界银行最初预测中国GDP增长率在某年是8%，如果第一季度中国GDP增长率超过了10%，那么世界银行必须立刻调整。同样，中国的总和生育率不断下降，就必须调整预测，调整至今无论怎样也不会有16亿。值得注意的是，无论你怎么说中国人口峰值不会超过15亿，人们也承认你的权威，但下次他们遇到这个话题时，依然会讲16亿。仅以此作为一个例子，传统观念并不单指是否接受新证据，更是指支配思维的观念。

如果面对有相同学术规范的经济学家，我把所有该质疑的都质疑了，你也解释清楚了，其中没有错误，我也认同是正确的，那么我可以接受你的证据，但是我的思维方式不会变。加尔布雷思出版了一部系列作品《不确定的年代》，质疑弗里德曼坚信的自由主义。弗里德曼担心人们会改变自由主义的观念，所以急忙出版了《自由选择》。质疑传统观念是必要的，特别是在我们这个时代，学术规范不健全，很多所谓的事实都是错的。它们从一开始可能就是错的，即使有些东西曾经是对的，可我们依然把它们当作事实来接受。

## “皆因一根钉”

另一个有助于进行批判性思考的步骤，是关注逻辑细节。以一首诗来作为本节的开始：For want of a nail the shoe was lost; For want of a shoe the horse was lost; For want of a horse the rider was lost; For want of a rider the battle was lost; For want of a battle the kingdom was lost; And all for the want of a horseshoe nail.

一位同事向我推荐的中文翻译是这样的：

> 只因少根钉，蹄铁无踪影；只因少蹄铁，战马送了命；只因缺战马，大将竟牺牲；只因缺大将，战争没打赢；只因输战争，王国一命终；坏事连成串，皆因一根钉。

据说，在第二次世界大战期间，英军后勤司令部的墙上挂着这首诗，强调后勤供应对于战争成败的重要性。引用这首诗是要说明在进行大胆假设之后，还要小心求证。中国传统的所谓小心求证，也是粗放型求证，即努力发现为我所用的材料。在经济学分析的过程中，核心不是表面的东西，而是理论逻辑。数学使经济学分析更加严密，对于大脑来说，有人天生严密，有人天生跳跃，因此当不用数学约束大脑时，人们会担心缺乏逻辑性和每一步骤的高精密要求。在做了所有的创造和批判之后，并不见得一定会实现理论创新，必须对理论进行严谨的推理并检验。

建筑理论大厦，或者哪怕只是建筑理论小屋，都要靠一砖一瓦、一草一木建起来。没有材料不行，类似于没有钉子。还要有结构，没有结构就不知道怎么建，建起来也不是大厦，更不是茅草屋，而可能是特洛伊木马或者狗屋。因此，在整个逻辑中细节最重要，苛刻地讲，没有细节就没有逻辑。以我们自己为例，整个研究论证的细节远远不够完美。这需要长期培养，谁也做不到最完美，但是要逐渐提高，不断地臻于完美。达到一定研究水平的人或者一些名家，常常认为不再需要这样做了。我希望搞研究的人不要走这条路，因为做学问不是为了混饭吃。我一直认为，做一个学者如果是为了混饭吃，为了完成任务、拿工资，出了名可以拿课题，可以去讲课，就把自己看得太低了。

如果做学问是为了完美，为了创造，就应该完善细节，哪怕是没有人能够看出来的细节，也会产生一种美感。理论上、逻辑上的完美可以使自己在做研究时有愉悦感。另外，我认为群众的眼睛是雪亮的，即使你是一个精英，能挑出其他人的毛病，但是你想象不到把群众加总起来之后形成的判断力。举例来说，把你注重细节的研究，与比你知名度高很多但浮皮潦草的研究相比。老百姓固然爱听著名经济学家说的话，但是长期接触经济现实的人，即使一两次不会发现，时间长了总会看出差别，你的研究是扎实的，而名家可能是一成不变的，数年甚至数十年如一日。有了正确的研究观，自己获得理论的满足，期望做出真实的贡献，就要非常注重研究的逻辑细节。

## 关于经济增长的特征化事实

愿意尝试运用正确的思维方式支配自己的分析之后，理解中国经济发展，还需要从一些必要的背景知识入手，特别是有些可能涉及经济史上著名的争论，譬如解释李约瑟之谜，可以借鉴经典文献中关于经济发展特征性事实的概括。经济学文献中，许多大家不会轻易将自己做出的一些研究结论称为经济理论或经济规律，只称为事实［或特征化事实（stylized facts）］。尽管它们不一定都是真实的，但是可以成为研究和观察问题的起点，按照这些“事实”进行另类研究，研究事实本身的变化，思考如何检验这些事实。如果发现某些“事实”是错误的，恰好可以提出反对观点。

面对前人已经做过的研究，既然能把它们称为特征化事实，说明做了足够的研究分析并进行了概括。因此，这些概括是非常好的起点，要经常将已有的研究放进这些框架中进行检验，这是一种非常有益的研究方式。关注特征化事实的目的是双重的。一方面，在你尚没有足够经验的时候，可以把特征性事实作为一种参照。例如，使用中国的数据做一个计量研究，发现结论在某些特征化事实中陈述过，那么会更加确信自己的研究。另一方面，研究经验积累到一定程度之后，可以对相关陈述进行检验，验证它们在中国是否仍是事实，提高自己的认识。

## 库兹涅茨关于现代经济增长的事实

在研究的早期，我阅读和引用比较多的是库兹涅茨关于现代经济增长的事实概括。近年来，讲刘易斯理论的时候，我们懂得了发展中国家长期处于二元经济发展时期，在特定的发展阶段上，存在一个转折点（刘易斯转折点）。但是，达到这个转折点之后，一个国家的经济发展会转向哪里呢？库兹涅茨研究的正是关于从传统经济向现代经济增长的转变。

在他的诺贝尔奖演讲中，库兹涅茨用了 6 个特征对现代经济增长进行了概括（西蒙·库兹涅茨，1997）。第一，发达国家的人均 GDP 和人口的高增长率是这些国家中以前可观察的速率与世界其他国家的速率的大倍数。第二，每种生产要素的生产率和全要素生产率（TFP）的增长速度，达到以往未曾有过的速度。第三，经济结构的迅速变化，包括从农业转向非农业，从工业转向服务业，生产单位规模的变化和与此有关的企业类型变化，职业状况变化以及其他方面的变化，都以更快的速度进行。第四，经济结构的迅速变化相应导致了社会结构和意识形态的变化。第五，发达国家借助于增强的技术力量，特别是在通信和运输方面，创造了一个与以往任何时代都不同的世界（按现在的语言，就是全球化）。第六，现代经济增长传播仍然只有局部效应，占很大人口比重的世界其他部分，经济成就仍远远达不到既有技术潜力的最低水平，即存在发展的区域差距。

中国已经完成了刘易斯转折点的跨越，按照已有的概念转向现代经济增长，可以参照这六条标准。同时，我们也可以分析这六条标准的现代版本，或者分析在哪些意义上，这六条标准中的某些可能已经不太准确。也许当年日本转型时可以把它作为标准来判断，但是现在它可能不是更为本质的标准或特征。关于库兹涅茨转折点，我们在后面的章节中会有更详细的论述。

## 帕兰特–普雷斯科特发展事实

帕兰特–普雷斯科特发展事实，是这两位作者在总结20多年的经验后提出的，特别强调收入分配的发展事实，普雷斯科特曾经获得诺贝尔经济学奖。这些事实包括以下几个方面。第一，国家之间存在巨大的财富差距。第二，财富差距既没有扩大；也没有缩小，在1960—1985年基本稳定。第三，财富分配是上移的，即富人越来越富裕，穷人也比以往富有了。不是说富人越来越富，穷人越来越穷，因此，没有绝对贫困陷阱。第四，既有发展奇迹，也有发展灾难。从历史的角度来观察，就是说经过中等收入阶段之后，有的国家经历了发展奇迹，即向高收入水平迈进，有的国家经历了发展灾难，徘徊在中等收入陷阱中。这是他们概括的与收入分配状况、收入差距扩大还是缩小有关的，或者说与趋同还是趋异有关的一些基本观察。

## 卡尔多事实

卡尔多与凯恩斯同时代，他做了很多贡献可以与凯恩斯相媲美，在经济学家中的地位颇高，但就圈子之外的知名度而言，却远远不能与凯恩斯相比。他关于经济发展的事实一共有六个。第一，劳动生产率持续提高。第二，人均资本相应保持持续增长。第三，从长期来看，利率或者资本回报率是比较稳定的。第四，资本产出比例也是稳定的。第五，资本和劳动在国民收入中的份额是稳定的。第六，在世界上同为快速发展的国家之间，人均产出增长率存在显著差距。

其中概括了经济发展的一些基本现象，包括研究国民收入账户、增长的汇总，需要对资本和劳动力的份额做出假设，关心收入分配是扩大还是缩小了，其背后的资本报酬和劳动报酬的分配比例究竟如何变化，增长的差异是在扩大还是在缩小，差异的数量概念如何，这些都和我们今天的研究有关。例如，在讨论初次分配时，我们就要回答过去30多年中，资本和劳动相对回报率如何变化，资本份额是否提高了，劳动份额是否下降了。有意思的是，我在读卡尔多的学术传记时看到，卡尔多在世时就有很多人抱怨，认为所谓的卡尔多事实根本就不是事实。或许我们可以针对中国发展的研究，通过证伪的手段检验卡尔多事实，当然，也可以否定卡尔多事实。

### 新卡尔多事实

新卡尔多事实是查尔斯·琼斯和保罗·罗默提出的。《新卡尔多事实》这篇文章非常值得读。新卡尔多事实包括以下六个方面。第一，市场范围的扩大。全球化和城市化促进了货物、创意、资金和人员的流动，进而扩大了所有劳动者和消费者的市场范围。第二，加速增长。几千年来，人口和人均 GDP 的增长在加速，从几乎为零增加到 20 世纪观察到的较快增长。第三，现代增长速度的差异。人均 GDP 增长速度的差异随着与前沿科技水平的差距增加而增大。第四，较大的收入和全要素生产率差异。生产要素投入的不同只能解释人均 GDP 增长不到一半的差异（换句话说，全要素生产率的解释力可以超过 50%）。第五，世界各地的人均人力资本大幅度增加。第六，相对工资的长期稳定。对于非熟练工人而言，人力资本不断增加，但这种量的增加并没有使其相对价格不断下降。

## 破解中国经济“减速”之谜

正如我们在第一章中提到的一样，在中国，刘易斯转折点已经发生，而且人口红利也开始消失，中国在中等收入阶段开始减速。这自然导致一个有意义的问题：中国是否会陷入中等收入陷阱？我们应利用各国在不同发展阶段的数据，对经济增长何时减速进行研究。一项研究认为一个国家在人均 GDP 达到 7 000 美元时会出现减速，另一项认为在17 000美元时会出现减速。按照购买力平价，目前中国的人均GDP正处于这两个转折点之间的经济减速期。从经济增长的长期趋势来看，中国经济增长速度放缓，无疑是不可避免的。“减速”并不意味着一定会陷入中等收入陷阱，关键在于减多少。如果经济增长率从11%减到9%、8%甚至6%，并不能使中国陷入中等收入陷阱。然而，如果经济增长率减到很低，不能满足人们改善生活和就业的需要，则意味着经济陷入停滞，就可能落入中等收入陷阱。

## 为什么有中等收入陷阱

我们结合经济增长理论阐述一下中等收入陷阱的含义。“陷阱”在经济学中表现为一种超稳定状态。在这种超稳定中，微小的改变最终都会被重新拉回到稳定状态。贫困也是一个陷阱，但在工业革命之后，马尔萨斯时代结束，摆脱贫困陷阱变得相对容易。然而，摆脱中等收入陷阱却相当困难。到目前为止，只有日本和“亚洲四小龙”从中等收入经济体成为高收入经济体。拉美国家现在依然是中等收入国家。很多中东国家虽然拥有丰富的资源，人均GDP水平很高，却没有进入发达国家行列。因此，解释和研究中等收入陷阱具有非常重要的意义。

在二元经济发展时期，人均GDP低的国家在起步阶段，具有劳动力无限供给的特征和人口红利。充分发挥劳动力较大的比较优势，通过全球化在国际市场上取得竞争优势，推动了经济高速发展。与此同时，发达国家的比较优势在于，技术创新处于最前沿，拥有充足的物质资本、人力资本以及创意。因此，在全球化发展过程中，各类国家的经济表现显示为一个U形曲线：低收入国家和发达国家都从全球化获益较多，而处于中间的（中等收入）国家获益比较少。

中等收入国家在全球化过程中获益较少的原因在于其比较优势不显著，在劳动密集型产业上无法与低收入国家相比，在高科技产品上无法与发达国家相比，所以不能成为全球化最主要的获益者。中国已经出现劳动力成本提高、比较优势下降的情况，与此同时，中国又是一个“未富先老”的国家。中国在资本、技术、教育方面依然不具有竞争力。如果在失去原有比较优势的同时，并没有获得新的比较优势，就很有可能长期处在U形曲线的底端。比较优势的真空状态将减少从全球化中获得的收益，进而经济增长进一步减速，直至严重陷入中等收入陷阱。

## 旧的比较优势丧失，新的比较优势未现

首先，劳动力成本上涨改变比较优势。中国已经出现传统比较优势丧失的趋势。由于普通劳动者工资上涨迅速，劳动力成本大幅度提高，甚至有超过劳动生产率提高速度的趋势，导致单位劳动成本的提高。比较优势丧失，使劳动密集型企业的利润大幅下降。根据波士顿咨询公司的一项研究，目前中国产品的成本与美国产品的成本差距只有5%。如果这个速度进一步加快并持续下去，减速的不利效应就会更明显。

其次，新的比较优势并不会自动获得。在原有比较优势消失的同时，中国在教育、科学和技术发展方面的地位，尚不足以为其经济增长展示明显的新的比较优势。虽然近年来中国在研发费用的投入

及其占 GDP 比重、拥有的专利数、发表科学论文数等方面加快赶超，甚至在总量上已经在世界上名列前茅，但是，如果用质量指标来衡量，比如专利的可用性和论文的引用频率等，中国还远远落在后面。

例如，中国科研论文发表量已经超过英国成为世界第二。然而，这只是发表数量，并未考虑发表质量。根据现有研究构建相对杰出指数，用某国论文被引用篇数比该国论文发表篇数，比值越大论文质量越高，越小说明论文质量越低。例如，A 国发表了 10 篇论文，如果 10 篇论文均被引用过，则相对杰出指数等于 1，整个国家的论文质量高；如果仅有 1 篇被引用过，则相对杰出指数等于 1/10，整个国家的论文质量较低。根据日本学者 Hatakenaka 教授的研究（见图 3–1）可知，相对杰出指数最高的是瑞士，随后是美国、英国，这些都是科技前沿国家，中国的排名比较靠后。这个例子说明，我国与科技前沿国家有巨大的距离。

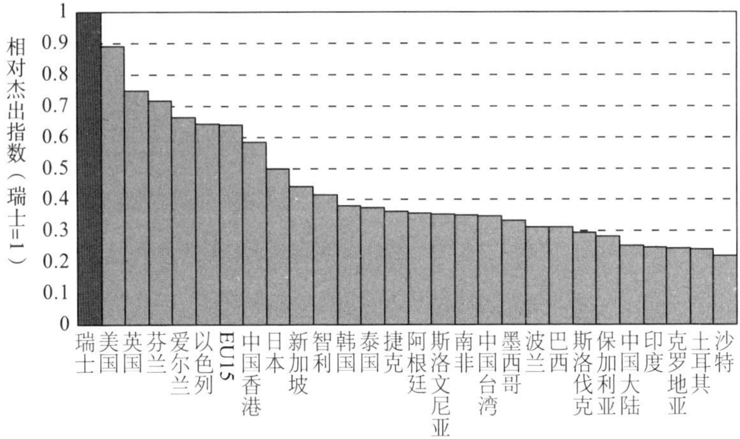


图 3–1　各国或地区相对杰出指数的比较

## 经济增长源泉的变化

当原有比较优势丧失，缺乏新的比较优势时，经济增长减速就成为一种必然。我们以新古典增长理论为基础，结合二元经济的元素，从经济增长源泉分析一下中国经济增长减速的原因。根据我们的分解可知，过去30多年中，资本投入对中国经济增长的贡献最大，对GDP增长率的贡献率为71%。劳动力的贡献率是8%。劳动力无限供给的最大贡献在于可以无限地投入资本，同时不会出现资本报酬递减趋势。人力资本的贡献率为4%。剩余部分为索洛残差。我们可以结合二元经济的元素，把索洛残差进一步分解，用抚养比表示人口红利。狭义的人口红利对中国经济增长的贡献率为7%，并不包含人口红利在资本、劳动、人力资本、全要素生产率中的体现。

此外，我们可以从资源优化配置的角度对经济增长来源进行分析。劳动力从生产率较低的农业部门转到生产率较高的非农业部门，这个过程具有资源重新配置的效用，该效用是全要素生产率在二元经济转型阶段的主要来源。根据分解结果可知：资本的贡献率占76%；人力资本占5%；劳动力占2%；全要素生产率占17%，其中劳动力在部门间重新配置占8%。

无论从人口红利的角度，还是从资源重新配置的角度，它们都是中国过去经济增长的源泉。但是当人口红利消失时，资本报酬递减，就不可能再靠投入资本拉动经济增长。尽管中国农村依然拥有剩余劳动力，但是已经不能与之前的迁移规模相比。劳动力迁移带来的资源配置优化对经济增长的贡献将大幅减少。

另外，在上述两种分解中，劳动力数量和人力资本对经济增长率的贡献都比较低。鉴于此，如果实际的全要素生产率不能显著提高，经济增长速度一定会下降。因此，在新古典增长理论中，没有全要素生产率就没有GDP，没有全要素生产率的提高就没有GDP增长率。对现阶段中国而言，经济增长不可能全部来自全要素生产率，但是其他要素对经济增长的贡献将呈现缩小趋势。根据经济增长来源的变化，中国已经开始迈出二元经济发展阶段，步入新古典经济增长阶段。中国将面临前所未有的挑战，过去能够推动中国经济增长的要素条件，在未来增长过程中将不复存在，经济增长减速是一种必然。

# 第四章
# 走出关于人口－经济关系的认识误区

中国是一个人口大国，人口特征一直被看作中国最大的国情，许多影响到政策制定的认识，都来自社会各界以及政府官员的人口观。但是，关于这个国情，长期以来存在诸多的认识误区，妨碍了我们根据国情及其变化对经济发展阶段做出正确判断，进而做出正确的经济和社会政策决策。基于作者本人的长期研究结果，本章精心挑选若干关于中国人口以及人口与经济发展关系的几个广为流行的观点，通过概述新的理论进展、提供新的经验证据予以剖析，并澄清谬误。

## 人口众多并不阻碍经济增长

在较早的人口学和经济学文献中，关于人口与经济发展的关系，主要着眼于人口总量或人口增长率与经济增长率之间的关系，而关于人口转变的讨论，也仅仅停留在生育率、出生率、死亡率和人口总量的层面上。从这类视角出发，许多结论如人口众多或者人口增长快，造成资源紧张、环境恶化和就业机会不足，阻碍经济增长和社会发展，大多具有想当然的成分。总体来说，这类观点被认为是马尔萨斯传统，整部经济史都没有证明其正确性。另外，一些学者认为技术对人口增长可以做出积极的反应，这样技术变迁、经济增长不仅能够解决人口增长遭遇的资源问题（这样人口增长从来不会是一个灾难性现象），而且有利于经济增长。但是，这种观点没有明确地给出人口与经济发展关系的关键解释。总之，相当长的一段时间内，相关研究并没有得出确定的答案。

在这些讨论中，人们忽略了经济发展与人口结构之间的关系，以及人口转变最重要的一个结果——人口结构及劳动力供给特征的变化。随着大多数发达国家以及许多新兴工业化国家和地区相继完成了人口转变，人口学家开始观察到这个转变带来的人口老龄化后果。进而，经济学家威廉姆森又观察到伴随着人口转变而发生的劳动年龄人口的变化，及其对经济增长源泉的影响。在死亡率下降与出生率下降之间的时滞期间，人口的自然增长率处于上升阶段，需要抚养的少儿人口比率相应提高。再经过一个时间差，当婴儿潮一代逐渐长大成人后，劳动年龄人口的比率会依次上升。随着社会经济发展，生育率会下降，人口增长率趋于降低，随后逐渐开始人口老龄化。换句话说，当人口自然增长率先上升随后下降形成一个倒U形曲线变化之后，以大约一代人的时差，劳动年龄人口也会呈现类似的变化轨迹。

因此，当人口年龄结构处在最富有生产性的阶段时，充足的劳动力供给和高储蓄率为经济增长提供了一个额外的源泉，被称作人口红利。相应地，一旦超过这个阶段，人口年龄结构因老龄化而在总体上不再有生产性时，通常意义上的人口红利便相应丧失。由于人口转变阶段的变化可以最综合地用总和生育率来反映，我们可以从理论上预期人口转变与经济增长的关系：当总和生育率处于很高水平时，经济增长率也相应处在很低的（假设没有人口转变和技术进步）稳态水平上；随着生育率下降，随之逐渐形成有生产性的人口年龄结构，经济增长率加快，因而获得人口红利；而当生育率继续下降到更低的水平时，由于老龄化程度提高，经济增长率逐渐回落到较低的（不再有我们认识到的人口转变，但是技术进步处在创新前沿）稳态水平上。相应地，在生育率下降从而形成具有生产性的人口年龄结构的特定人口转变阶段，会形成所谓的“人口机会窗口”。

利用世界银行世界发展指数（World Development Indicators）数据库，我们可以观察1960年以来各国GDP增长率与总和生育率的关系。根据我们所做的理论预期，GDP增长率与总和生育率之间，并非简单的线性关系，而是呈现较为复杂的非线性关系，表现为随着生育率下降，经济增长率先上升随后降低。因此，我们根据理论上得出的GDP增长率与总和生育率的关系预期，实际看到的关系是，总和生育率与GDP增长率之间，呈现一种倒U形的关系。那些总和生育率处于很高水平的国家，GDP增长率较低；随着总和生育率的下降，GDP增长率上升；而当总和生育率下降到一定水平时，GDP增长率达到最高值，相应达到了一个从上升到下降的转折点；随着总和生育率的进一步下降，那些总和生育率较低的国家，GDP增长率也较低。这个简单的经验曲线，与前面的理论预期完全一致。结论是，人口数量和增长速度与经济增长并不必然存在显著的相关性，但是人口转变与经济增长有互为因果的促进关系。

## 人口老龄化不可逆转

世界范围的经验表明，人口转变的主要推动力是经济增长和社会发展，生育政策仅仅起到外加的且相对次要的助推作用。例如，韩国、新加坡、泰国和中国台湾都没有实行过强制性的计划生育政策，但是，这些国家和地区与中国大陆一样，生育率从20世纪50年代大致相同的高起点上，到90年代以后都下降到低于更替水平以下。印度由于经济和社会发展绩效较差，人口转变过程相对滞后，但也经历了类似的变化轨迹。

由于中国经济高速发展起始于20世纪80年代，虽然在改革开放期间经历了30多年的增长奇迹，但其起步仍然晚于“亚洲四小龙”，因此，在人均GDP尚低的情况下进入人口转变的新阶段，形成“未富先老”的特点。2000年，中国65岁及以上人口比重为6.8%，与世界老龄化平均水平相同，2001年，中国的人均国民总收入（GNI），按照官方汇率计算，是世界平均水平的17.3%，按照购买力平价计算，则是世界平均水平的56.3%。虽然中国严格的计划生育政策不啻一个适度的加速因素，但是，归根结底，人口转变是经济和社会发展的结果，“未富先老”产生的缺口（人口老龄化向发达国家趋同的速度超过人均收入趋同的速度），主要是经济发展水平与发达国家的差距造成的。

尽管发达国家都面临人口老龄化对经济增长和养老保险制度的

挑战，在应对老龄化问题上存在差异，但是，总体来说，这些国家由于人均 GDP 已经处在较高的水平，技术创新也处于前沿水平，因此，主要依靠生产率提高驱动的经济增长仍然是可持续的，迄今也足以应对老龄化危机。相应地，中国应对劳动年龄人口减少、老龄化水平提高的人口转变问题，关键在于保持高速增长势头。换句话说，由于人口转变过程是不可逆转的，即便在生育政策调整的情形下，老龄化趋势仍将继续，已经形成的“未富先老”缺口，主要应该依靠持续的经济增长来予以缩小，并最终将其消除。根据联合国的数据，我们绘出图 4–1，如果中国未来的参照系不再是发展中国家，而是发达国家，那么“未富先老”特征便消失了。

人口结构矛盾的一个重要表现是出生人口性别比失调。出生性别比，是指每百名出生女婴对应的出生男婴数。从生物学上，这个比例在 103—107 比较正常。我们观察 0—4 岁人口组的性别比可见，1990 年为 110，2000 年为 120，2004 年进一步提高到 123。关于这

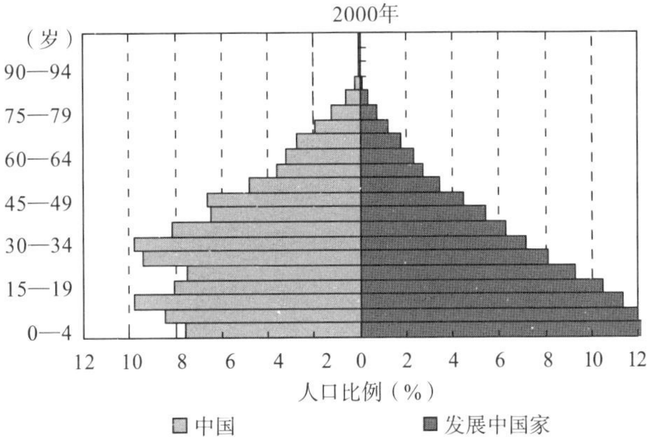


**图 4–1　依靠经济赶超缩小“未富先老”缺口**

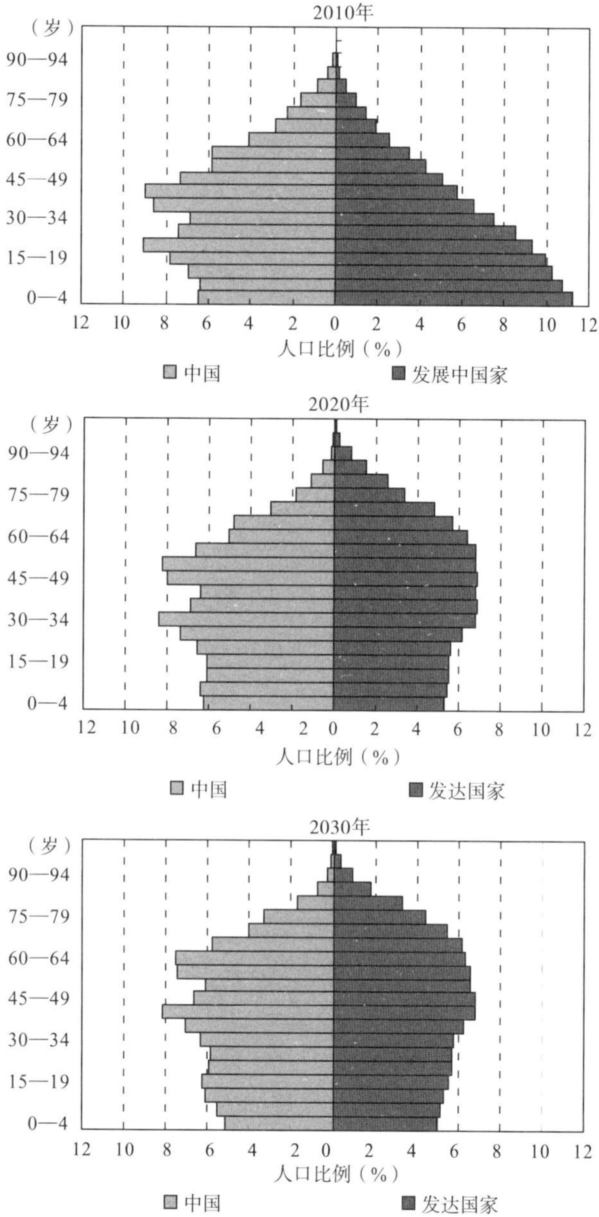


图4–1 依靠经济赶超缩小"未富先老"缺口(续)

种不平衡的性别比有两个争论焦点：一是这个现象是不是计划生育政策造成的；二是这种失调的婴儿性别比是否会造成未来婚姻市场的挤压。根据目前的出生性别比预测，到2020年，中国25—35岁男子将比20—30岁的女子多4 000万人左右，按照中国习惯的婚姻年龄差别，这些男子将找不到合适的配偶。

劳动力市场对女性的歧视，是生育行为中偏好男孩，从而导致性别比失调的根本原因。在学术界和政策研究领域，人们普遍把社会保障体系不健全造成的老人对男孩的依赖，作为出生性别比失调的社会经济原因。很多研究者建议通过宣传教育，改变只有儿子才能养老的传统观念。尽管这种观念的改变是有意义的，但是并不能解决养老问题。因为在子女和年老父母的比例发生变化的情况下，养老负担的确成倍加重。假设一对夫妇仅仅具备赡养一方父母的能力，同时社会没有儿子养老的传统习俗，由儿子或者女儿养老是随机的，养老资源显然不足。而由习俗决定的由儿子养老的模式，实际上在养老资源的分配上恰好符合随机原则。

如果出生性别比偏好与养老保障问题相关，其因果关系不是子女哪一方养老的问题，而是：第一，社会养老资源不足、覆盖率低，导致对子女数量的需求，进而转化为对儿子的需求；第二，女性在劳动力市场上的不利地位，导致其养老能力不足，从而诱发出对男孩的偏好。因此，在这种由于资源不足或能力不足产生的养老危机诱致出性别偏好的情况下，仅靠转变“养儿防老”的观念并不能解决问题。

在劳动力市场发育初期，随着企业用工自主权的扩大，以及在追求利润最大化动机的驱动下，企业对女性在劳动供给上有较低的评价，或者干脆产生歧视女性的倾向。如果人力资本和其他个人特征不能解释全部的工资差异，那么就会出现劳动力市场歧视。例如，对中国城市劳动力市场进行的调查结果进行分析，显示男女劳动者在就业中获得的工资差异是十分明显的。根据王美艳的一项计量经济学分析结果，在现存的性别工资差异中，有不到5%是男女受教育水平以及其他个人特征差异造成的，其余95%以上是由于一些不可解释的因素造成的，而其中最主要的就是性别歧视。

因此，解决出生性别比升高这个矛盾的治本举措是完善和规范劳动力市场，以及建立社会化的养老保障体系，根除劳动力市场对女性的歧视。由于劳动力市场存在歧视，进一步诱导出家庭对女孩教育的投资偏好低于男孩，因此，提高教育层次会增加教育成本，家庭对女孩的投资会倾向于减少。研究表明，随着教育层次的提高，男女入学率的差距逐渐扩大，到了高等教育层次，差距可高达一倍左右。在贫困家庭数量增加、家庭预算趋紧的情况下，这种情况最容易发生。因此，关注和干预贫困家庭女孩的受教育问题，是避免劳动力市场上出现性别歧视的重要方面。

## 人口红利消失的必然性

改革开放30多年，中国实现了前所未有的高速经济增长。由于许多改革只产生一次性增长效应（如农业中的家庭联产承包责任制），而且改革效应要通过具体增长源泉实现，所以经济学家还要探寻30多年高速增长的源泉是什么。许多人都同意，因人口转变引起的人口结构朝着有利于劳动力供给和储蓄率的方向变化，是一个重要源泉，我们称之为人口红利。我们的研究表明，人均 GDP 增长的 27% 来自人口抚养比的下降。这个估计的系数是，抚养比每下降 1 个百分点，人均 GDP 增长率提高 0.115 个百分点。

那么，如果人口抚养比停止下降，转为上升，是不是上述系数仍然成立呢？是不是会形成与人口红利相反的结果，即抚养比每上升 1 个百分点，人均 GDP 增长率降低 0.115 个百分点？根据较早的预测，2013 年是人口转变的一个转折点，此后抚养比将迅速提高。实际上，后来的事实证明，这个转折点已经在 2010 年提前到来。总之，需要回答的是：过去为中国经济增长提供了额外源泉的人口红利是否就此枯竭？未来经济增长的源泉何在？

固然，丧失人口红利意味着增长源泉的转变，但是并不意味着增长的可持续性就不存在了，未必就不能继续挖掘第一次人口红利，以及开发第二次人口红利，即通过建立有利于积累的养老保障制度、加强培训、深化教育、继续发育和完善劳动力市场，利用变化了的人口结构特征，进一步挖掘经济增长源泉。今天这种类型的人口红利（或者说第一次人口红利）在某些方面只开采了一半，仍然有挖掘潜力。

我们知道，人口红利体现在劳动力从农村到城市的大规模转移，形成民工潮，相应推动了中国的城市化进程。城市化作为人口红利的体现，表现为非农产业劳动力供给充足，扩大了的城市化消费需求和城市基础设施建设需求，社会保障需求和积累贡献，伴随人口城市化的土地开发，等等。鉴于中国城市化虽然经历了超常规增长，但仍然有城市化滞后于工业化、人口城市化滞后于土地城市化等方面的非典型性特征，这方面最有潜力可挖，另一半人口红利依然丰富。

过去30多年，城市化率的提高速度平均为3.2%，过去20年为2.9%，过去10年为3.2%。这种速度不可能长期持续。首先，从世界性的规律看，我们属于超常规城市化速度。国际经验表明，在我国的城市化水平上，城市化率的提高速度应该处于0.8%—1.6%，而我们处于2%—3%。其次，农村劳动年龄人口增长率日渐减速，目前已经停止增长。事实上，过去几年农民工的增长速度已经减缓。但是，过去的城市化只是半截子城市化，是居住超过6个月的常住人口增加导致的统计意义上的城市化。例如，2013年，按照常住人口统计的城市化率为54%，但是，按照非农户口的人口比重统计只有36%，两者之间有18个百分点的差距。

虽然按照常住人口定义的城市化也是推动经济增长和社会发展的重要源泉（因为它实现了劳动力从农业到非农产业的就业结构转换，根据我们较早的计算，这种就业转换对改革开放期间GDP增长率做出了21%的贡献），但是仅仅就业转换而没有居民身份的转变，这种半截子城市化对扩大消费需求和城市建设需求，对提高劳动力素质，以及对增加社会保障资金积累等方面的贡献，仍然不足，因此呼唤完整的城市化。可见，通过把农民工及其家属市民化，可以发掘另一半人口红利。简单地说，即使城市化率的提高速度为零，从54%常住人口城市化率到36%非农户口的人口比重之间的18个百分点差距，也可以挖掘出巨大的新增长源泉。何况今后城市化速度不会保持在3个百分点或2个百分点，也不可能为零。

深度城市化即农民工的市民化，只是挖掘另一半人口红利诸多手段中的一个例子。在其他许多领域，可资挖掘的潜力是存在的：

消除劳动力流动和利用中的制度性障碍，以促进农民工就业；减小劳动者技能的供求不匹配，促进大学毕业生就业；政府实施积极就业政策，促进城镇困难群体就业。此外，还有第二次人口红利的开发机会，并通过两个手段并用，实现第一次人口红利与第二次人口红利的顺利接棒，防止经济增长源泉出现真空。

## 劳动力供给并非取之不尽，用之不竭

有一个挥之不去的传统观念：中国人口基数大，劳动力数量多，农村剩余劳动力取之不尽，用之不竭。因此，任何学术观点或政策建议，如果认为（即便是在未来）劳动力会出现总量不足的可能性，农村剩余劳动力即将转移殆尽，以至于得出刘易斯转折点到来的结论，都难以获得广泛的认同。无论是针对笔者的批评意见，还是对于中国人口和劳动力状况一成不变的认识，主要是因为受到统计数字的迷惑，而统计数字中存在的问题主要有以下几个方面。

第一，关于农业劳动力使用的数据，正规统计制度不能充分反映迅速变化的农业生产现实，使得学者要么对最新的情况茫然无知，要么陷入“数字的暴政”，以致计量经济学分析的数据基础十分不牢靠。正如一位世界银行的学者指出的：中国改革发生得太快，以致统计改革不能及时跟进。例如，根据《中国统计年鉴》，2012 年农业劳动力占全国劳动力的比重高达 35%。由于统计口径的因素，农业普查的农业就业数字甚至更高。

事实上，农业成本调查资料显示的农业生产实际投入劳动的数量，比上述数字要低得多。综合考虑农村劳动年龄人口的增量态势、农业劳动力的转移状况，以及农业机械化的提高程度，可以认为农业中实际容纳的劳动力比统计数字显示的要少得多。因此，基于汇总统计数据得出仍然有大量剩余劳动力可供转移，或者由此进行的计量经济学分析，得出农业劳动边际生产力仍然很低的结论，都会因为高估农业中剩余劳动力的数量，而否定刘易斯转折点到来的结论。

第二，许多学者无法读懂关于劳动力市场和城乡就业状况的统计数据，以致得出偏离实际情况的相关结论。随着产业结构和经济成分的日趋多样化，特别是经历了20世纪90年代后期的劳动力市场冲击之后，城镇就业渠道也呈现多元化的趋势，不仅不再是国有部门和集体部门占主导的就业结构，而且出现了规模庞大的非正规就业。与此同时，大规模的农村劳动力在本地或外出从事非农就业，总量超过2.6亿，其中1.6亿进城务工。在常规统计中，城镇居民中的非正规就业和农民工就业，除了通过汇总和分析，可以得出一个大约1亿人的总量和占城镇总就业约30%的比例外，通常没有可供分部门进行分析的数据。

此外，相关机构迄今没有公开发布比登记失业率更能反映现实劳动力市场状况的调查失业率数字，使得许多学者做出没有数据支撑的猜想。因此，许多研究者仅仅依据统计年鉴上的正规就业数据，以及任意性比较强的估计，来判断劳动力市场状况，得出就业零增长或者失业率仍然很高的结论（如前面介绍过的罗斯基的观点），以致当全国普遍出现“农民工荒”现象时，许多人无法接受它真实存在。

第三，关于人口总量增长和结构变化的趋势，统计年鉴发布的汇总数据很难提供整体的特征性描述，通常也没有及时更新的人口预测。实际上，历次人口普查数据都可以提供人口变动的新态势，但是，由于对于诸如总和生育率等重要参数的认识不一致[①]，因此始终没有定期发布一个权威、不断更新，并且得到官方和民间认可的人口预测报告。一般读者更是不知道人口变动的趋势，以致许多人还认为中国人口的峰值会在2040年或以后的某一时刻出现，届时人口总量为16亿。至于说到人口年龄结构的变化趋势，大多数人都不知道劳动年龄人口的增长已经大幅度减缓，以及劳动力无限供给的人口基础正在消失的现实，以致不愿意相信人口红利的式微和刘易斯转折点的到来。

## 刘易斯转折点并不意味二元经济终结

根据刘易斯本人及之后的研究，我把劳动力需求增长超过供给增长速度、工资开始提高的情形称作刘易斯转折点。此时农业劳动力工资尚未由劳动边际生产力决定，农业与现代部门的劳动边际生产力仍然存在差异。农业部门和现代经济部门的工资都已经由劳动的边际生产力决定，两部门劳动边际生产力相等阶段的到来，则被称作商业化点，这时才意味着二元经济的终结。因此，许多以农业劳动边际生产力与农业工资相等作为判别标准的研究，并不足以

① 2000年进行的第五次人口普查显示，总和生育率仅为1.32，甚至低于1.51的政策生育率，许多人对此提出怀疑。自此之后，关于总和生育率究竟是多少，一直存在不同的认识。总体来说，政府部门趋向于认为仍然较高，学者相信的数字偏低。即便如此，争论的幅度也在1.6—1.8，远远低于2.1的替代水平。

验证我们做出的判断。相反，只要观察到普通劳动者工资的持续提高，就意味着刘易斯转折点的到来。

虽然刘易斯本人以及许多当代研究者从纯理论的角度公开声称或隐含地表达——不在乎是否到达第一个转折点，但是，这个转折点到来与否，其实具有更加重要的政策含义。如果承认转折点到来，就可以预见到并有助于理解三个重要的变化：第一，劳动力供求关系变化，必然推动工资加快上涨；第二，新一代劳动者的更高需求，使得劳资关系发生剧烈变化；第三，人口红利消失使得发展方式转变迫在眉睫。

首先，刘易斯转折点在劳动力市场上的突出表现，就是普通劳动者工资的上涨。前些年开始的涨薪潮，富士康只是一个象征，其实是普遍现象，也是2003年以来工资水平上涨趋势的继续。我们看到，在过去几年，农业雇工、农民工和几个普通劳动力就业行业的工资上涨得很快。工资上涨符合劳动力供求规律，承受得了，也求之不得。之所以这样说，是因为目前的工资上涨同时伴随着劳动生产率的提高，并不会导致制造业丧失比较优势和竞争力。至于那些仅仅依靠低工资、薄利润生存的血汗工厂，淘汰掉一批无关宏旨。另外，长期以来工资增长慢于劳动生产率的提高，给我们留出了一个空间，允许在一定时期工资上涨快一些。只有这样，才可能真正提高劳动者报酬占国民收入的比重。

其次，欧美国家和亚洲发达经济体的经验表明，刘易斯转折点到来的另一个明显标志，就是劳动关系急剧变化。伴随着劳动力供求新形势，工人改善工资、待遇和工作条件的要求提高，维权意识增强，遇到企业适应能力差、意愿不足的现实，必然会形成就事论事性质的局部劳资冲突。可见，我国目前出现的停工等劳资冲突，是符合发展阶段变化的规律性现象，是必然发生的，应该被看作一种“成长的烦恼”，不应回避，也不可能回避。有经济学家建议我们不要用建立劳动力市场制度的办法（如工资集体协商制度）来解决问题，避免引火烧身。这是一种无视或压制劳资冲突的鸵鸟策略。

刘易斯转折点到来之后的挑战也是痛苦的。通常，当一个社会的劳动力供求关系发生变化后，劳资冲突会被诱发出来或者说显性化：一方面，老百姓对收入改善的期望值提高；另一方面，一些人在结构调整中成为弱势群体。例如，在美国，每逢经济衰退就会出现制造业大量转移的情况，往往导致就业无法复苏。制造业转移到国外后，原来许多非熟练的工人多年未能找到合适的工作。因此，发达国家工会往往是制造贸易摩擦和压迫人民币升值的推动者。

更一般地说，从中等收入向高收入阶段的过渡时期面临的挑战和风险，丝毫不亚于从低收入向中等收入的提升阶段。目前，按照世界银行的标准，以人均 GDP 衡量，我国已经处在上中等收入国家的行列。这个阶段绝非一路凯歌，而是面临更严峻的挑战。欧美、日本、韩国等成为高收入国家和地区，而拉美许多国家长期停滞在中等收入陷阱，一个很重要的原因在于如何认识和处理包括劳资关系在内的“成长的烦恼”。

简单地说，拉美的失败在于，常常采取过多承诺、引起民众更高预期的民粹主义政策。与此同时，制度建设并没有跟进，既不能，也不敢损害既得利益，又难以实际兑现过高的承诺，收入分配反而会恶化，只好采取高压政策，结果常常导致社会动荡。这样的政策循环往复，最终疲于应付，使得该地区无暇推动发展方式的转变。

那些跨越了中等收入陷阱的国家和地区，则是在劳资摩擦加剧的时期，不无痛苦地建立起相对完整的劳动力市场制度，形成解决劳资争议和对立的制度框架。虽然这种选择是有成本的，却别无他途。只有用劳动力市场制度来规制和协调劳资关系，才不会把劳资对立转化为企业和职工对政府的不满。有人担心在工资集体协商制度下，谈判不成就会出现罢工。其实，没有集体谈判制度，罢工也不可避免，反而会把劳资矛盾转化为企业和职工与政府的对立。

## 劳动力短缺不是忽视就业的借口

无论是说劳动力供给仍然长期大于需求，还是断言劳动力会进入持续短缺状态，其实都不是决定政府对待就业问题的重视程度，以及制定适宜的就业政策的必要条件。在发达国家，劳动力是短缺的，是经济增长中的制约要素，但是绝大多数国家，就业在宏观经济政策目标中的地位比我们要高许多。相反，只有正视我国劳动力市场发生的变化，认识到不同就业人群新的劳动参与特点，才能根据他们各自在劳动力市场上的特殊需求，有效地实施含义更广泛的积极就业政策。

在整个改革开放期间，我国都处于二元经济发展与体制转变的双重过程之中。在劳动力市场上，则表现为三种失业类型的并存及消长。基于新古典理论的宏观经济学和劳动经济学，只面对与宏观经济波动相关的周期性失业，受劳动力市场功能摩擦性因素，技术进步和产业结构变化的结构性因素影响的自然失业。随着向市场经济体制的转轨，劳动力资源在越来越大的程度上可以通过市场机制进行配置，中国的劳动者同样面对这两种类型的失业。此外，作为一个具有劳动力无限供给特征的二元经济，中国还面临隐蔽性失业问题的困扰，表现为农村剩余劳动力和城市企业冗员。较早的时候，人们对城乡劳动力富余程度的估计，在30%—40%。

分别经过两个历程，中国劳动力市场格局发生了根本性的变化。首先，随着阻碍劳动力流动的制度性障碍不断被清除，农村劳动力大规模向城市转移，实现了异地非农就业，农业中劳动力剩余显著减少，而且剩下的劳动力中，一半以上超过了40岁。2008—2009年的金融危机显示，农业不再是剩余劳动力的蓄水池，城市对他们的劳动力供给日益成为一种刚性需求，转移出的农村劳动力不再具有回到土地上的可能性。其次，随着城市就业政策的调整与企业打破大锅饭的改革，劳动力市场加速发育，城市劳动力通过市场机制最终实现了重新配置，企业冗员被大幅度消化。

上述劳动力市场的重新配置，把中国劳动力市场上的参与群体，按照各自的特点以及面临的特殊就业困难进行了大致的划分。我们可以借助图4–2来进一步观察这一点，即原来的隐蔽性失业显著减少，不再显现劳动力供大于求的性质。但是，农村剩余劳动力和城市冗员则分别具有了不尽相同的新特点。

第一，由于农民工成为主要的劳动力供给来源，但是没有被劳动力市场制度良好地保护，因此，大部分人进入易于受到周期性影响的失业者行列，随宏观经济景气变化而交替表现为失业和短缺。积极的就业政策需要延伸到这个群体。同时，针对他们的制度需

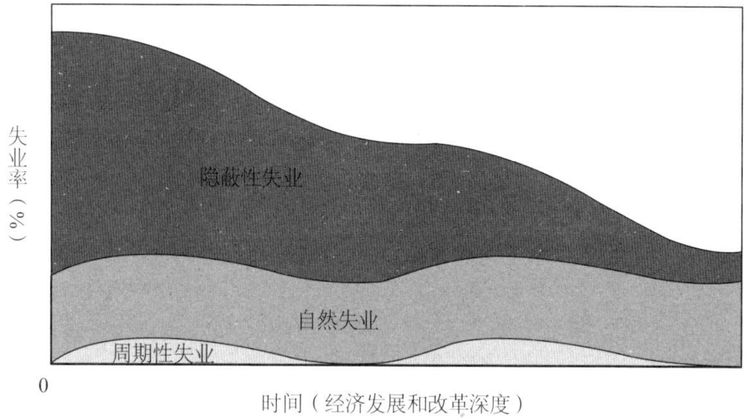


**图 4–2　失业类型及其随改革深入的消长**

求，通过实现农民工的市民化和社会保障的均等化，打破户籍制度设置的劳动力市场和公共服务的制度分割。

第二，经过就业制度改革和劳动力市场冲击的城镇就业人员，虽然通过重新配置实现了就业模式的转换（从冗员形式的隐蔽性失业状态，甚至可能经过了下岗和失业，实现了再就业），但是其中一部分特别是人力资本处于劣势的四五十岁人员，常常被结构性、摩擦性的自然失业困扰。对于这个群体，积极就业政策应更加集中于提高他们的就业能力，社会保护政策的实施则需要提高锚定效果。

第三，扩招后的高校毕业生，由于具有人力资本的专用性，其就业预期与劳动力市场需求存在匹配问题，因此，这个群体将长期面对结构性和摩擦性的自然失业难题。虽然正像城市企业冗员最终经历了下岗、失业等痛苦的历程得以解决一样，因数量扩大和人力资本不匹配引起的大学生就业困难将长期存在。适度的社会保护和积极的培训、中介等公共就业服务，可以缩短这个痛苦的过程。

虽然劳动力市场的形势出现了变化，但是并不意味着积极的就业政策完成了它的历史使命，政府的劳动力市场政策仍面临重大挑战。关于就业群体结构的变化，以及各自面临的不同制度需求的解剖，不仅为理解劳动力市场结构和就业形势提供了有力的分析工具，也有助于正确划分政府和市场在促进就业与劳动力市场发育方面的界限，并对不同政府部门之间的分工提出有益的建议：宏观经济调控部门着眼于应对周期性失业问题，劳动部门关注摩擦性失业问题，并与教育部门携手解决结构性失业问题，社会保障部门和民政部门为劳动者提供更充分的社会保护。

因此，我们不必因为担心社会对就业的重视程度下降，而拒绝承认刘易斯转折点已经到来的事实，当然也不应该因为这个转折点的到来，特别是现实中出现的招工难等现象，而忽视就业的重要性，或者忽略结构性失业等现象的存在。其实，如果说经济问题与民生不可分割，常常与政治问题密切相关，那么就业问题就是这方面最典型的事例。

## 第二篇

# 发展拐点

本篇讲的是刘易斯转折点到来后，中国经济面临的问题及挑战。从总体上看，中国已经跨越了刘易斯转折点，中国经济则进入持续发展的大拐点。中国 30 多年的持续发展，依靠的是二元经济带来的人口红利。随着市场对劳动力的吸收大于劳动力供给，中国经济出现了工资率上涨的现象，即人口红利消失。刘易斯转折点这个概念本身早已揭示，这一特殊时期的劳动力市场，最大的特征是非熟练劳动力的短缺和普通劳动者工资的上涨速度更快。如何平衡就业难和劳动力短缺的矛盾，如何开发第二次人口红利，为经济持续注入活力，是中国经济面临的紧迫任务。

# 第五章
# 大国经济的刘易斯转折

本章讨论的是中国的发展面临的机遇与挑战，以及作为大国所表现出的不同发展特征，即因为区域差别而产生的劳动力供求关系，及其对经济增长的影响等问题。笔者把刘易斯转折点看作重要的经济发展概念，并将其作为阶段性变化的标志。虽然以前国外有少数学者，或多或少涉及过一些对刘易斯转折点的分析，但中国作为一个大国，仍然表现出了很多不一样的特征。

## 如何理解刘易斯转折点

在分析二元经济理论时，刘易斯采用了两部门分析方法：一个是现代增长部门，符合新古典经济增长理论的判断，劳动报酬由市场决定，趋向于与劳动的边际生产力相等；一个是农业部门，存在大量剩余劳动力，以至于新投入的劳动几乎没有产出的增量，结果使劳动边际生产力极为低下，乃至为零，甚至为负。

如图 5–1 所示，横坐标表示农业劳动力数量，弧线 *OPT* 代表总产出水平，其特征为边际产量递减。假设农业劳动力的总数量为 $L$，如果是过剩的，当农业劳动力投入量增加到 $L_1$ 时，继续投入劳动力，则新增劳动力的边际生产力为零。因为土地、资本是有限的，所以当劳动增加到一定水平之后无法带来产量增加。图 5–1 中 $PT$ 段产出变为水平状，此时劳动边际生产力为零，这部分就是刘易斯定义二元经济结构中的农业部门。因此，农民工外出打工就是农业劳动力转移，表现为农业劳动力从 $L$ 向左运动，农业中劳动力的投入水平下降。

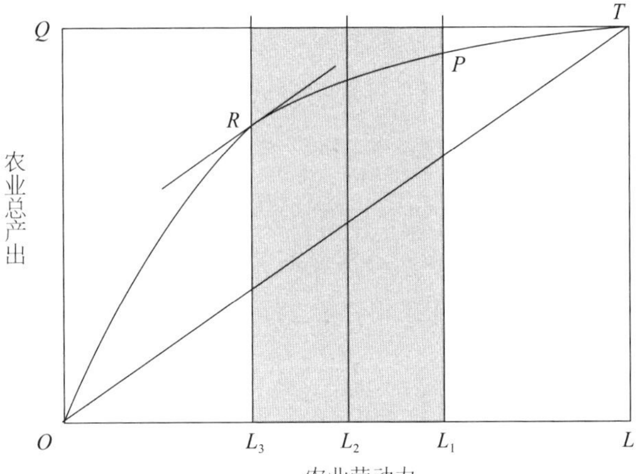


**图 5–1　刘易斯转折点**

第一步转移从 $L$ 下降为 $L_1$，在此之前劳动边际生产力为零，在此之后则不再为零。笔者把该点（$P$ 点）定义为刘易斯转折点。第二步转移从 $L_1$ 到 $L_3$，尽管从 $L_1$ 向左，农业部门劳动边际生产力已经不再为零，但仍然可以转移，因为 $L_1$ 点非农产业部门劳动边际生产力水平依然高于农业部门。这种转移直到 $L_3$ 结束，在 $L_3$ 点上，农业部门劳动边际生产力与非农业部门劳动边际生产力相等（$R$ 点的斜率与 $OT$ 的斜率相同），此时意味着二元经济结构结束，即刘易斯用于分析发展中国家的理论到此结束。

按照西方经济学的观点，当两个部门的劳动边际生产力相同之后，可以按新古典经济学理论对其进行分析。许多学者认为，$R$ 点是刘易斯转折点。$R$ 点是很重要的转折，因为经济学主要的目标就是经世济民，也就是要达到 $R$ 点所表述的情况，但是笔者将刘易斯转折点定义为 $P$ 点。

对我们来讲，从劳动力无限供给的经济一直到刘易斯转折点，再到二元经济结构消失，该过程是前人没有看到、没有深入研究的问题，对此过程进行分析令人兴奋。本人所定义的刘易斯转折点（$P$ 点）也很重要，在此之前，农业部门的边际劳动生产力为零，这意味着农业部门获得的收入是共同分享的，只是农业平均产量与所有务农人数的比值，因此不是边际生产力，而是平均生产力，并且边际劳动生产力低于平均生产力，此时收入不可能提高，而且由于存在大量的农业劳动力剩余，即使转移到非农产业，从非农产业获得的工资水平也会长期不变。然而，到达 $P$ 点之后，非农产业如果需要继续雇用新增加的农民工，则必须给农民工涨工资。其含义在于，尽管劳动力无限供给的国情没有根本改变，但是已经开始发生变化。

## 关键时点：从转折点到转折区间

鲍勃·迪伦在歌中问道：“一个男人要走多少路，才能被称为一个男人？”对于一个国家的经济发展也可以询问类似的问题：“在其走向发达、成熟的过程中，需要经历多少个重要的转折点？”我们可以用三个转折点对经济发展过程进行概述。

第一，刘易斯转折点。其特征为，劳动力无限供给的特征结束。只是无限供给的过程结束，但并不意味着不存在剩余劳动力。当劳动力无限供给的过程结束后，普通劳动者的工资水平就会上涨。

第二，库兹涅茨转折点。库兹涅茨倒U形曲线是发展经济学收入分配问题中的重要假说，其核心思想是，在收入水平很低的情况下，收入分配不平等程度也很低，因为没有大量的收入可以用于分配，只有比较均等的分配才能保证基本生存。随着经济发展水平的不断提高，收入分配不平等程度不断上升，但并非无限上升，当到达顶点之后，经济发展水平继续提高会使收入分配不平等程度下降。关于该假说存在大量验证，验证结果是，对该假说成立与否存在争议。无论该假说是否成立，人们达成的共识是，很多国家确实存在过高程度的收入分配不平等，而且目前大多数发达国家的收入分配不平等程度较低。因此，无论倒U形曲线的政策含义是什么，这种客观事实在一定程度上是存在的。

刘易斯转折点与库兹涅茨转折点之间存在密切关系。通过资源禀赋结构可以反映发展阶段最主要的特征，低发展阶段意味着人均资本比较低，普通劳动力比较丰富，因此有相当多的人是比较贫困的。由于此时资本是相对稀缺的生产要素，资本报酬率较高，而且资本的配置受到社会甚至政府的保护，对于劳动来说，其相对丰富，回报率比较低。因此，拥有资本的人得到的回报更高，普通劳动者获得的收入较低，而且存在大量的农业剩余劳动力人口。在这种情况下，一定会出现收入分配不平等的问题。

当第一个刘易斯转折点到来之后，意味着劳动力不再无限供给，工资上涨。值得注意的是，该工资上涨不是对高技能劳动者而言，而是针对普通劳动者和非熟练劳动者。在经济发展过程中，高技能劳动者的短缺总是存在的。在这个阶段，普通劳动者出现短缺，其工资水平上升，与此同时，普通劳动者的就业还在扩大，因此低收入家庭的收入会提高。从逻辑上讲，刘易斯转折点应该导致库兹涅茨转折点，经过这个转折点之后，收入分配不平等程度将下降。

从第一个刘易斯转折点到库兹涅茨转折点这个阶段，需要对劳动力市场及经济结构进行调整：进一步发育劳动力市场，降低劳动力市场的不完善程度，发掘劳动力供给潜力；改进政府再分配的效率，促使库兹涅茨转折点到来；让人们努力达成收入分配平等、社会平等，人人享有同样的就业权利、收入权利、社会保障权利、公共服务权利等方面的共识。

如果库兹涅茨转折点也实现了，意味收入分配得到改善，有更好的激励机制，劳动者可以在各部门之间进行更好的选择，发展可能会进入更加良性循环的阶段。随着经济的进一步发展，逐渐地实现第二个刘易斯转折点，即“商业化点”，是第三个转折点。当农业部门的边际劳动生产力与非农业部门的边际劳动生产力相等，不存在实质性的城乡收入差距时，“商业化点”到来，此时二元经济结构消失，长期发展的任务结束，进入新古典式的增长过程。

从刘易斯转折点到库兹涅茨转折点，再到“商业化点”期间，也存在一些需要注意的问题。例如，当不存在农业部门劳动力剩余时，再继续从农业部门获得劳动力则存在机会成本。如果处理不好，农业劳动力会出现短缺，由此导致通货膨胀。因此在发展经济学中，刘易斯转折点也被称作“食品短缺点”。在这个过程中，需要加大对农业经济的激励，提高农业经营规模和生产效率，创造更好的劳动力转移制度环境（见表 5–1）。

**表 5–1　经济发展转折点及转折间的议程**

| 转折点名称 | 转折点的特征 | 转折间的议程 |
|---|---|---|
| 刘易斯转折点 | 劳动者无限供给结束，普通劳动者工资上涨 | 发展劳动力市场，注重收入分配 |
| 库兹涅茨转折点 | 收入分配恶化的趋势被遏止，收入差距开始缩小 | 增进社会关于收入再分配的共识 |
| 商业化点 | 农业和非农业之间劳动的边际生产力相等 | 加大对农业经济的激励，提高农业生产效率，改善劳动力转移政策环境 |

刘易斯在讨论二元经济理论，并在经典文献中预测将来会出现转折点时，并没有深入分析人口因素。尽管在刘易斯发表其最著名的文章时，人口转变理论已经初步形成，并且他在后来的文章中预测日本的刘易斯转折点时，也考虑到了日本生育率水平的下降，但在构造二元经济理论时对人口因素的讨论还比较少。

虽然刘易斯与舒尔茨在 1979 年同时获得诺贝尔经济学奖，但是那时的西方经济学界，发展经济学已经开始没落，主流研究转向西方的经济增长理论。尽管对经济增长理论的研究也涉及人口因素，但是由于他们运用西方经验解释经济增长过程，设定的新古典假设，使得他们不能很好地认识到人口因素在发展中国家的特殊作用。

人口在西方发达国家是一种制约因素，劳动力供给始终短缺，不断投入资本会导致资本报酬递减，因此这样的经济增长理论无法解释很多赶超型经济体的发展现象，例如，无法解释日本、韩国、新加坡、中国台湾、中国香港、泰国、马来西亚、中国大陆沿海地区在没有显著技术进步的情况下，为什么可以获得长期快速的经济增长，不能说清楚为什么这些经济体可以创造“东亚奇迹”。

克鲁格曼在 20 世纪 90 年代做出预测，认为东亚没有奇迹，因为尽管这些地区的经济增长速度很快，但是增长源泉中没有生产率提高，没有技术进步，单纯依靠资本和劳动的大量投入，这个过程是不可持续的。因为按照西方的理论，劳动数量是固定不变的，资本的报酬一定会出现递减现象。克鲁格曼没有考虑到东亚存在劳动力无限供给的情况——在相当长的时期内，劳动力不是稀缺要素，劳动和资本可以同时增长，因此不会出现报酬递减的过程，他自然对“东亚奇迹”不以为然，最终成为他经济学职业生涯中的一个败笔。

人口经济学家提出其中存在人口红利问题，并通过实证研究证明，东亚奇迹中大概有 1/3 到 1/2 的部分来自人口红利。在欧洲移民国家，例如北美，曾经出现过超越欧洲常规水平的经济增长速度，超出部分几乎可以全部由人口红利进行解释，因为这些移民都是通过筛选的移民，均为较优质的劳动力，而且依赖型人口较少。结合中国的情况，中国长期经历人口结构变化，也获得了人口红利。

我们可以用人口抚养比分析人口结构变化，包括少儿抚养比（15 岁以下的人口数与 16—64 岁的人口数之比）和老年抚养比（65

岁以上人口数与劳动年龄人口数之比）。根据图 5–2 可知，20 世纪 60 年代以来，老年抚养比一直在下降，这说明劳动年龄人口更多，劳动力供给充足，同时人口负担轻，可以保持高储蓄率，固定资产形成总额与 GDP 的比值很大，这是我国获得人口红利的依据。我们对此进行实证研究，基本结论是人口抚养比下降对人均 GDP 增长率贡献 27%。按照当时的预测，人口抚养比下降趋势会持续到 2013 年，2013 年之后老年抚养比上升，而且上升速度较快。一般来讲，2013 年之后中国就不再获得人口红利，而且老龄程度不断提高。

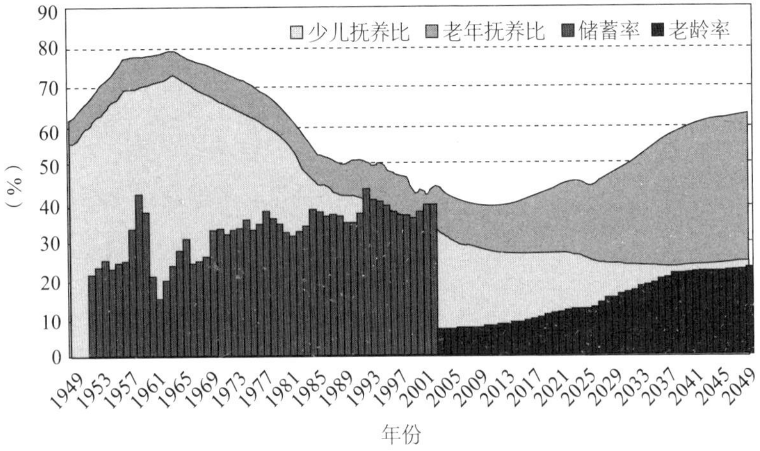


**图 5–2　人口转变导致的经济增长因素变化**

人口的变化可以被看作一种回声，历史上在马寅初提出“新人口论”的时期，我国的出生率出现过一次高峰，出现婴儿潮，即在一个正常的人口结构上突然出现一大批新生儿（新生儿被称为 0 岁人口）。20 年之后，这些 0 岁人口变为劳动力。由于计划生育政策及生活水平的不断提高，这种高出生率没有持续。这部分人在 20 年之后发出一次回声，对着 0 岁的自己说："我在这儿！"他们变成了 20 岁主力劳动人口。再过四五十年，他们又会发出一次回声，变为大规模、大比重的老年人口。

目前中国的老龄化速度是全世界最快的，我国老年人口将是全世界规模最大的，同时比例也是全世界最高的。因此，尽管可以通过研究人口红利制定相应的生育政策，但更需要关心的是，丧失人口红利之后，经济增长的潜力是什么。过去 30 多年我国经历了经济高速增长，但是并没有富裕起来，人均 GDP 仅 6 000 多美元，在全世界的排位非常靠后。关键在于，中国仍然要经过 10 年、20 年甚至 30 年的增长才能真正富裕起来，这种富裕依赖高速增长，那么高速增长的源泉是什么？这是我们所要关心的问题。未来经济增长的潜力，与人口红利逐渐消失、刘易斯转折点的到来与否具有一定关系？我们需要对刘易斯转折点是否到来进行进一步分析。

## 关于刘易斯转折点的争论

我认为，一些人对刘易斯转折点的到来持否定态度的原因，基本可以归结为三种意识：一是加尔布雷思提出的"传统观念"，是指人们长期认为的确是某种情况，即使情况已经发生变化，依然难以消除这种认知。例如，若干年前，我们在演讲时总在讲中国人口多，存在大量剩余劳动力，这就会让人们形成一种思维定势。二是没有开展实践工作，或者没有很好地理解中国的统计工作。世界银行的一位研究员写过一篇题为 When Economic Reform is Faster than Statistical Reform 的文章，即分析当经济改革快于统计改革时的情况，认为中国经济发展得太快，统计改革跟不上经济发展速度，由此没有很好地理解中国统计数据。三是局部观察，例如，有人对中国西部某农村进行考察发现，那里依然存在大量的剩余劳动力。这种局部观察最具启发性，即中国存在一些特殊的地方，应该把中国看作大国。大国和小国在很多方面是不同的，这是研究大国会有哪些特征的出发点。

从总体上看，中国的刘易斯转折点已经出现。刘易斯判断这个转折点的主要依据是对劳动力的吸收已经超过劳动力供给。劳动力的供给与需求有时难以判断，计算剩余劳动力的问题是最有争议的部分。我们可以通过劳动力变化趋势来分析劳动力供给与需求之间的关系。当对劳动力的需求超过供给时，自然会引发工资率的上涨，那么通过分析农民工工资率的变化趋势，说明农村剩余劳动力的情况应该最具说服力。我们收集了相关的统计数据（见图 5–3），

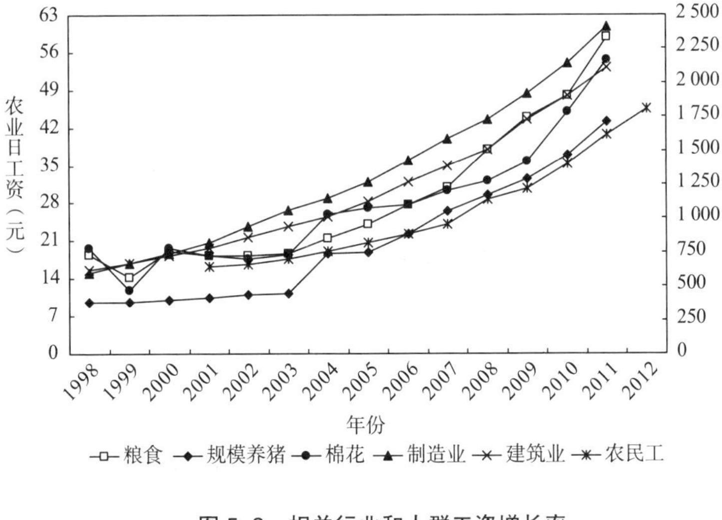


图 5–3 相关行业和人群工资增长率

农民工工资在多年缓慢增长之后，从2004年开始明显上涨，在2004—2012年实际年增长率保持在11.5%。在2008—2009年金融危机期间，农民工遭遇了短暂的就业冲击，但由于经济复苏较快，对劳动力的需求加大，工资增长的势头并未减缓，没有阻止刘易斯转折点规律性的作用。更值得注意的是，当美国失业率高达10%时，中国已经出现了普遍的“农民工荒”问题。通过这样的分析，我依然坚持认为中国的刘易斯转折点已经到来。

## “大国经济”有何不同

在研究中国时，认识中国的国情是最重要的，如何描述中国的国情也十分重要。过去人们一直在讲中国人口多、负担重、底子薄、剩余劳动力多，但是这些都会发生变化。唯一不变的是，中国是一个大国，即使再过若干年，印度人口会超过中国，中国大国的特征依然不会发生改变。过去的经济增长理论提供的框架说明，先发国家曾经历过的路径和规律，后发国家往往要重复进行。马克思理论、发展经济学家罗斯托的观点也是如此，甚至罗斯托曾经定义“5+1”的发展阶段（认为一个国家的发展都要经历这样的“5+1”阶段），都说明经济发展存在一些共同规律，各个国家的发展遵循类似的经济发展轨迹。

如果按照同样的轨迹和规律，那么各个国家的方向与结果应该是一致的，但从事实来看，各个国家之间存在巨大的差异，世界各国的经济发展水平并没有趋同，反而趋异，呈现出发展道路的诸多变种。这种差异性产生的根本原因在于，各个国家的国情不一样，其中十分重要的是，各个国家有不同的经济规模，大国与小国的区别使各个国家之间存在不同的发展条件。

## 大国（小国）经济的定义及特征

通常在定义大国（小国）时规模是重要指标，但是这里所定义的大国与小国，强调的不完全是规模。小国经济的核心特征在于其资源禀赋结构与产业结构的同质性，不同地区之间具有相同的发展水平、相同的资源禀赋条件，产业结构比较类似，但并非没有分工，而是总体上比较类似。大国经济的特征是地区之间的异质性，资源禀赋不同，产业结构不同，最终发展水平不同，这是大国与小国的区别。

按此定义，中国是最典型的大国经济，由于长期没有形成全国统一要素市场，地区间在资源禀赋、要素相对稀缺程度和相对价格，以及发展水平等方面存在巨大差异。东北老工业基地传统重视工业化的特征，沿海以外向型出口产业为主的特征，还有大量以农业经济为主的中部省份，收入水平更不一样，上海与贵州之间存在几倍甚至十几倍的差异。有意思的是，就经济总量来说，按官方汇率计算，中国在全世界排第二位，日本为第三位，但是按照上述定义，日本并不是一个大国经济，因为日本区域之间的异质性程度较低，生产要素报酬没有实质性的差别，产业结构十分相似。

需要强调的是，地区之间的异质性是区分“大”和“小”的关键因素，但并不是说规模不重要，把规模和差异进行结合来阐明大国经济的特征，对中国具有重要的意义。许多人，包括许多中外经济学家认为，中国庞大的经济总规模使全球发生不平衡，这不是地区间的差异，而是指中国经济在世界经济中所处的地位。

奥巴马访华时谈得比较多的是合作关系，过去美国官员访华谈论最多的是再平衡问题。我认为“再平衡”问题是个陷阱，是发达国家用来阻止中国经济发展的陷阱。中国经济的特点是“未富先强”，美国经济学家斯彭斯说中国经济是“未富先大”。中国大概是第一例以中等收入水平成为世界经济大国的国家，美国、日本和德国的赶超均以富有为前提。也就是说，我国要实现经济发展，应在一定时期内保持10%左右的合理增长速度，用最便宜的方式进行生产，形成积累，自然会带来巨大的贸易顺差，储备大量外汇，再购买美国国债，于是出现国际收支不平衡。美国把这种不平衡归结为中国的原因，但是中国的发展过程是符合经济学原理的，是一个理性的经济发展过程。

中国存在“二元经济结构”，有大量剩余劳动力，劳动力价格低。根据李嘉图的比较优势理论，参与国际分工，占据国际市场，这种发展过程符合西方提出的经济发展规律，因此，不平衡的原因不在中国，更大程度上是由于美国经济的不平衡。无论不平衡是由哪个国家产生的，现在的事实是中国自己出现了区域间的不平衡。不过，区域差异产生空间，空间可以提供一些特殊的机会。在过去30多年的发展过程中，有利于中国增长的一个最重要的原因是“后发优势”。差异的存在使“后发优势”具有梯次性，从来自国际差距的“后发优势”到来自区域差距的“后发优势”。

从经济发展史来看，在早期，一个国家的增长率比其他国家快，增长率充其量可以达到1%—2%，美国赶超英国、欧洲时的增长率最快也就是约3%，日本最快时达到9%，“亚洲四小龙”更高，接近10%。中国这样一个大国以平均高达10%的增长率持续增长30多年，中国的“后起之秀”内蒙古现在可以保持20%的增长率。也就是说，人类历史上经济增长的速度越来越快，更重要的是，这个速度来自“后发优势”，发展得越晚，发展速度越快，因为与其他国家和地区存在距离，距离意味着存在技术、制度、管理等各方面的差距，因此可以借鉴、购买已有的先进技术，消化并吸收制度方面的经验教训，而且存在外资，不需要完全靠自身进行积累，所有这些“后发优势”都为中国所利用。

此外，由于中国是一个大国经济体，地区之间的差异性比我国与其他国家之间的差异性还大。对我国发展较慢的地区来说，依然存在足够的空间，存在双重“后发优势”：一是与国际之间的差距；二是与国内发达地区的差距。这也是大国经济具备的一个优越条件。

## 中国大国经济的表现

中国大国经济，主要有以下四个方面的表现。

第一，地区之间及城乡之间居民收入存在差距。对这方面的研究发现，中国成为全世界城乡收入差距最大的国家。当时的解释来自制度因素，例如，劳动力市场分割、发展战略，现在再进行解释时应该考虑中国是一个大国，仅此一点，差距就会很大。

第二，地区之间特别是城乡之间生产要素流动存在障碍，要素回报率存在差异。日本是一个大经济体，但国土面积较小。如果日本地区之间没有生产要素障碍，很快就会出现趋同，所以还可以被定义为小国经济。中国难以实现趋同，大国经济特征更加明显，因此各地区之间的要素回报率也存在差异。

第三，省际及东、中、西部地区之间的发展水平存在差异。这类差异在很大程度上与区域性因素造成的资源禀赋不同，以及历史因素造成的发展起点不同相关。

第四，在发达地区要素禀赋结构和比较优势发生变化的情况下，相对落后地区的变化却并不显著甚至尚未发生。也就是说，一部分地区已经出现劳动力短缺，农民工工资大幅上涨，可能还有一部分地区存在大量剩余劳动力，这是大国经济必然的阶段性问题。

## 雁阵模型可以改编为国内版

“后发优势”中很重要的一个理论是产业转移，当我国与“亚洲四小龙”及日本存在差距时，引进了大量的技术、资金、管理和制度，更重要的是从这些国家和地区转移了大量的劳动密集型产业，为中国利用“后发优势”提供了一个机会，这就是发展经济学中的雁阵模型。以往讲雁阵模型时，都是指独立经济体之间的产业转移，如“日本—‘亚洲四小龙’—东盟国家—中国沿海”路径。按照这个逻辑，中国的劳动力已经出现短缺，农民工的工资开始上涨，要素成本逐渐提高，劳动密集型产品的竞争力出现下降，下一个具有劳动密集型产品竞争优势的国家可能是印度、越南或墨西哥。

美国波士顿咨询公司的报告认为，中国已经丧失竞争优势，被印度和越南替代。其实他们没有考虑中国大国经济的特征，这种特征切断了雁阵模型在各个国家之间的转移路径，因此大国经济使雁阵模型成为中国国内的版本，理论上是成立的，可以做这样的预期。中国作为大国，存在巨大的地区差距，例如，东部与中西部之间的差距，完全可以独立完成若干周期的雁阵式产业转移，每个省、市、自治区相当于一个“国家级”的经济体，可以不断进行产业转移。

## 雁阵模型理论演变和要点

雁阵模型最早由日本经济学家赤松提出，主要目的是解释日本如何赶超发达国家，认为随着不同国家和地区之间比较优势的相对变化，产业会在国家和地区之间转移。日本曾经历过依赖进口的发展过程，一开始，日本人发现进口是有利的，各个国家之间的贸易可以解决资源稀缺问题，可以逐渐发展自身产业。规模做大之后，日本出现“进口替代”，即发现国内生产更有效率，开始向外出口，用出口劳动密集型产品替代原材料出口，随后制定出口鼓励政策，逐渐进入李嘉图式的比较优势，参与国际分工。从其他国家转移来劳动密集型产品，随着日本经济的发展，劳动力不再具有比较优势，那么就需要把这些产品转移到其他国家，自然退出雁阵模型。

美国经济学家弗农指出，雁阵式产业转移可以与产品生命周期相关的特征相联系，可以丰富雁阵模型。产品生命周期不断变化，产业结构相应发生变化，相应的产业可以在各个国家之间进行转移，从而隐含着与比较优势动态变化的相关性。小岛清（Kojima）将解释范围扩大到外商直接投资模式，把产业转移与外商直接投资相结合，过剩的资本伴随产业转移可以进行转移，即该投资活动也遵循相同的逻辑在国家之间进行。国家和地区之间在发展阶段、资源禀赋以及历史遗产等方面的巨大差异，被认为是具有产业发展的飞雁式相互继起关系的关键。也就是说，差异产生雁阵模型。中国是大国，区域差异性是大国的特征，因此，中国可以有国内版的雁阵模型。

## 为什么需要国内版雁阵模型

之所以需要国内版雁阵模型，有以下几个原因。

第一，刘易斯转折点到来之后，普通劳动者工资水平会大幅上涨，改变了我国收入分配状况，提高了劳动者的收入水平，但任何变化都具有一定的节奏，超过这个节奏，则没有时间进行调整，进而会出现经济失衡，因此，普通劳动者工资的上涨应该更加稳定、平滑和理性。特别是在我国还没有形成统一劳动力市场的情况下，东部沿海地区工资水平大幅上涨，而中西部地区还存在剩余劳动力，通过产业转移使中西部获得发展，使东部沿海地区工资上涨速度慢一些，中西部地区的就业会更充分一些，结果表现为劳动者工资的平均上涨，这样的结果更加均等。

第二，可以减少严峻的劳动力短缺现象，即劳动力市场更加完善，可以挖掘劳动力供给的制度潜力。在这个阶段，总是会出现劳动力短缺，但有时并不真实，并不是全国统一的现象，因此，发展雁阵模型，进行产业转移，可以避免出现过于激烈的劳动力大量短缺的现象。

第三，缓冲制度安排对刘易斯转折点的不适应。刘易斯转折点是一个好的趋势，但这并意味着需要人为促成转折点的出现。当劳动力处于无限供给的情况下，人为地提高劳动者工资，反而会阻碍转折点的出现。因此，应该使刘易斯转折点的出现更理性和真实，更接近经济总体形势。

更重要的是，虽然中国经济实现了30多年的高速增长，但是中国故事只讲完了一半，因为这种高速的增长主要来自沿海地区，中国还有相当大的地区没有实现完全发展。如果把这些地区的资源全部调动起来，发掘经济增长的潜力，支持中国经济今后中长期的增长，那时才能说中国奇迹结束了。未来中国经济的增长依赖于中西部，而中西部地区依赖于产业转移。

### 题外话：滥用理论和宣传理论

关于雁阵模型的文章发表之后，有人说雁阵理论是殖民地理论，对此需要说明具体的原因。讲两个方面：一是滥用经济学理论，二是宣传经济学理论。经济学理论被“滥用”，有两个有名的例子。一是雁阵理论。本来是比较优势理论的东亚版，但一度曾被滥用。赤松提出该理论，主要用于说明日本如何赶超发达国家。后来，20 世纪 30 年代日本开始侵略亚洲各国，赤松被派往新加坡分析数据。他在新加坡时，虽然日本国内用他的理论来论证军国主义和殖民理论，但是这种滥用与赤松本人并没有关系。二是凯恩斯理论被纳粹滥用，凯恩斯理论也是在 20 世纪 30 年代逐渐形成的，包括国家干预理论和具体使用的技术等一系列问题。虽然凯恩斯当时已经有了很大的声誉，大家把凯恩斯奉为神，但是没有人接受他的观点。当时纳粹政府运用的基本上是凯恩斯的理论，纳粹的行为也不需要凯恩斯负责。

理论原创者与宣传者分离，后者使纯理论扬名于世，这方面，同样存在两个例子。一是赤松与大来佐武郎。赤松是一位严谨的学者，在研究雁阵理论时，使用了大量的数据分析，而且运用逻辑分析，分析时采用了黑格尔的小逻辑，这个过程是复杂和枯燥的，发表的文章也晦涩难懂。尽管在 20 世纪 60 年代用英文发表了相应的论文，但一直没有引起世界的关注。直到 20 世纪 80 年代初，日本外相大来佐武郎在一次会议中运用雁阵理论解释东亚合作经济关系，雁阵理论才风靡全世界。二是扬与克鲁格曼，扬在 20 世纪 90 年代对东亚奇迹进行了一系列细致的研究，得出东亚经济主要靠生产要素投入，没有技术进步，因此没有奇迹可言，认为这种发展不具有可持续性。他的那篇文章标题可以翻译为《数据的折磨》，当时基本没有影响，直到 20 世纪 90 年代中期克鲁格曼把扬的这种思想写在美国《外交》杂志上，从此人们才开始对东亚奇迹和“亚洲四小龙”产生质疑。不幸的是，这成为克鲁格曼的观点，实际上克鲁格曼只是引用了扬的观点。理论可能被滥用，也可能变得无用，对这个问题进行说明的意义在于，在踏实做研究的同时，要宣传研究，仅仅宣传是不够的。

# 第六章
# 人口转变与劳动力供给

对于人口转变的阶段性变化和人口发展动态缺乏一致性的认识，以及对于人口红利在二元经济发展中作用的不同看法，常常导致学者之间在经济发展阶段判断上产生分歧。本章从理论上尝试揭示人口转变与二元经济发展的一致关系，即两个具有共同的起点，相关和相似的阶段特征，甚至重合的变化过程，进而利用人口预测结果等经验材料，论证和检验人口红利逐渐消失和刘易斯转折点到来的判断。本章还指出，保持持续稳定的经济增长，尽早进入高收入国家行列，是缩小"未富先老"缺口的关键和唯一途径。

## 中国的人口转变

在理论界和政策研究领域，关于中国经济增长是否正在丧失人口红利的研究，以及中国经济发展阶段是否已经迎来刘易斯转折点的判断，众说纷纭，莫衷一是，讨论仍然方兴未艾。笔者在一篇合著文章中，以人口抚养比为代理指标，估算了人口红利对

1982—2000年中国人均GDP增长率的贡献为26.8%，同时指出，随着大约在2013年人口抚养比从下降转为提高，传统意义上的人口红利趋于消失。在其他的文献中，笔者从人口年龄结构变化趋势、劳动力市场供求关系变化、普遍出现的“农民工荒”现象，以及普通劳动者工资上涨等方面的新形势，做出了刘易斯转折点到来的判断，并从经济增长方式转变、收入分配格局变化、劳动力市场制度建设、人力资本培养等方面揭示了转折点到来具有的政策含义。

对于人口转变格局与趋势的认识，有助于人们正确理解劳动力市场状况，更是旨在挖掘经济增长可持续性潜力相关政策的制定基础。本文的以下部分将说明，人口转变与二元经济发展过程有共同的起点，相关和相似的发展阶段特征，以及在相当大程度上的过程重合，进而说明人口转变所促成的人口红利期，是二元经济发展的一个阶段。因此，论证人口红利的消失与证明刘易斯转折点的到来，实际上是同一个学术工作。

## 人口转变与二元经济发展阶段

以刘易斯为代表性作者的二元经济发展理论广为人知。该理论把一个典型的发展中国家区分为农业经济部门和现代经济部门，在农业经济部门中存在着相对于资本和土地来说严重过剩的劳动力，因而边际劳动生产力为零甚至为负数。随着现代经济部门的扩大，在工资水平没有实质性增长的情况下，剩余劳动力逐渐转移到新兴部门就业，形成一个二元经济发展过程。这个过程一直持续到某个时刻，这时对劳动力需求的增长超过劳动力供给的增长，继续吸引劳动力转移导致工资水平提高，迎来刘易斯转折点。虽然在学说史上几经沉浮（Ranis，2004），但二元经济理论一直是发展经济学中最具有核心地位的理论模型。

其实，在刘易斯最初的文章发表之前，人口转变理论（demographic transition theory）的成熟形式已经公开发表[①]。对应工业化前后的发展时期，该理论把人口再生产类型分为三个主要阶段：（1）“高出生、高死亡、低增长”阶段；（2）“高出生、低死亡、高增长”阶段；（3）“低出生、低死亡、低增长”阶段。虽然我们无法断定刘易斯是否注意到人口学在人口转变方面的重要文献，但是刘易斯本人在其文章中不乏类似的人口学假定。在定义二元经济结构中的重要部门（农业）时，他解释说：“相对于资本和自然资源来说，人口如此众多，以至于劳动的边际生产力很小甚至等于零，因而劳动力的无限供给是存在的。”这里隐含的就是人口转变的第二个阶段，即外生的人口死亡率下降和高出生率的惯性，导致人口自然增长率处在很高的水平。又因为农业是更初级的生产部门，所以过剩的人口和劳动力被积淀在这个部门。

理解人口转变与二元经济发展阶段之间逻辑关系的关键，是理解人口红利的产生和获得机制。在较早的人口学和经济学文献中，关于人口与经济发展的关系，主要着眼于人口总量或人口增长率与经济增长率之间的关系，而关于人口转变的讨论，仅仅停留在生育率、出生率、死亡率和人口总量的层面上。因此，在这些讨论中，人们忽略了经济发展与人口结构之间的关系，以及人口转变最重要

---

① 汤普森在1929年最早区分了人口转变的三个阶段，随后有人划分了人口转变的五个阶段，但是由于他们都没有做出关于生育率下降的标准理论解释，所以“人口转变理论之父”的称号最终被授予了诺特斯坦。

的一个结果是人口结构及劳动力供给特征的变化。随着大多数发达国家和许多新兴工业化国家与地区相继完成了人口转变，人口学家开始观察到这个转变带来的人口老龄化结果。

经济学家进而观察到伴随着人口转变而发生的劳动年龄人口的变化，及其对经济增长源泉的影响。在死亡率下降与出生率下降之间的时滞期间，人口的自然增长率处于上升阶段，需要抚养的少儿人口比率相应提高。再经过一个时间差，当婴儿潮一代逐渐长大成人，劳动年龄人口的比率依次上升。随着社会经济发展，生育率下降，人口增长率趋于降低，随后逐渐开始人口老龄化。换句话说，当人口自然增长率先上升随后下降形成一个倒U形曲线变化之后，以大约一代人的时差，劳动年龄人口也会呈现类似的变化轨迹。

因此，当人口年龄结构处在最富有生产性的阶段时，充足的劳动力供给和高储蓄率为经济增长提供了一个额外的源泉，因而被称作人口红利。相应地，一旦人口转变超过这个阶段，人口年龄结构因老龄化而在总体上不再富有生产性时，通常意义上的人口红利便相应丧失。

因为人口转变阶段的变化可以最综合地用总和生育率来反映，所以我们可以从理论上预期这样一个人口转变与经济增长的关系：当总和生育率处于很高的水平时，经济增长率也相应处在很低的（假设没有人口转变和技术进步的）稳态水平；随着生育率下降，随之逐渐形成富有生产性的人口年龄结构，经济增长率加快，因而获得人口红利；而当生育率继续下降到更低的水平时，由于老龄化程度提高，经济增长率逐渐回落到较低的（不再有我们认识到的人口转变，但是技术进步处在创新前沿）稳态水平。相应地，在生育率下降从而形成具有生产性的人口年龄结构的特定人口转变阶段，形成所谓的“人口机会窗口”。

需要指出的是，影响经济增长表现的因素众多，绝不仅仅是人口因素。例如，在捍卫新古典增长理论的实证研究中，经济学家先后找出了上百个具有统计显著性的解释变量，尝试揭示经济增长之谜。对于低收入国家处于“贫困陷阱”中的极为低下的稳态增长，以及高收入国家处在技术创新前沿上的低稳态增长水平，尤其需要避免以人口因素来进行解释。同时，这里我们也暂且撇开经济增长对人口转变的反作用①，而仅仅关注生育率与经济增长率之间的关系。在做出以上假设的条件下，从人口红利的理论出发，不仅可以做出上述关于两者关系的假设，而且可以从经验上得到检验。

在世界银行世界发展指数数据库中，GDP 年增长率介于 –51%—106%。为了避免解释那些极端值的复杂性，在此处的分析中，我们只观察 GDP 增长率介于 0—10% 更反映常态趋势的观察值。我们根据理论上得出的 GDP 增长率与总和生育率以及总和生育率平方项的关系，在图 6–1 中画出了 GDP 增长率的拟合值，并给出 95% 的置信区间。

图 6–1 直观地告诉我们，总和生育率与 GDP 增长率之间，呈现一种倒 U 形的关系。那些总和生育率处于很高水平的国家，GDP 增长率较低；随着总和生育率的下降，GDP 增长率上升；而总和生育率下降到一定水平时，GDP 增长率达到最高值，相应也达到了一

① 都阳（2004）在他的文章中发现，计划生育政策、人均 GDP 水平和人力资本水平对中国生育率的急剧下降有明显影响，同时也区分了三个变量的不同影响。

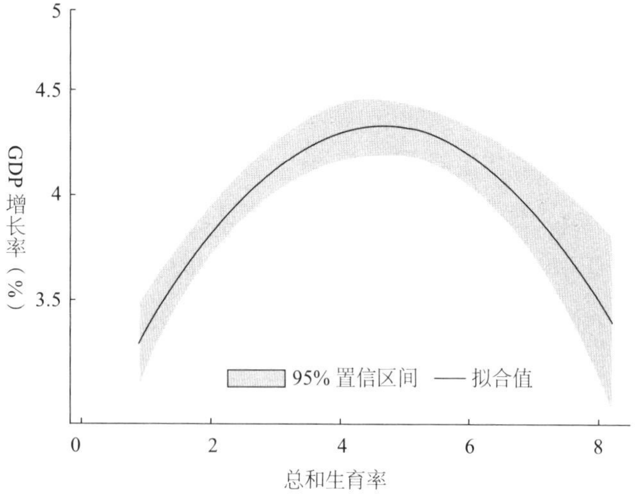


**图 6–1　GDP 增长率与总和生育率的经验关系**

个从上升到下降的转折点；随着总和生育率的进一步下降，那些总和生育率较低的国家，GDP 增长率会降低。这个简单的经验曲线，与前面的理论预期完全一致。

为了进一步分析 GDP 增长率与总和生育率之间的这种非线性关系，利用前述数据库，我们用 GDP 增长率做因变量，用总和生育率和总和生育率的平方项做自变量进行回归。可以看到，总和生育率的系数显著为正，而总和生育率平方项系数显著为负，这进一步展示了 GDP 增长率随总和生育率下降先提高后降低的倒 U 形经验关系。不过，这个统计分析并不尝试代替一个增长回归，去解释影响经济增长的绩效，而仅仅关注生育率与经济增长率之间的表面联系。

一旦我们从经济理论和国际经验上都确认了这种生育率与经济增长率之间的关系，就可以更一般地认识人口学认识到的人口转变过程、人口经济学确立的人口红利获得过程，以及经济发展过程中呈现的刘易斯转折点之间的关系。在此基础上，我们可以从中国人口转变结果出发，分析经济增长过程中人口红利的产生与预期的消失，进而判断刘易斯转折点的到来。

## “未富先老”的魔咒

中华人民共和国成立后，随着经济发展和人民生活的改善，人口转变就进入了第二个阶段，剔除 20 世纪 50 年代末至 60 年代初的非正常波动后，主要表现为在死亡率大幅度降低的同时，出生率继续保持在高水平，因而人口自然增长率过快。相应地，一直到 20 世纪 70 年代之前，总和生育率通常处在高达 6 的水平。然而，并不像许多人想象的那样，生育率下降只是计划生育政策的结果。其实，总和生育率大幅度降低发生在 1970—1980 年，即严格的计划生育政策实施之前，从 5.8 下降到 2.3，共下降了 3.5。假设目前总和生育率为 1.6，1980 年以后总共才下降了 0.7。

这个事实验证了经济学家和人口学家关于人口转变规律达成的学术共识：三个主要人口转变阶段的依次更替，是经济和社会发展的结果。在这个基础上，随着人口转变从第二阶段向第三阶段转变，劳动年龄人口的增长速度快于依赖型人口，其在总人口中的比重逐渐提高，形成可以把经济增长率提升到稳态水平之上的人口红利。

虽然中国的人口抚养比，即依赖型人口（14 岁以下人口与 65 岁以上人口之和）与劳动年龄人口（15—64 岁）的比率，早在 20

世纪 60 年代中期就开始下降，但劳动年龄人口总量迅速增长且比重大幅度提高，人口抚养比显著下降，主要开始于 70 年代中期。利用联合国的数据，我们可以画出图 6–2。这个有利的人口年龄结构在改革开放时期被转化为推动经济高速增长的人口红利。中国经济获得人口红利的原理解说、过程描述和经验检验，笔者在一系列论文和著作中已经有详细的交代。在这些文献中，笔者也做出了刘易斯转折点到来的判断，并给予实证检验和证明。在本章中，把人口转变、人口红利和刘易斯转折点三个概念与过程集中讨论，目的在于说明三者之间的逻辑联系，并依照这种逻辑关系，对未来中国经济增长面临的诸多挑战做出一致性的阐释。

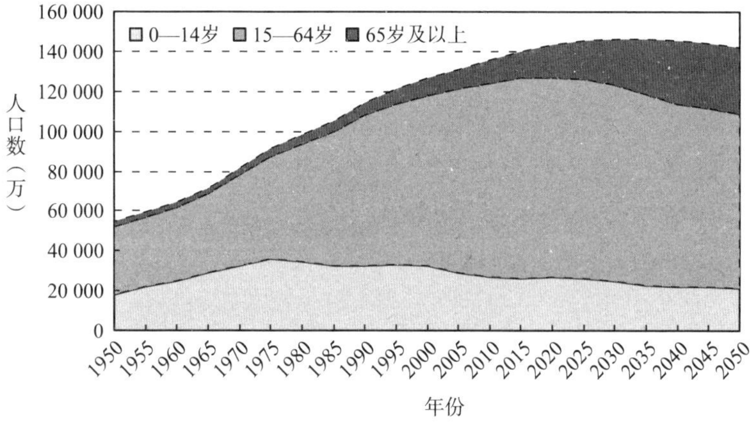


**图 6–2　少儿人口、老年人口与劳动年龄人口变化趋势**

图 6–2 中联合国对中国分年龄的人口预测，是根据 2000 年第五次人口普查、2005 年 1% 人口抽样调查以及随后的调查信息，参考官方关于总和生育率等重要参数的估计，按照中位方案于 2008 年

做出的最新修正结果。这与中国不同机构所做的预测大体上是一致的。根据这个预测，人口总规模预计在 2030 年达到峰值，届时中国人口为 14.62 亿。在此之前，15—64 岁劳动年龄人口于 2015 年达到峰值，总量为 9.98 亿。显而易见，虽然这两个人口峰值的预测结果，是可以从公共信息平台上随时获得的，但是其不仅不为广大普通读者所知，而且相当多的经济学家也并不了解。然而，了解这个变化趋势，对于研究中国经济发展前景的学者，特别是其中那些经常发表意见并对受众产生巨大影响的学者，显然是必须的。

进一步考察上述人口预测结果，我们可以看到，在 1970—2010 年，劳动年龄人口的增长率高于总人口的增长率，而此后则呈现相反的趋势，意味着人口年龄结构不再朝着具有生产性的方向变化。从劳动力供给的角度看，由于城市是非农产业发展的集中区域，中国高速经济增长所吸纳的就业，主要发生在城市部门，而城市劳动力的供给已经越来越依赖于农村的劳动力转移。根据胡英的另一项预测，到 2015 年，中国城市新增劳动年龄人口的数量会小于农村劳动年龄人口的减少数量。这意味着，在假设吸引农村劳动力转移的激励力度等其他因素不变的情况下，进城农民工的数量不足以填补城市劳动力减少产生的缺口。

由于在到达这个时点之前，按照常住人口的口径，即考虑到劳动力从农村向城市流动因素的情况下，农村劳动年龄人口的减少量，已经逐年接近城市劳动年龄人口的增加量（两者相等的那个点就是中国作为一个整体，劳动年龄人口停止增加的时刻）。劳动力市场已经在逐步对此做出反应：一方面表现为全国范围不断出现的“农民工荒”现象；另一方面表现为农民工工资的逐年上涨。按照定义，这就是刘易斯转折点到来的特征性表现。

事实上，中国人口转变进程要快于人们一般的认识。特别是中国特色劳动年龄人口（15—59岁）减少的速度更快。中国发展研究基金会《中国发展报告2012》在“六普”数据基础上预测了中国人口的结构变动，报告显示：按照现有趋势，中国15—59岁的劳动人口从2010年已开始减少。即使从2013年开始执行“单独二胎”政策（夫妻一方是独生子女可生二胎），也无法改变中国劳动年龄人口绝对数量递减的趋势。这一基础性变化进而会改变储蓄率、资本报酬率以及全要素生产率提高的趋势。

## 大逆转：劳动力供给与需求

把身体健康长寿的因素与人力资本积累（包括教育、培训和“干中学”）因素结合起来考虑，有效工作年龄理应伴随预期寿命的提高而延长。如果能够做到这一点，就意味着可以通过把实际退休年龄后延，来扩大劳动年龄人口的规模，降低每个劳动年龄人口供养的退休人数。图6–3显示了把实际退休年龄从55岁延长到60岁及65岁时，可以达到的降低老年人口抚养比的效果。以2030年为例，延长实际退休年龄，可以把每百名20岁以上的工作年龄人口需要供养的老年人口，从55岁退休情形下的74.5人降低到60岁退休情形下的49.1人，或者65岁退休情形下的30.4人。

值得一提的是，法定退休年龄与实际退休年龄是不一样的，即在法定退休年龄既定的情况下，实际退休年龄可能因劳动力市场状况而产生巨大的偏离。例如，虽然法定的退休年龄大多数采取男

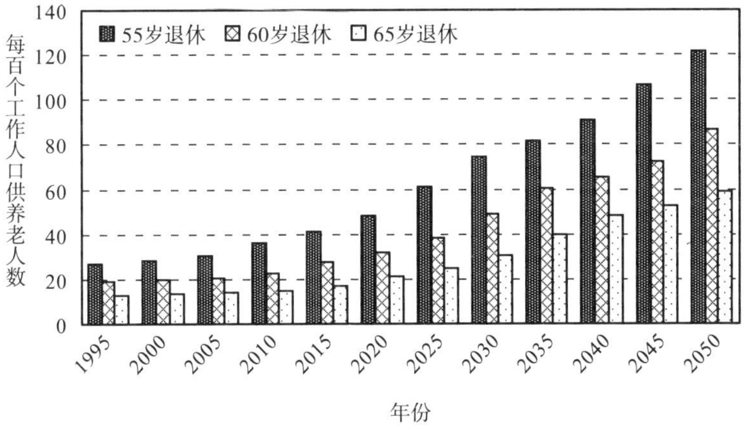


**图 6–3　不同实际退休年龄具有不同的抚养比**

60 岁、女 55 岁，但是在就业压力比较大，特别是受到劳动力市场冲击的情况下，劳动者的实际退休年龄经常会大大低于法定退休年龄。可见，真正能够改变人口工作时间和对老年人供养能力的，是实际退休年龄，而与法定退休年龄无关。如果单纯改变法定退休年龄，而劳动力市场却无法充分吸纳这些人口，则意味着剥夺了他们在就业与退休之间的选择，使他们陷入严重的不利地位。

虽然在许多发达国家，提高法定退休年龄成为应对老龄化及其带来的养老基金不足而广泛采用的手段，但是，由于与发达国家在两个重要条件上相比，中国的情况显著不同，使得这个做法不应成为近期的选择。

首先，劳动者的不同群体在退休后的预期寿命不同。预期寿命是反映人口健康状况的综合性指标，在总体水平上受到经济和社会发展水平的影响，在个体上与不同人口群体的收入、医疗乃至教育水平密切相关，因此，在同样的退休年龄下，不同群体退休后的余寿是不同的，从而导致能够享受养老金的时间长短各异。

例如，根据Weller的研究，即使在美国这样一个整体收入水平和医疗水平都较高的国家，1997年67岁年龄组人口在65岁上的余寿，在全部人口达到17.7岁的同时，女性高达19.2岁，而低收入组的男性仅为11.3岁。中国预期寿命的差异应该更加显著，从地区差距来看，2010年上海为80.3岁，而青海仅为68.1岁。虽然我们没有分人群各年龄组的预期寿命数字，但是因为中国有比美国更大的收入差距，并且社会保障覆盖率低，基本公共服务具有某种程度的累退性，我们可以合理地推断，中国退休人口的预期余寿差异会更大。一项公共政策，只有在设计的起点上就包含公平的理念，才具有操作上的可行性。

其次，以人力资本为主要基准来衡量的劳动力总体特征不同。中国目前临近退休的劳动力群体是过渡和转轨的一代。由于历史原因，他们的人力资本禀赋使得他们在劳动力市场上处于不利的竞争地位。延缓退休年龄以增加劳动力供给的可行前提是老年劳动者的教育程度与年轻劳动者没有显著差别，加上前者的工作经验，因而在劳动力市场是具有竞争力的。这种情况在发达国家通常是事实，如在美国的劳动年龄人口中，20岁的受教育年限是12.6年，而到60岁时只增不减，为13.7年。目前在中国劳动年龄人口中，年龄越大受教育水平越低。例如，受教育年限从20岁的9年下降到60岁的6年，而与美国的差距则从20岁比美国低29%，扩大到60岁时比美国低56%。

在这种情况下，一旦延长退休年龄，高年龄组的劳动者会陷入不利的竞争地位。在西方国家，由于劳动力市场需要一个追加的劳动力供给，延长法定退休年龄可以为劳动者提供更大的工作激励。对中国来说，类似的政策却意味着压缩劳动者的选择空间，甚至很可能导致部分年龄偏大的劳动者陷入劣势境地：丧失工作且一时拿不到退休金。

虽然在刘易斯转折点到来的情况下，劳动力短缺现象不断发生，就业总量的压力明显减缓，但是劳动力供求中的结构性矛盾反而更加突出，与劳动者技能和适应能力相关的结构性失业及摩擦性失业日益突显。这表明，目前劳动力市场上对高年龄组劳动者的需求，并没有随着刘易斯转折点的到来而增大。根据 2010 年人口普查数据计算，非农产业的劳动参与率在 30—35 岁达到最高水平，为 86%，随后迅速降低。在 50—55 岁组为 57%，60—65 岁组则只有 13.8%。对于那些年龄偏大的劳动者来说，劳动参与率的降低显然是劳动力市场上竞争力缺乏的结果，即“沮丧的工人效应”的表现。

可见，扩大劳动力总体规模和降低社会对老年人的供养负担，恐怕不应该在当前的临近退休年龄人口身上做文章，而是需要创造条件，把当前的这一代年轻人逐渐培养成拥有更充足人力资本的劳动者，使得他们不仅适应产业结构变化的要求，而且能够在未来具备延长工作时间的能力。

## 劳动力短缺与就业难

诚如根据二元经济理论可以预期的那样，自 2004 年中国经济迎来刘易斯转折点之后，非熟练劳动力短缺致使工资率上涨的现象从未消失，而且随着劳动年龄人口增长减速并于 2011 年开始负增长而愈演愈烈。在劳动力供给减少的同时，经济增长继续保持对劳动力的强劲需求，因此可以说，我们面对前所未有的宽松劳动力市场。

这个判断似乎与社会上普遍流行的“某某年是最难就业年”的说法颇为矛盾。劳动力市场上仍然存在就业困难固然是事实，但是，这里的就业困难不再是以往总量上的劳动力供给大于需求类型的，而是针对大学毕业生的结构性就业困难。例如，2013 年高校毕业生多达 699 万人，与 2012 年相比增长了 2.7%，形成一个劳动力供给总体减少中的特例，是一个显而易见的结构性现象。

其实，刘易斯转折点这个概念本身早已揭示，这一特殊时期的劳动力市场，最大的特征是非熟练劳动力的短缺和普通劳动者工资的上涨速度更快。根据政府公布的部分城市公共就业服务机构的市场供求信息计算的岗位数与求职人数之比（也称求人倍率），不仅可以看到劳动力市场需求的强劲，还能看到低端劳动者（如初中及以下学历的求职者），比高端劳动者（大学毕业求职者）的就业形势更加乐观（见图 6–4）。

一般来说，正如奥肯定律描述的那样，劳动力市场状况与宏观经济状况密切相关，即经济增长率提高（降低）会降低（提高）失业率。严格地说，这里讲的增长率水平变化，应该是指 GDP 的实际增长率偏离于潜在增长率的程度，或增长缺口水平，而失业率是指实际失业率偏离自然失业率的程度，或周期性失业率。简单地说，中国近几年来实际增长率并没有低于潜在增长率，所以没有发生周期性失业现象，劳动力市场表现强劲。

不过，更深入一步分析，我们可以看到劳动力市场强劲这一表

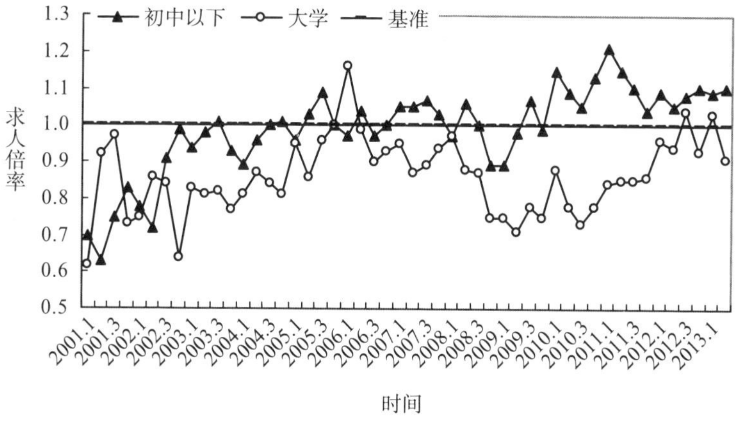


**图 6–4　劳动力市场对普通劳动者的需求更旺**

资料来源：中国就业网 http://www.chinajob.gov.cn/index.htm

象背后的隐含意义。2004 年，中国出现了劳动力短缺现象，意味着刘易斯转折点的到来，保持潜在增长率固然可以在一定限度内依靠资本形成贡献的扩大，但是，到了 2011 年劳动年龄人口开始负增长之后，劳动力无限供给特征消失必然导致资本报酬递减，进而潜在增长率明显降低。这时，如果继续依靠资本形成维持较高的经济增长速度，就会使实际增长率向上偏离潜在增长率。

实际上，2005 年以来，除了 2008 年和 2009 年遭遇世界金融危机两年之外，在其他年份，中国的实际增长率都是快于潜在增长率的。这四年增长率缺口的算数平均值，即实际增长率高于潜在增长率的幅度为 1.44 个百分点。经济增长速度持续高于潜在增长率的形势，倾向于使得实际调查失业率非常低，甚至可能低于自然失业率。固然，由于我们不能得到关于城镇调查失业率的数字，实际检验这一点并不容易。不过，根据可以获得的信息，我们不妨做一点与此相关的粗略估算。

根据学者都阳和陆旸的估计，城镇自然（结构性和摩擦性）失业率为4.0%—4.1%，而现实中的城镇登记失业率一直保持在4.1%左右的水平。由于登记失业率通常并不把农民工纳入统计范围，说明如果单纯看城镇本地劳动者，几乎没有周期性失业现象。然而，既然农民工已经占到全部城镇就业的1/3强，所以，一旦把他们纳入考虑，城镇实际失业率将有所不同。

已有的研究表明，由于保留工资低和流动性强等原因，农民工的失业率大大低于城镇本地劳动者。例如，根据我们2010年在6个大城市的抽样调查数据计算的失业率，城镇本地劳动者为4.72%，农民工仅为0.73%。另外，根据估算，2011年农民工占城镇就业的35.2%（城镇本地职工占64.8%），以此作为权重，计算得出包括本地劳动力和农民工在内的全口径城镇调查失业率为3.32%，显著低于自然失业率。

## 如何缩小“未富先老”缺口

随着中国经济总量在世界排位的不断跃升，并在2010年超过日本成为世界第二大经济体，由于人口增长率处于低水平，人均GDP的提高也将日益加速。日本经济研究中心在2007年对中国经济规模和人均收入做了长期预测。根据这个预测，按照购买力平价和2000年不变美元计算，2020年中国GDP总量为17.3万亿美元，2030年为25.2万亿美元，2040年将达到30.4万亿美元。这三个年份的人均GDP预测值则分别是1.2万美元、1.8万美元和2.2万美元。美国经济学家罗伯特·福格尔则更为乐观，预测2040年中国GDP总量高达123.7万亿美元。在人口达到14.6亿的情况下，届时中国人均GDP高达8.5万美元。值得指出的是，这两个预测采用的方法论不尽相同，使用的数据来源差异也很大，特别是用购买力平价进行计算，与中国官方和学者的口径也不相符。其实，从两个预测结果之间的巨大差异也可以看到各自的局限性。

但是，上述预测反映的一个事实是，从21世纪第二个10年开始，中国将以全球第二大经济体的姿态，加速其从中等收入国家向高收入国家的转变。如果中国能够保持与过去30多年相当，或即便略微低的经济增长率和人均GDP增长率，那么将以很快的速度与发达国家的富裕程度趋同。因此，这些经济学家的预测，反映的是一种正确的方向和符合规律的前景。因此，在人口转变趋势不变的情况下，经济发展水平与人口老龄化之间的缺口将逐渐缩小。

我们利用联合国的数据，把2000年和2010年的中国人口年龄结构与发展中国家进行比较，显示出了明显的“未富先老”特征，而把2020年和2030年的中国人口年龄结构与发达国家进行比较，则显示出“未富先老”缺口的显著缩小。由此可见，充分挖掘当前人口红利的潜力，创造新的人口红利，并逐渐转向利用新的经济增长源泉，是在后刘易斯转折时期应对人口老龄化的根本出路。

# 第七章
# 刘易斯转折点之后的大挑战

本章主要讲的是跨越刘易斯转折点的中国经济遇到了结构性就业难题及如何应对这些挑战。受劳动力市场供求关系的影响，应该提高工资标准，改善收入分配，但是目前劳动力市场的制度性障碍使提高工资必须承担制度性成本。一个经济体一旦跨越刘易斯转折点，就意味着农业边际劳动生产力不再为零，继续转移剩余劳动力，既有潜力，也有必要，但是要以农业劳动生产率的同步提高为前提。在这个阶段，如果继续转移的劳动力不能被机械化等劳动生产率的提高弥补，就会造成农业产出的下降。如何应对这个阶段并防止陷入中等收入陷阱是政府施政的关键。

## 两难：工资该不该涨

在经历了刘易斯转折点，出现劳动力短缺现象，并且普通劳动者工资提高速度很快，教育回报率相应降低的情况下，20 世纪 80 年代以后出生的新生代农民工，似乎不了解就业困难的愁滋味。他们常常在初中毕业之后不愿意升学，在岗位之间频繁跳槽意味着放弃了许多在职培训的机会。例如，调查显示，2012 年，16—40 岁的农民工中，从未接受过任何职业培训的比例高达 70% 左右。

更有甚者，许多农村青少年甚至未完成义务教育就急于外出打工。例如，根据国家审计署审计调查重点核实的 52 个县的 1 155 所学校的情况，我们可以大体推算出，2011 年与 2006 年相比，农村初中辍学率提高了 1.6 倍。因此，值得警惕的是，劳动力市场的这个黄金时期并不会延续长久。那些人力资本不能适应未来劳动力市场对技能的需求的农民工，不久之后就会遇到结构性失业的困扰。

从 2011 年看，农民工的平均受教育年限是 9.6 年。这个人力资本状况使他们恰好适应于第二产业的劳动密集型岗位（要求 9.1 年的受教育年限），以及第三产业的劳动密集型岗位（要求 9.6 年的受教育年限）。但是，未来中国经济的趋势是，经济增长速度减慢而产业结构调整速度加快。按照目前岗位对人力资本的要求，即第二产业的资本密集型岗位 10.4 年，第三产业的技术密集型岗位 13.3 年，显而易见，农民工的受教育程度尚不足以支撑他们转向这些新岗位（见图 7–1）。

针对结构性就业困难，政府发挥更加积极的就业促进作用，帮助劳动力市场减少摩擦，提高人力资源的供求和匹配水平，自然是责无旁贷的。不过，必要的劳动力市场信号也是不可或缺的。也就是说，我们其实需要保持一定的自然失业率，让那些人力资本与劳动力市场不匹配的劳动者感受到压力，以引导未来的劳动者，顺应产业结构调整不断变化的要求，接受尽可能多的普通教育和职业教育，以及各种类型的培训。

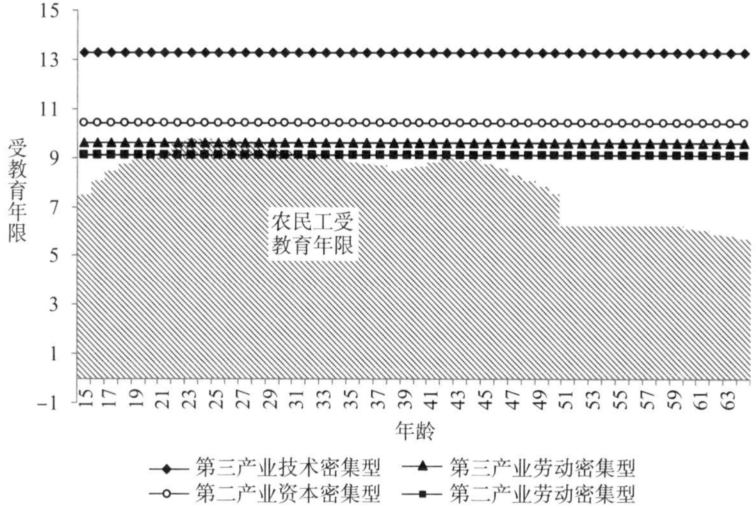


**图 7–1　农民工的受教育年限与市场需求**

那么，既然普通劳动者工资的上涨是因劳动力供求关系导致的，对此我们是否应该坦然接受呢？如果工资上涨的确是劳动力市场无障碍作用的结果，而工资的提高既有利于改善收入分配，又能够扩大国内消费需求，我们当然应该举双手赞成。问题在于，中国目前的劳动力市场上仍然存在制度性障碍，工资的提高需要承载这种制度性成本，因此，工资决定或多或少带有某种扭曲性。

实际上，在决定 21 世纪中国农村劳动力是否迁移的效用函数中，并不仅仅包含托达罗式的城乡预期收入差距，而且包含一个内容甚为广泛的城乡预期福利差距。这个预期福利包括工资及其他工作待遇、社会保障覆盖、劳动力市场制度保护，以及诸如子女义务教育和保障性住房在内的其他基本公共服务。在依据户籍身份而差别性提供基本公共服务的福利体制中，农民工迁移决策中的社会保障和义务教育等效用得不到满足，归根结底要从工资水平中得到抵偿。

此外，因没有城市户口和长期居住预期，一般来说，城市中的农民工往往在较年轻的时候便离开城市返回乡村，他们的预期终身工作时间被人为缩短，劳动参与率也较低。据国家统计局调查，2013 年全国共有 2.6 亿农民工，其中近 1 亿没有离开本乡镇，1.6 亿外出务工，其中大部分进入各级城市。我们可以从本地农民工和外出农民工的年龄分布差别上看到户籍制度对农民工就业稳定性的影响。在包括了很多返乡者在内的本乡镇就业农民工中，有 60.4% 年龄在 40 岁以上，而在离开本乡镇外出的农民工中，40 岁以上者仅占 18.2%。

这无疑会对工资决定产生一定影响。作为理性的劳动者，外出农民工被人为缩短的终身工作时间，必然会反映在他们的保留工资中。也就是说，农民工倾向于在能够获得某种工资水平，其中包含对不能实现的工作时间的补偿，才愿意做出迁移的决定。实际上，农民工往往主动要求加班，以获得加班工资，也与他们有填补终身工作时间不足的愿望有关。这产生了一种提高工资水平的压力。

可见，不稳定的城市就业和居住预期，以及缺失的基本公共服务，至少要部分地由企业以工资的形式支付给农民工。反过来说，如果政府一视同仁地向农民工提供均等的相关基本公共服务，居民身份使农民工稳定实现终身工作时间预期，决定农村劳动力迁移的均衡点可以在较低的工资水平上达到，工资上涨速度本来可以更加平缓一些，许多企业可以赢得调整时间，整体上可以避免产业结构调整的休克疗法。也就是说，通过提供基本公共服务，可以起到与工资上涨相同的效果，保持城市和非农产业对农村转移劳动力的吸引力。

## 延缓单位劳动成本提高势头

全球增长乏力固然从需求侧影响中国经济增长，但中国经济减速更主要是供给侧因素，即人口红利消失，劳动力短缺导致工资上涨，从而使制造业的比较优势消失。这里需要加入一个新的概念，即两个可计算的指标，以便进行这种比较。一个是，我们需要把工资水平与劳动生产率进行比较，即以两者比率作为单位劳动成本。如果工资上涨速度超过劳动生产率，该指标则会上升。另一个是，劳动密集型产品的显示性比较优势指数，即我国某种产品出口份额与世界贸易中该产品份额的比率，可以反映比较优势的变化。

劳动力短缺造成工资成本上升过快，削弱了我国制造业的比较优势以及国际竞争力。例如，2003—2014 年，农民工实际工资每年平均增长率为 10.7%。此外，从行业平均工资看，制造业、建筑业，以及农业中雇用工人的实际工资，年平均提高速度都为两位数。根据世界大型企业联合会的数据，我国总体劳动生产率的年平均增长率，在 2007—2012 年为 9.5%，2013 年减速为 7.3%，而 2014 年进一步下降到 7%。意味着工资上涨已经超过了劳动生产率的提高速度，这就必然削弱我国制造业产品的比较优势和竞争力。根据我们对占我国出口产品主导地位的 11 种劳动密集型产品的计算，2003—2013 年，比较优势降低了 22.7%。

日本媒体和学者把制造业生产从中国大幅度回迁到日本的现象，归结为两国单位劳动成本的逆转。据日媒报道，以美元计算的单位劳动成本，1995 年日本为中国的 3 倍以上。但 2013 年中国反而超过了日本，2014 年趋势继续。这个说法从数据来看显然是错的，错在中国制造业的单位劳动成本显然没有超过日本。2013年，我国制造业的单位劳动成本是德国的29.7%、韩国的36.7%和美国的38.7%，2011年是日本39.5%。即使考虑汇率变化，目前也没有超过日本，何况汇率还会发生新的变化。

该说法也有值得重视的地方。一是决定企业、产业和国家制造业（可贸易品）竞争力的不仅要看劳动力成本，还要看劳动生产率，两者结合形成“单位劳动成本”，即劳动力成本与劳动生产率之比。二是中国的单位劳动成本的确上升得很快，快于其他制造业大国：原因之一是劳动力成本上升很快，从2001—2005年的年平均增长率8.5%提高到2005—2013年的14.8%；原因之二是劳动生产率上升速度慢于工资增长，从13.9%下降到9.2%，而且是逐年加速。因此，单位劳动成本从–4.9%提高到5.2%，超过这些国家是可以预期的。

显而易见，解决的办法是从分子和分母两侧施策，既需要增加劳动力供给以延缓工资上涨的速度，更重要的则是不断提升劳动生产率。从分子角度看，政策要着眼于如何增加劳动力供给。在劳动力总量减少的情况下，通过户籍制度改革，提高劳动参与率，是短期内增加劳动力供给最有效的手段，仍有挖掘潜力。目前，劳动参与率提高一个百分点，可以增加有效劳动供给900余万人，可抵消劳动年龄人口减少的负面影响，延缓工资上涨的势头。

也要从其他方面避免劳动力成本过快上升。例如，劳动力成本中的非工资部分，也有予以抑制的潜力。社会保障缴费是劳动力成本中重要的组成部分，中小企业深感负担之重。应通过完善社会保险体制和提高精算水平，降低企业负担，在维持对劳动者的保护水平不变的情况下，降低企业用工成本。此外，还要避免不恰当地使用最低工资制度。该制度是在劳动力市场信息不对称的条件下，用来保护弱势劳动者群体的社会政策手段，而不是再分配手段，更不能作为干预工资形成的工具，不能用来推动工资水平。

从分母角度看，劳动生产率不断提升是保持单位劳动力成本优势、维持制造业竞争力的终极源泉。提高劳动生产率靠三个因素，分别是人力资本存量、提高资本劳动比和全要素生产率。以下因素影响劳动生产率的提高，应该予以关注。一是，2011—2020年，新成长劳动力每年将以1%的速度递减，同期人力资本总量（劳动力总量乘以人均受教育年限）也以相同的速度下降，成为全要素生产率减速的一个因素。二是，过快提高资本劳动比导致资本报酬递减，既不可持续，也无助于降低企业成本。日本“失去的二十年”中，劳动生产率提高中有94%的贡献来自资本劳动比，21%来自人力资本，因而全要素生产率为负贡献（–15%）。这个教训值得借鉴。

所以，提高劳动生产率，归根结底靠全要素生产率。而这个发展阶段上，全要素生产率的提高要靠创造性破坏。需推进要素市场发育和深化微观机制改革，使企业对要素市场的价格信号做出更积极、有效的反应，消除行业准入障碍，促进资本、劳动等生产要素更便利地在地区间、行业间和企业间流动。

## 三个群体的困惑：潜在的劳动力脆弱性

作为经济发展进入新常态的一个特征性表现，我国劳动年龄人口总量进入负增长时代，农村剩余劳动力转移速度趋缓，因而劳动力供给总量逐年减少。从数字上看，自 2011 年以来适合就业的劳动年龄人口一直处于负增长，每年减少几百万人。如果考虑到劳动参与率（有就业意愿的人口占劳动年龄人口的比重）的提高，过去几年经济活动人口虽然有所增加，但增速已经明显放慢，随后会转入负增长。在经济仍然保持中高速增长的情况下，劳动力需求仍将保持旺盛，长期困扰我国的就业总量性矛盾会得到缓和。

然而，经济理论和实际经验都表明，就业的结构性和摩擦性矛盾在任何宏观经济形势下都会存在。毋庸置疑，随着科技进步的步伐加快，改革和结构调整的加深，这类就业矛盾在我国不仅存在，而且将日益突出。

正如社会所普遍关注的，中国就业问题主要集中在三个群体身上：进城农民工、城镇就业困难人员和高校毕业生。中国经济发展进入新阶段后，我们可以从这三个群体，看结构性和摩擦性的就业困难与自然失业问题。

目前官方的城镇就业统计主要涵盖城镇户籍人口的就业，大部分外来农民工被遗漏了。如果进行处理从而把农民工算在内，2013 年城镇就业人员总量有 4.5 亿，其中 35% 为进入城镇 6 个月以上的农民工。而在当年城镇新增就业人员里面，有 65% 是农民工。也就是说，农民工已经是城镇就业的主体，未来增量会越来越大。然而，农民工的受教育程度尚不足以支撑他们转向未来的新岗位。

传统上，“有来有去”的劳动力迁移模式，是解决农民工失业的一种手段。但是，劳动力迁移越来越单向，这一手段在今后不再奏效。2013 年，新生代农民工已经占到农民工的 46.6%，他们中有 33% 在 16 岁以前生活在各级城镇而不是农村，有 38% 是在各级城镇上的小学。可以说，他们大多从未有务农经历，更没有回到农村务农的意愿。不仅如此，农业生产方式的变革，已经越来越依赖劳动节约型的技术变迁，农业不再是剩余劳动力的蓄水池。

可见，防止未来农民工面对就业风险的根本办法，在于提高他们的人力资本。鉴于农民工是一个不断被新成长劳动力更新的群体，创造良好的制度条件和激励机制，使新成长劳动力在进入劳动力市场之前，尽可能多地接受普通教育和职业教育，应该成为政策应对的关键点。

与农民工的情况相反，具有城镇户籍的劳动者群体，已经出现一定程度的老龄化趋势。实际上，如果没有农村劳动力的大规模流入，城镇劳动力的年龄会比实际大很多。例如，根据第六次人口普查数据，2010 年城镇常住的 15—59 岁劳动年龄人口中，20—29 岁组的比重，外地户籍人口为 35.0%，本地户籍人口为 21.6%；而 50—59 岁组的比重，外地户籍人口为 7.2%，本地户籍人口为 19.3%（见图 7–2）。

根据年龄与受教育年限之间关系的特点可知，具有城镇户口的劳动力中，有一个较大比例的人群人力资本禀赋明显不足，表现在年龄偏大和受教育程度较低，难以适应产业结构调整对技能的更高要求。这部分劳动者被政府识别为城镇就业困难人员，作为重点扶助的目标人群。城镇劳动者的这种人口构成，决定了总是有一个相对稳定的群体，经常处于结构性和摩擦性失业状态，构成劳动力市场上典型的自然失业人口。

在结构调整和去产能等结构性改革中，一个劳动者处在失业状态的持续时间，取决于他的受教育程度和年龄等人口特征。那些

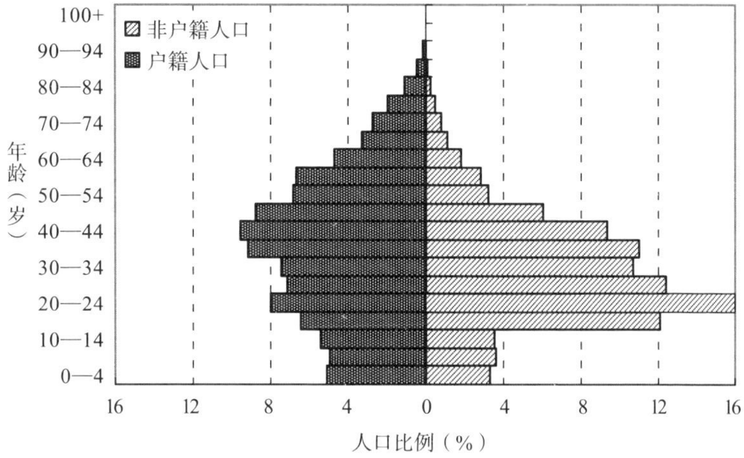


**图 7–2 城市常住劳动年龄人口年龄构成**

相对而言受教育程度高且年纪轻的劳动者，容易掌握新的技能，可以很快实现转岗。而受教育程度较低和年龄偏大的人群，则容易成为转岗过程中的困难人群。处于摩擦性失业的时间持续过久，受到人力资本等因素制约不能实现再就业的情况下，就会转变为更难应对的结构性失业。因此，在推动结构调整和实施结构性改革的过程中，应该特别关注这些重点人群。

因此，我们需要对涉及人群进行细致的分析，以便分别施策。首先，在城镇就业的农民工中 40 岁及以上人员所占比重，已经从 2011 年的 38.3% 提高到 2015 年的 44.8%。这些人遇到结构性调整时，返乡的可能性比较大。其次，在煤炭和钢铁行业职工中，年龄在 40 岁及以上的比例分别为 48.9% 和 41.4%，仅具有初中及以下教育水平的比重分别为 69.4% 和 55.9%。由此粗略判断，这两个行业去产能涉及的总数为 180 万面临转岗的职工中，至少有一半将会在或长或短时间内遭遇再就业困难，甚至转化为结构性失业者。

说到城镇劳动者面对的自然失业风险，还要再次提到这个群体人力资本构成的一个特点。由于20世纪90年代以来中国教育发展成就显著，异常迅速地增加了新成长劳动力的受教育年限，中国劳动年龄人口的人力资本分布特点相应表现为，年龄越大受教育年限越短。由于城镇劳动力年龄偏大，所以人力资本不足人群的比重也较大。在产业结构变化十分迅速的条件下，很大一部分劳动者难以符合劳动力市场对技能的要求，很容易陷入结构性失业的状态。

大学毕业生就业难以及他们的工资与低端劳动者趋同，越来越成为社会普遍关注的现象，并且成为一些质疑者批评高校扩招的依据。应该说，高校扩招之后发生的变化是急剧的和根本性的，使得人们未能充分理解和良好应对。这个根本性变化就是，在极短的时间里，中国进入了高等教育大众化阶段。

在进入这样一个阶段之后，大学毕业生就业的一些特有规律性现象逐渐显现出来，认识不到其背后规律的话，则会误导舆论和政策。

劳动经济学研究表明，受教育程度越高，特别是接受过大学本科以上教育之后，求职者实现与劳动力市场的匹配，所需要的时间就越长。也就是说，大学毕业生要找到相对理想的工作，需要花费较多的寻找和转换时间。因此，单纯用大学毕业几个月之后的就业率，以及毕业生的起薪水平进行判断，并不能得出关于这个群体人力资本优势的正确结论。事实上，在经历了较长的求职时间并实现初次就业之后，具有较高学历的劳动者仍然会处在求职过程中。此外，较优越的人力资本条件也给予他们更多的机会获得职业发展，从而最终处于劳动力市场的有利地位。

根据第六次人口普查数据估算，2010 年城镇调查失业率为 4.8%，但是，年龄小于 28 岁的劳动者失业率则高于平均水平，其中 22 岁左右（大学毕业年龄）的人群失业率最高（见图 7–3）。一方面，这显示出大学生就业面临的结构性困难。根据北京大学教育经济研究所 2013 年 6 月对全国 21 个省份的 30 所高校的问卷调查，初次就业率专科生为 79.7%，本科生为 67.4%，硕士生与博士生均为 86.2%。另一方面，这其实反映了与其他国家相同的青年失业率倾向。

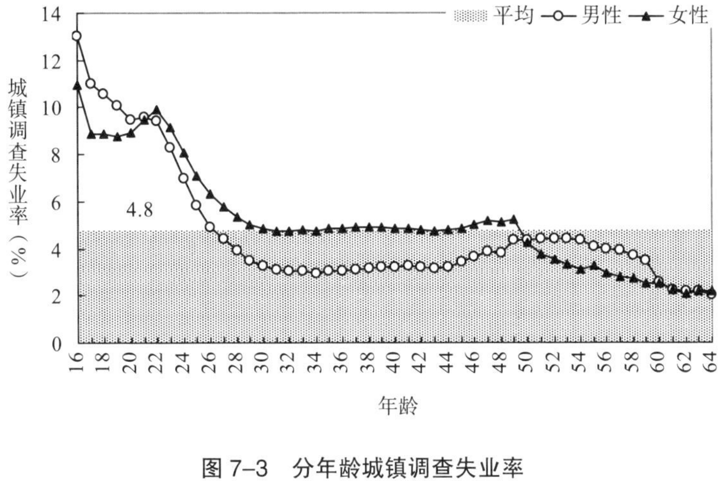


**图 7–3　分年龄城镇调查失业率**

大学生就业难问题的产生原因是双重的：一方面，高校毕业生面临的结构性困难，虽然具有规律性，但是仍然需要劳动力市场功能和就业政策给予帮助；另一方面，专业和课程设置不当、教学质量低等问题，无疑也加强了大学毕业生面临的结构性就业困难，给改革和调整高等教育体制提出了诸多课题。不过，这显然不能成为减缓高等教育发展速度的理由。

目前在学术界和政策讨论中有一种流行观点，认为既然普通高校毕业生就业困难，而职业学校毕业生更受劳动力市场的欢迎，因此，教育类型的调整应该是降低普通大学的招生数量，增加职业学校和高等职业教育入学人数。这种政策取向依据的理由有两点：一是目前职业学校的毕业生不存在就业难的问题；二是德国职业教育与其高端制造业生产国的地位密切相关，因此其经验被证明是成功的。从目前的证据来看，这两个理由其实是很难成立的。

首先，把职业学校毕业生的就业情况与高校毕业生进行比较，容易陷入简单化的窠臼。的确，非技能型的劳动者在市场上是受欢迎的，所以在大学生就业难的同时，“农民工荒”现象持续存在。事实上，当家长把孩子送到职业学校时，他们对孩子的就业期望与农民工并无二致，所以，职业教育毕业生的就业期望值与大学生是不一样的。此外，实际上，许多职业学校更多的是起到一个职业中介的作用，要么早早把学生介绍给招工单位，要么只是把学生送到企业去实习。

其次，德国的职业教育成功并不能够保证模仿者也成功。德国的制造业高度成熟，在某些领域稳定、长期地处于技术领先地位，因此，技能的需求也是可以预期的。然而，中国的制造业正在经历迅速的产业升级，而且调整变化的速度将越来越快。正如在2014年中国高层发展论坛上美国教授古斯比所指出的，现在社会需要的某项职业技能的岗位在30年前根本就不存在。因此，一个好的教育体系，目标不应只是让学生在十八九岁的时候学到一种特定技能，而要让他们掌握不断学习的能力。

从这个意义上说，在产业结构变化如此之快的发展阶段，与其学习德国的职业教育模式，不如学习美国的终身教育模式。在美国，一个人可能选择高中毕业后就进入劳动力市场，可以选择上名牌大学，也可以进入更加面对就业的社区学院。更重要的是，在一个人一生的任何阶段，都有机会回到任何一级学校补课或者回炉，并且在各级各类教育之间存在着相互通达的立交桥，不会因为一次选择而定终身。显然，这是一种更加灵活、有效、对中国未来挑战具有借鉴意义的教育模式。

## “386199部队”：农业劳动力的现状

根据国家统计局的数字，1978年和2012年，中国农业劳动力总量分别为2.83亿和2.58亿，农业劳动力比重从70.5%下降到33.6%，平均每年下降的幅度为2.2%。这个农业劳动力比重下降幅度，显然快于改革之前，如1953年的这个比重为83.5%，到1978年的25年间仅仅下降了13个百分点。

### 农业劳动力的变化

然而，从改革开放时期的经济增长和产业结构变化速度来看，过去30多年农业劳动力比重下降的速度，或者是不尽如人意的，或者是统计上存在低估的倾向。首先，改革开放以来30余年的农业劳动力转移是前所未有和高度浓缩的。劳动力流动和人口迁移的一个重要结果是，城市化率从1978年的17.9%提高到2012年的52.6%，每年提高3.2%或1个百分点。其次，国际经验显示，具有可比性国家的农业劳动力比重的下降速度非常快。例如，与中国同样经历二元经济发展并实现了高速增长的日本和韩国，在相同的时间区间，农业劳动力下降速度，要大大快于中国。例如，日本在1953—1987年的34年里，农业劳动力比重的下降速度为每年4.5%；韩国在1983—1997年的34年里，农业劳动力比重的下降速度为每年5.1%，都比中国在1978—2012年的34年里的农业劳动力比重下降速度（每年2.2%）快1倍以上。

根据官方统计，2009年农业劳动力为2.97亿人，占全国劳动力比重仍然高达约37.6%。这种高估，在很大程度上是由于传统统计方式不能恰当区分劳动力的实际务农时间造成的。因此，如果能够把务农时间更加准确地区分出来，无疑会得出更有说服力的结论。都阳和王美艳基于农村住户调查资料的研究，突破了以往只能对劳动力就业按照年度进行分类的局限，把农村劳动力在不同经济活动中的劳动投入，以人月进行了划分，得出务农劳动力总数为1.92亿的结果。官方统计把农业劳动力总数高估了1.05亿，高估比例约为54.7%。根据这个重估的务农人数，如果仍然按照2009年中国城乡就业总人数7.9亿为基数，农业劳动力占全部城乡就业的比重，就不是约37.6%，而只有24.3%[①]。

从2009年农业劳动力实际数量是1.92亿，仅为统计年鉴数字2.97亿的约64.6%这一重估结果出发，我们可以重新构造一个农业劳动力数量和比重数据系列以便估计目前农业劳动力到底有多少，

① 都阳、王美艳《中国的就业总量与就业结构：重新估计与讨论》，载蔡昉主编《中国人口与劳动问题报告 NO. 12——“十二五”时期挑战：人口、就业和收入分配》，社会科学文献出版社，2011年。

占比有多大，并且从中发现一些必要的政策含义。我们估算得出的结论是，到2014年，实际务农劳动力的比重，至少比国家统计局的数字低10个百分点。这一估计数，与Brandt和Zhu（2010）使用其他数据来源所做的估计高度一致。

## 农业劳动力的人口特征

由于改革开放以来劳动力流动性大大增强，以及户籍制度改革相对滞后，使得劳动力在城乡的实际分布与户口登记严重脱节。因此，当我们谈到农村劳动力的时候，实际上有两个含义：一是指户籍身份意义上的农村劳动力，即持有乡村农业户口的劳动力，无论其是在乡村就业，还是在城市就业；二是指常住地（6个月及以上）意义上的农村劳动力，即无论其户口登记地在哪里，但其就业的常住地是在乡村。

两个含义的农村劳动力实际上是有交叉的。前一个含义的农村劳动力，最典型的划分方式是分为两个人群，即农业劳动力和农民工。后一个含义的农村劳动力，虽然理论上包括非农村户籍人口，但主要还是由农村户籍人口构成。他们就业于乡村，包括农业劳动力和农村非农产业的就业者。因此，本书以农村劳动力作为整体，对农业劳动力、本地就业农民工和外出农民工三个群体进行考察，基本可以囊括全部农村劳动力的情况。

按照第六次人口普查定义的常住人口这个口径，农村16岁及以上劳动年龄人口数为5.12亿，农村就业人口数为3.94亿，其中农业劳动力（从事农、林、牧、渔业的劳动力）数为2.94亿。虽然由于在就业时间上的界定有问题，这几个数字有很大的高估可能性，并且劳动年龄人口未设上限，因此，这儿个口径的人口数与前面我们进行分析时使用的数据不尽相同，但是仍然可以依据普查数据，对农村劳动力的一些重要特征进行考察。

特别有意义的是农村劳动年龄人口、经济活动人口、就业人口和农业劳动力的年龄特征。以往的研究已经表明，由于劳动力大规模外出，按照常住人口来看，农村人口的老龄化程度已经超过城市。而在观察劳动年龄人口的情况下，我们可以看到，这个作为劳动力基础的人口群体，也呈现了严重的老龄化趋势。

第六次人口普查数据显示，按照常住人口定义，农村16岁及以上的劳动年龄人口中，16—20岁年龄组的人口比重为9.1%，21—30岁为17.4%，31—40岁为18.4%，41—50岁为20.4%，50岁以上年龄组为34.7%。而相同口径的城镇劳动年龄人口年龄构成则是：16—20岁年龄组的人口比重为10.2%，21—30岁为21.3%，31—40岁为21.9%，41—50岁为19.7%，50岁以上年龄组为27.0%。相应地，分析农村与城镇经济活动人口和就业人口的年龄结构，也可以得出与此十分相似的结果。农业劳动力的年龄结构，显现出老龄化程度更高，即16—20岁年龄组人口比重为3.4%，21—30岁为16.7%，31—40岁为19.3%，41—50岁为26.4%，50岁以上年龄组为34.6%。换句话说，农业劳动力中，40岁以上的占到62%。

反差最大的是把农业劳动力的年龄结构与农民工（包括本地和外出）进行比较。结合普查数据和农民工监测调查数据可以看到，2010年，农业劳动力中30岁以下人群比重只有20.0%，而50岁以上的则有34.6%，而农民工这两个年龄组的比重分别为42.4%和12.9%（见图7–3）。不仅如此，这里显示的农民工中有38.8%是未出乡镇的本地就业农民工，如果与更为年轻的离开本乡镇的外出农民工进行比较，年龄反差要强烈得多。例如，据国家统计局调查，2011年，在本乡镇就业农民工中，有60.4%年龄在40岁以上，而在离开本乡镇外出的农民工中，40岁以上仅占18.2%。

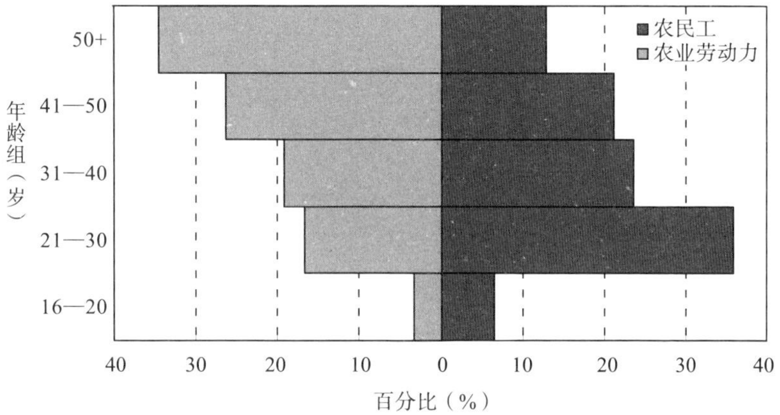


**图 7–4　农民工与农业劳动力年龄结构比较**

前面我们已经讨论过农业劳动力的数量及其在全部劳动力中的比重，这里，我们将其放在农村的背景下进行一些补充性的描述。首先，由于年轻人受教育程度更高，年龄成为劳动力外出的一个优势，所以留下的农业劳动力的老龄化程度远远大于农村非农就业者以及外出农民工。其次，在全部农村劳动力中，农、林、牧、渔、水利业生产人员占74.8%。女性务农的比例为79.7%，略高于男性的70.6%。最后，由于统计数据仅限于16岁及以上劳动年龄人口，所以我们看不到小于16岁人口参加农业劳动的情况。但是，我们依据经验知道，未成年人帮助家庭劳动在农业中是存在的，而受雇于非农产业则较为少见。综上所述，人们通常把农业生产中劳动者的人口特征，形象地称为“386199 部队”，是有一定道理的。

## 转折点后的农村劳动力转移

我们是在二元经济发展的第一个转折点的意义上使用刘易斯转折点这一概念的，即这个转折点的到来并不意味着农业剩余劳动力已经被吸纳殆尽，也不意味着农业与非农产业的边际劳动生产力相等。不过，这两种现象的出现（商业化点的到来），是从刘易斯转折点之后开始加快的。对于中国经济发展来说，正确地判断刘易斯转折点的到来，具有十分重要的意义。

一个经济体一旦跨越刘易斯转折点，就意味着农业边际劳动生产力不再为零，继续转移剩余劳动力既有潜力，也有必要，但是，却要以农业劳动生产率的同步提高为前提。在这个阶段，如果继续转移的劳动力不能为机械化等劳动生产率的提高所弥补，就会造成农业产出的下降。正因为如此，刘易斯转折点在发展经济学中也被称作“食品短缺点”，出现农产品供给的矛盾，以及食品价格带动的通货膨胀。

在揭橥于农业的整个经济改革过程中，中国农业的生产率提高，无论是表现为劳动生产率、土地生产率，还是全要素生产率，都是成效显著的。但是，把农业生产率表现放在特定历史阶段上，进行国际比较，即当观察中国到达刘易斯转折点时，把农业劳动生产率和土地生产率与其他国家或地区相关发展阶段上的农业生产率水平相比，我们可以看到，中国仍有巨大的生产率差距和提高潜力。

例如，从以往的研究文献我们可以知道，日本大约在 1960 年，韩国和中国台湾地区大约在 20 世纪 70 年代初，分别到达各自的刘易斯转折点[①]，而中国大陆到达这个转折点的时间，则是 2004 年。此时，中国大陆的土地生产率，与这几个东亚经济体相比较，差距仍较大。而把中国的农业劳动生产率与其他发达国家 1960 年的水平相比，差距则更加明显。

实际上，伴随着农业劳动力转移，及在 2004 年到达刘易斯转折点，中国的农业机械化呈现速度加快和劳动节约的特征。从农业技术进步及其模式的变化，就可以看到农业发展对生产要素相对稀缺性变化（劳动力短缺）做出的敏感反应。也就是说，改革开放后稍早的一段时间内，农业中还蓄积着大量的剩余劳动力，技术进步的重点不是节约劳动力，而是节约土地，其表现为小型农机具增长较慢。稍后直至最近的一段时间内，剩余劳动力转移加速、数量减少，农业中已经逐渐显现劳动力短缺的问题，大型农机具发展迅速，具有了节约劳动的技术变迁特点。

但是，由于农业劳动力转移以及城市化不彻底，耕地流转不畅，难以实现土地集中，农业经营规模受到制约，也影响农业机械化的发展和劳动生产率的提高。事实上，羞羞答答的城市化，并不能造就一个建立在价格激励和规模化经营基础上的现代化农业生产方式。在缺乏稳定的定居预期的情况下，外出的农民工不敢转让承包土地的经营权，更不愿意放弃已经闲置的宅基地，造成在最严格

---

① Minami, Ryoshin (1968), "The Turning Point in the Japanese Economy", *The Quarterly Journal of Economics*, Vol.82, No.3, pp.380-402; Bai, Moo-ki (1982), "The Turning Point in the Korean Economy", *Developing Economics*, No.2, pp.117-140.

的土地管理制度下，土地的生产和生活利用率有所下降。

例如，2012 年农民工总规模为 2.63 亿，其中 9 925 万在本乡镇从事非农产业。从就业性质来看，这些劳动者无疑已经离开土地，但是，他们中很多人仍然兼营农业，承包地和宅基地无疑也继续保留。同年，外出农民工（离开本乡镇 6 个月及以上的农村劳动力）为 1.63 亿，其中约 1.3 亿属于住户仍在农村的外出家庭成员，他们无暇从事农业生产，但其他家庭成员仍然居住在农村，并不会放弃承包地和宅基地。此外，还有 3 375 万举家外迁的农村人口，已经完全脱离了农村生活和生产活动。但是，他们名下的承包地和宅基地使用权，在很多情况下也没有被放弃。有些人在把承包土地转包他人耕种的情况下，享受政府给予的粮食补贴。

由此可见，在务农劳动力大幅度减少的同时，农业经营户总数，即或者全业或者兼业或者仍然实际拥有承包土地经营权的农户数量，并没有实质性减少。这导致农业经营规模不能随着农业就业比重的下降而相应扩大，妨碍了农业劳动生产率的提高。

作为 20 世纪 80 年代初家庭联产承包责任制的一个结果，中国农业土地的分布具有零散、细碎、经营规模小的特点。在劳动力总数减少的情况下，如果未能根本改变这种土地经营状况，不仅不利于机械化耕作，土地边界和田埂还浪费土地。此外，较小的经营规模，更妨碍生产者对价格激励做出积极的反应，不利于形成专业化和职业化经营。一旦土地通过集中形成了一定的规模经营，就会形成条状的田垄，较少但更有效率的沟渠，并且更少地占用房屋。没有得到集中的土地则是典型的分散耕种和小规模经营。撇开经济学关于规模经济的道理和其他因素不说，仅仅房屋、田界、沟渠对耕地的占用，就足够显示其较低的生产效率。

实际上，在刘易斯转折点之后，农业剩余劳动力仍然存在，其向非农产业的转移并不应该有丝毫减慢。例如，我们收集相关数据可见，日本在1960年农业劳动力比重为30.2%的时候到达了刘易斯转折点，随后的20年里，农业劳动力比重继续下降了近20个百分点，即每年下降1个百分点。韩国在1972年农业劳动力比重为50.5%的时候到达了刘易斯转折点，随后的20年里，农业劳动力比重下降了36.4个百分点，每年下降1.8个百分点（见图7–5）。

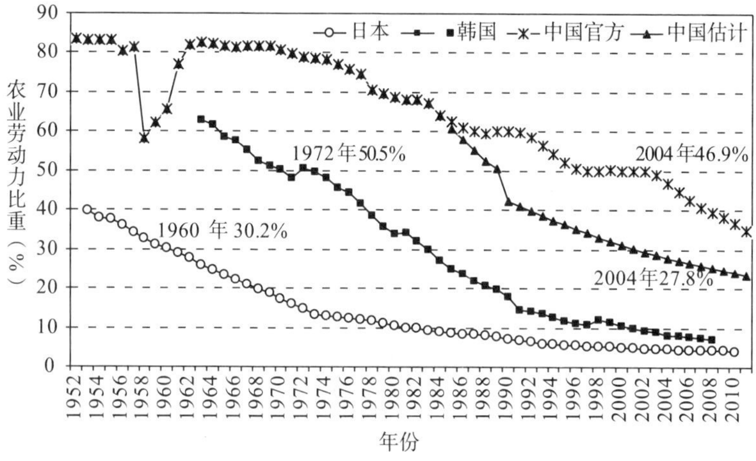


**图7–5　中国、日本和韩国农业劳动力比重变化**

中国在2004年到达刘易斯转折点时，官方统计的农业劳动力比重为46.9%，学者估算的数字为28.6%。今后即使按照日本相对慢的速度，即从2004年之后的20年里，中国农业劳动力比重每年下降1个百分点，按照官方数字口径，在2024年应该下降到26.9%，按照学者估算的口径则应该下降到只有 7.8%。换句话说，未来农业劳动力的转移丝毫不应该慢于过去的速度。

与中国经济发展宏伟目标相关的一个比较，也要求中国在今后继续保持农业劳动力的转移速度。2012 年，中国人均 GDP 超过了 6 000 美元，属于中等偏上收入国家。在未来 10 年或者更长的时间里，是中国从中等偏上收入国家迈向高收入国家行列的关键时期。在此期间，与人均 GDP 在 6 000—12 000 美元的中等收入国家相比，中国农业劳动力继续转移的潜力仍然是巨大的。2011 年，处在这个发展阶段上的几个国家，平均的农业劳动力比重为 14.2%，比中国学者估计的低 7 个百分点，更比统计年鉴数字低 20 个百分点。这意味着在今后 10 年乃至 20 年，从现有的农业劳动力存量出发，每年需要减少数百万农业劳动力，即每年需要降低 1 个百分点左右。

此外，中国 15—59 岁劳动年龄人口已经开始显著减少。根据第六次人口普查数据预测，在 2010—2020 年，这个年龄组人口每年平均将减少近 300 万。这意味着，在尚不具备大规模用机器替代劳动力的情况下，劳动力短缺现象将继续加剧。因此，经济增长对劳动力的强烈需求，也要求农业劳动力保持一定的转移速度。例如，根据测算，2007—2011 年，非农部门的平均就业弹性为 0.27，即非农部门的 GDP 每增长 1 个百分点，就业增加 0.27 个百分点。根据 2020 年之前的 GDP 潜在增长率预测，每年经济增长仍将创造出 900 万就业岗位。由于新增劳动力不能满足岗位需求，包括农业劳动力转移在内的各种提高劳动参与率的方法是唯一的出路。

据此，我们认为在 2020 年全面建成小康社会之时，农业劳动力比重应该下降到相同人均收入国家的平均水平，即 14% 左右。在

2012 年（20% 左右）的基础上，每年下降 0.75 个百分点。与此同时，在 2012 年城市化率达到 52.6% 的基础上，每年提高 0.9 个百分点，于 2020 年达到 60%（见图 7–6）。值得指出的是，城市化速度适当放慢并不与劳动力转移的要求相互矛盾，因为加速户籍制度改革可以在按照常住人口口径统计的城市化速度减缓的同时，通过农民工的市民化达到提高劳动参与率的效果。

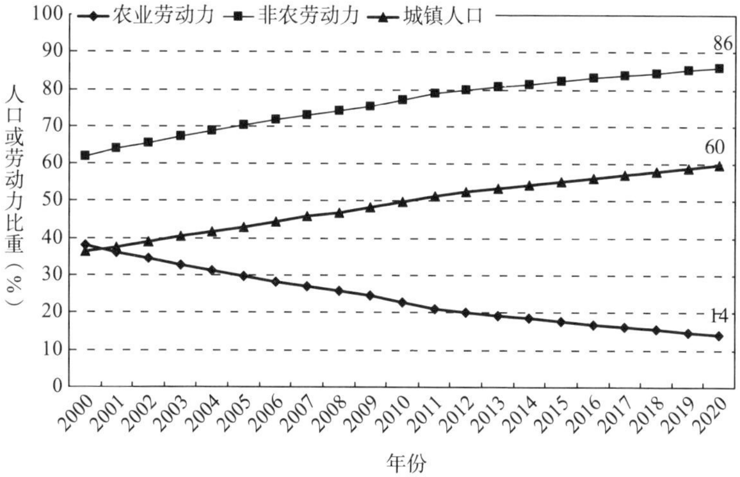


图 7–6　2020 年的劳动力分布和城市化预测

# 第八章
# 中国的第二次人口红利

本章探讨的是进入刘易斯转折区间的中国经济能否通过改革再次获得人口红利。既然中国人口转变结果的特殊性被概括为“未富先老”，也就意味着与其他国家相比，中国在应对老龄化上面，面临更多、更大、更不同寻常的挑战。这类挑战可以分别从人口红利的过早消失、第二次人口红利开发面临的困难，以及养老资源不足、人力资本挑战等几个方面进行考察。

## 中国转折点特殊吗

我们先来看“未富先老”与人口红利消失的关系。这部分内容我们在前面的章节已经论述了，在这里再次加以强调。人口抚养比可以作为人口红利的代理变量。实际上，人口老龄化也可以用人口抚养比来反映。根据联合国的人口数据，我们计算中国的人口抚养比变化动态，与日本、韩国和印度做一下比较（见图 8–1），恰好可以从另一个侧面展示中国“未富先老”的特征。

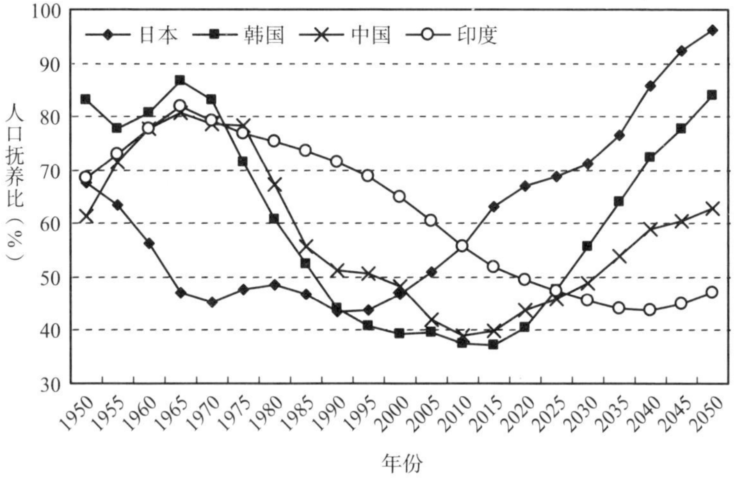


**图 8–1　人口抚养比转折点的国际比较**

我们先来与作为先发国家的日本和韩国进行比较。日本的人口抚养比在 1970 年降到最低点的，但是这个低抚养比持续了 20 余年，直到 20 世纪 90 年代才迅速提高。相对而言，不仅日本的人口转变远远早于中国，而且在人口红利消失时，其经济发展水平更是远远高于中国。值得注意的是，日本是一个典型的在人口红利消失之后，经济增长陷入停滞的例子。不过，日本的经济停滞是在成为世界上最富裕国家之一以后才发生的，没有形成中国这样的“未富先老”的情形。作为高收入国家，韩国人口抚养比的下降开始得早，下降过程的持续时间长，并且在低点上保持了较长时间，预计在与中国相同的时间点（2015 年）开始，转而迅速提高。

这里，有必要结合中国与日本、韩国的比较，讨论一下刘易斯转折点与人口红利消失点之间的关系。在我于 21 世纪第一个十年的时候，提出中国到达刘易斯转折点这个判断后，日本著名的发展经济学家南亮进（Ryoshin Minami）十分兴奋。因为当年日本到达类似转折点时，刘易斯发展经济学理论已经不再时兴，因此正是他本人的惨淡经营，独自支撑了关于日本经济转折点的研究。所以，看到我的研究后，南亮进教授专门为我在日本组织了多次演讲，并邀请曾经或者正在经历刘易斯转折点的国家和地区的学者，进行比较研究，使我得以对东亚其他经济体的经验有所了解。

根据南亮进的判断，日本经过刘易斯转折点的时间大约是在20世纪60年代初。如果以人口抚养比开始提高的年份作为人口红利消失的转折点，日本到达这个转折点的时间为1990年，两个具有转折意义的时间点之间相隔30年左右。韩国学者白沐凯（Moo-ki Bai）的研究则表明，韩国在20世纪70年代初经过刘易斯转折点，而以人口抚养比提高为标志的人口红利消失点则在2015年前后达到，其间相隔40余年。如果以2004年作为中国的刘易斯转折点，2015年人口抚养比提高的年份作为人口红利消失点，其间仅仅相隔11年。

为什么中国两个转折点之间的时间间隔大大短于日本和韩国呢？一般认为，中国在改革开放以来，特别是21世纪初加入世界贸易组织以来，农村剩余劳动力转移的速度，可以与20世纪60年代的日本和70年代的韩国相媲美。固然，三个国家在各自的二元经济发展过程中，成功地实现了劳动力的重新配置，完成了斯坦福大学已故教授青木昌彦所划分的东亚式经济发展5个阶段（分别为马尔萨斯式的贫困陷阱阶段或M阶段，政府主导经济发展阶段或G阶段，库兹涅茨式通过结构变迁实现发展的K阶段，依靠人力资本发展的H阶段，后人口红利阶段或PD阶段）中的K阶段任务。但是，中国与这两个国家相比，农业剩余劳动力的转移过程仍然有很大的不同。我们可以从两个方面理解中国的这种特殊性。

首先，直到20世纪80年代初改革开放之初，中国的工业化进程始终没有伴随农业剩余劳动力的转移而发展，而是通过人民公社、农产品统购统销和户籍制度三驾马车，把农村劳动力束缚在农业中，导致农业的边际劳动生产力十分低下，并形成了典型的非农产业劳动力无限供给特征。可见，如果以20世纪50年代末作为中国工业化的起步时间，而以80年代初作为农业剩余劳动力开始转移的时间，劳动力转移的起步大约比工业化滞后20余年。

其次，在20世纪80年代初以来的整个改革开放期间，中国阻碍农村劳动力转移的制度障碍并非一下子就消失了，而是通过长期的渐进式增量改革，不断地得到清除，而且迄今为止以户籍制度为核心的一系列制度因素，仍然发挥着对于劳动力流动的阻碍作用。可以认为，这些制度性障碍的存在，至少可以产生延缓农业劳动力转移10年的效果。

与此同时，中国的人口转变却大大快于日本、韩国及许多以人口转变速度快著称的东亚经济体。数据表明，如果说日本和韩国的两个转折点之间的时间关系，主要是由劳动力转移速度或需求方因素决定的，中国则更多地受到人口转变速度或供给方因素的影响。很显然，在转折点上的这个特殊性，给中国应对挑战带来更大的难度。

我们可以通过观察日本、韩国和中国在刘易斯转折点上的农业劳动力比重，进一步认识中国“未富先老”特征导致的经济发展阶段特点。在以产业结构变化为主要经济增长推动力的发展阶段（K

阶段），农业劳动力占全部劳动力的比重是发展成就的一个重要表征。然而，在大趋势之内，劳动力转移又因受到各种因素的影响而在国家之间产生差异。

从历史经验可以看到，由于中国特有的一系列制度因素，使得农业剩余劳动力转移受到阻碍，在刘易斯转折点上的农业劳动力比重明显高于日本类似发展阶段的水平。例如，1960 年日本的该比重为 30%，而按照国家统计局的数据，2004 年中国的该比重高达 47%。即使按照调整过的数据，这个比重为 35%，仍高于日本的水平。另外，由于中国的人口转变速度更快，预计与韩国在同一时间完成抚养比从下降到上升的转变，所以中国在刘易斯转折点上的农业劳动力比重明显低于韩国。

进一步，我们与经济发展水平低于中国的印度进行比较。印度人口抚养比开始下降的年份与其他亚洲国家大体相当，但是，下降的速度相对缓慢，预计在 2040 年前后才从下降趋势转而上升。在此之前，印度将长期处于人口红利期，比中国的人口红利期长大约 25 年。因此，在中国人口红利消失，进而劳动密集型产业的比较优势消失的情况下，印度是潜在的比较优势接续国家。实际上，印度不是唯一的类似国家。亚洲的越南和世界范围内的许多发展中国家，例如高盛集团所谓的“新钻 11 国”，都在相关产业上与中国具有一定的竞争关系。

## 第二次人口红利

如果遵循以往关于人口红利的定义，即劳动年龄人口持续增长、比重不断提高从而保证劳动力充分供给和高储蓄率，人口抚养比预计在 2015 年停止下降进而提高，意味着人口红利消失。但是，也有如美国人口经济学家李和梅森（Ronald Lea and Andrew nason）的研究指出，在人口结构趋于老龄化的情况下，个人和家庭的未雨绸缪可以产生一个新的储蓄动机，形成一个新的储蓄来源，其在国内、国际金融市场上的投资还可以获得收益。这被称为区别于前述意义上人口红利的“第二次人口红利”①。不过，如果仅仅从老龄化时期储蓄动机角度来观察，尚不能形成在推动经济增长的作用程度上，堪与第一次人口红利相提并论的第二次人口红利。

在分析人口老龄化的原因时，人们通常着眼于观察人口转变从最初的少年儿童人口减少阶段，进入到相继而来的劳动年龄人口减少阶段，从而老年人口占全部人口比重提高这样一个事实，但是，往往忽略由于寿命延长带来的人口预期寿命提高在其中起的作用。我们设想，即使人口年龄结构不发生在少儿年龄组、劳动年龄组和老年组之间的消长，如果老年人活得更长，按照定义的老年人在全部人口中的比重这个指标来观察的老龄化程度也会提高。在健康寿命延长的条件下，老年人不啻宝贵的人力资源，既作为数量意义上的劳动力，也承载着丰富的人力资本，因此，第二次人口红利也只有从劳动力供给和人力资本积累的角度来观察，才具有显著的意义。

此外，在一个国家的人口总量十分庞大的前提下，即使平均

---

① Ronald Lee and Andrew Mason, What is the Demographic Dividend? *Finance and Development*, Volume 43, Number 3, 2006.

受教育水平尚处相对低的阶段，由于其具有较高人力资本的人口总量也是巨大的，在产生创意与发明创造的概率相同的情况下，创意和创新的总量也大，这会对该国的经济增长产生正面影响。在这方面，无论是经济学家、经济史学者，还是经济增长理论家，都分别提供了理论依据和经验证据。因此，随着有利于释放这种创新能力的制度条件的不断完善，即使传统意义上的人口红利消失，也可以迎来第二次人口红利。这个结论对中国无疑具有特殊的现实意义。

值得注意的是，人口红利的利用是有条件的，特别需要一系列制度条件。已有的众多文献表明，对于发展中国家来说，实现赶超发达国家的关键在于以比后者更快的速度实现增长，从而形成一个趋同的结果。新古典增长理论的研究成果表明，这个趋同是条件趋同，即只有满足一系列物质和制度的条件，发展中国家诸种潜在的因素才能成为现实的经济增长源泉，从而实现更快的经济增长[①]。中国人口抚养比下降开始于 20 世纪 60 年代中期，但只有改革开放才创造了利用第一次人口红利的条件。按照定义来看，第二次人口红利的条件要求更高，涉及教育制度、就业制度、户籍制度和养老保障制度的改革，以及资本市场的发育。

其实，人口红利这个概念，归根结底是经济学家在研究活动中人为制造出来的，无非是赋予经济增长一个人口学视角。而且，从经济学意义上看，这只是一个局部性视角。例如，当经济学家尝试把人口红利作为经济增长的一个解释变量时（如以人口抚养比作为

① X. X. Sala-i-Martin, The Classical Approach to Convergence Analysis, *The Economic Journal*, 106 (July), 1996), pp. 1019-1036.

代理），事实上，资本投入、劳动投入、人力资本积累以及全要素生产率等其他变量，也都与人口因素相关。换句话说，第一次人口红利只是起到了一种允许经济增长在一定时期内较多地依靠生产要素投入的作用。

至于第二次人口红利，除了同样会产生有利于生产要素投入的数量扩张效果，如对于保持经济增长所必要的储蓄率和劳动力供给的效果之外，更重要的意义在于更具有可持续性的经济增长源泉的开发，即通过人力资本积累、技术进步和体制改革，实现在后人口红利发展阶段上的全要素生产率的改进。

对于不同的国家来说，第一次人口红利出现的时间有早有晚，因而去的也有先有后，在许多发达国家的早期发展中甚至看不到明显的人口红利效应。因此，虽然中国的确享受了人口红利对经济增长的贡献，实际上并不存在相对于其他国家而言，随着人口老龄化的到来有特别的人口负债这个问题。只是在第一次人口红利消失与第二次人口红利的获得之间，需要避免出现一个人口红利的真空时期。而"未富先老"的特点，的确在两次人口红利的良好衔接上，给中国带来特殊的困难。如果通过在创造第二次人口红利条件的同时延长第一次人口红利做到这一点，中国就可以避免人口老龄化对经济增长产生的负面影响，保持经济增长的可持续性。

20 世纪 90 年代以来，关于人口转变与经济增长关系的研究有了一个明显突破。此前，这个领域的研究长期集中在观察人口规模或人口增长率与经济增长绩效之间的关系，得出的结论并不确定，即正面或负面关系的证据都存在。然而，当研究的重心转移到观察人口年龄结构与经济增长绩效关系上来之后，人们发现，劳动年龄人口持续增长，比重不断提高这样一种生产性人口结构，可以通过保证劳动力的充足供给和储蓄率的提高，为经济增长提供一个额外的源泉，或人口红利。例如，美国经济学家威廉姆森在解释20世纪60年代以后日本和“亚洲四小龙”等国家和地区创造的“东亚奇迹”，以及西方经济史上新大陆经济超过旧大陆经济增长的部分时，发现人口年龄结构的改善带来的人口抚养比下降，做出了很大的贡献，可以解释超出稳态增长率部分的25%—100%[①]。

与此同时，关于人口红利在一些国家和地区的存在，也回应了主流经济学家对“东亚奇迹”的质疑。从新古典增长理论出发，可以把劳动力短缺导致的资本报酬递减作为前提假设。因此，如果没有观察到全要素生产率这个指标的改进，任何经济增长表现都被判断为是不可持续的。例如，艾尔文·扬和刘遵义等人做了一系列计量研究，说明“亚洲四小龙”在高速增长时期，全要素生产率的表现并不突出，而经济增长主要是生产要素的贡献。保罗·克鲁格曼则在《外交》杂志引用这些成果，质疑所谓的“东亚奇迹”，并断定其增长不可持续。然而，在劳动力无限供给的经济发展中，在剩余劳动力被全部吸纳之前，由于存在人口红利，资本报酬递减现象可能不会发生。也就是说，在其他体制环境得到保障的条件下，主要依靠资本和劳动投入的增长这种增长方式，在二元经济式的经济发展过程中具有可持续性。这种异于新古典增长理论圭臬的增长类型的有效性，在东亚的高速经济发展中得到印证（例如威廉姆森和

① Jeffrey Williamson, Growth, Distribution and Demography: Some Lessons from History, *NBER Working Paper*, No.6244, 1997.

巴格瓦蒂在20世纪90年代分别做的研究)。可见，人口红利的观察与解释，在经济增长理论中具有重要的意义。

中国在改革开放时期实现的高速经济增长，同样有其人口因素的作用，即在改革期间，人口政策、经济增长和社会变迁共同推动了人口转变过程，人口结构呈现出劳动年龄人口数量多、增速快和比重大的特点，形成有利的人口结构和潜在的人口红利。这种潜在的人口红利，在改革开放创造了日益符合市场经济制度环境的前提下，通过二元经济式的发展过程，参与经济全球化而得以实现。我和同事对中国改革开放期间经济增长的研究表明，中国总抚养比每降低1个百分点，经济增长速度就会提高0.115个百分点。1982—2000年，总抚养比下降推动人均GDP增长速度上升2.3个百分点，大约对同期人均GDP增长贡献了1/4。

既然人口红利的源泉是人口转变特定阶段产生的年龄结构优势，随着人口转变阶段的变化，这个人口年龄结构自然会发生变化，即从劳动年龄人口占优势的人口结构，转变为老年型人口结构。事实上，15—64岁劳动年龄人口从20世纪60年代的高速增长，进入90年代的相对缓慢增长，预计在2015年前后停止增长。与此同时，65岁及以上人口占全部人口的比重在2000年已经接近7%，预计在2015年会达到9.6%。相应地，人口抚养比届时抵达由下降到上升的转折点。

在此，我们不妨探讨与获得第一次人口红利具有同等意义的第二次人口红利，也从劳动力供给和储蓄率两个角度着眼。

## 巨大潜力：储蓄率与养老体制

从一个人的生命周期来看，在进入劳动年龄之前属于少年儿童依赖型人口，进入劳动年龄之后，通过就业成为生产性人口，随着年龄增加退出劳动力市场之后，通常便成为老年依赖型人口。与此相应，人们通过就业赚取劳动收入的时间主要集中在20—65岁，即因为接受教育时间延长，真正就业的时间要比通常所说的劳动年龄延后四五年。另外，无论一个人是否具劳动收入，他的消费却是一生的。这样，就形成了个人劳动收入和消费的生命周期特点，即一生保持相对稳定不变的消费，而劳动收入从接近20岁才开始出现，随后迅速提高并于25—45岁稳定在高水平上，以后则逐渐下降，到65岁左右时便消失。

由于这种劳动收入与消费时期上的不完全对应性质，个人、家庭乃至社会都要进行储蓄，以时期上不均匀的收入对一生相对不变的消费进行平滑。因此，按照第一次人口红利的定义，劳动年龄人口规模越大、占全部人口的比重越高，则潜在的储蓄能力越强，在其他条件不变的情况下，则会催生高储蓄率。然而，如果把这个逻辑推下去，当劳动年龄人口增长率减缓乃至绝对数量下降，老龄化程度提高的阶段到来的时候，则会出现储蓄率下降的情形。不过，正如学者李和梅森分析指出的那样，在老龄化的条件下，储蓄动机以及为未来进行储蓄的保值和增值都仍然可行，而是否能够成为现实则取决于相应的制度条件，特别是养老保障制度的性质。也就是说，现收现付的养老保障制度，由于使未来被供养人口无须依赖自己的养老资金积累，因此他们进行储蓄的动机不能被激发出来。

自中国接受基本养老保险社会统筹与个人账户相结合的双支柱模式之后，两个账户长期实行混账管理。在存在大规模历史欠账的情况下，个人账户被作为统筹基金支出，形成空账运行。

虽然伴随着试点省份的增加，基本养老保险基金的收支余额或个人账户积累有所扩大，但是，由于缴费率的逐渐降低以及大量省份尚未启动这一改革，总的积累水平十分有限。郑秉文的研究发现，2011 年个人账户累计积累了 2 703 亿元，与记账额数目 2.09 万亿元相比，尚有约 1.82 万亿元的缺口[①]。从国家统计局的数据看，2011 年基本养老保险基金的累计结余已经达到 1.3 万亿元，2015 年更高达 3.5 万亿元。但是，其不能转化来填补个人账户的空账，因为基础养老金尚未全国统筹，这些结余高度集中在少数几个劳动力流入省份。2012 年，7 个省拥有 55.9% 的养老保险基金结余，广东省就拥有全国养老基金的 16.2%。事实上，许多沿海发达地区的城市，养老金发放靠的就是农民工的贡献，而农民工则由于其高度流动性，只做贡献而并不领取养老金。

现收现付制是建立在劳动年龄人口规模大、比重高，并且人口抚养比低的基础之上的。如果上述条件发生变化，则要求有更高的劳动生产率来支撑，否则这个制度就是不可持续的。一般认为，由于预期寿命提高和生育率下降，供养人口与依赖人口的比例发生变化，现收现付制度不可避免地面临下列三种调整，或者三者之间的某种组合，以求解决养老保险资金不足的问题：一是提高税收或强制缴费水平；二是降低养老金给付水平；三是提高领取养老金的年

① 郑秉文 . 中国养老金发展报告 2012[M]. 北京：经济管理出版社，2012：2.

龄要求。

如果及早进行个人账户积累，那么可以解决这些问题。若干年前，我和同事的模拟研究表明，如果把现行的现收现付养老保障制度变为完全积累的个人账户制度，就意味着到2020年，有相当一批退休人员可以不依靠或不完全依靠现收现付制度来养老，从而可以大幅度降低社会养老的负担率。与此同时，还需要建立起更具有普惠性质的养老保险项目，确保每一个老人，无论就业性质或者就业与否，都能够确保获得覆盖。这样，具有完全积累性质的养老保障制度就可以成为一种积累动机和积累来源。

## 提高人力资本，保持比较优势

虽然人们讨论的人口红利概念是指富有生产性的人口结构，对储蓄率和劳动力供给这两个经济增长条件产生的正面影响，但是，劳动力供给中实际包含人力资本因素。如前所述，在人口老龄化过程中，仍然可以通过劳动力市场制度的安排，扩大劳动年龄人口规模，从而保持充裕的劳动力供给。此外，在深化教育的前提下，人口年龄结构的变化并非要对人力资本积累产生负面影响。相反，人口结构变化还创造了一些新的条件，有利于扩大和深化教育，这可以被看作从人力资本方面创造经济增长新源泉的第二次人口红利。

人口转变引起的年龄结构变化，表现为接受基础教育的人口（5—14岁的少年儿童人口）的规模及其占总人口的比例呈下降趋势。与这个下降趋势相对应的则是劳动年龄人口相对滞后的变化轨迹，即后者呈现先上升随后稳定继而下降的预期变化。这两个年龄组人口的变化关系，会使劳动年龄人口供养在学年龄人口的数量出现减少。

这个现象的经济含义则是，教育资源的制约会随着人口结构的变化有较明显的缓解，从而国家、社会和家庭可以把更多的资源用于进一步扩大和深化教育。在5—14岁年龄组在学人口与15—59岁年龄组劳动人口之比（在学人口供养率）趋于降低的情形下，可以有条件把在学年龄提高到5—19岁年龄组，其与20—59岁年龄组劳动人口之比同时下降，从而不会遇到严重的资源制约。在目前义务教育普及率已经很高的情况下更是如此，如果在未来能够提高实际退休年龄，资源约束则会进一步减少。

在改革开放的30多年中，中国的教育水平得到大幅度提高，在义务教育基本实现普及的同时，高等教育和职业教育也有长足的发展。但是，中国教育发展程度与发达国家相比仍然存在较大的差距。国内在地区之间和城乡之间，教育发展差距也是巨大的。例如，发达国家的在学率一般在18岁以前都基本保持在100%，与此相比，中国的在学率水平从12岁就开始陡然下降。当观察城乡之间的教育水平差异时，也可以看到几乎相同的变化轨迹。这一方面固然是劳动生产率提高的制约因素，另一方面也是今后通过深化教育达到提高劳动生产率目的的巨大潜力。

劳动力无限供给这个二元经济基本性质的改变，以及改革开放时期中国经济发展充分享受的人口红利逐渐消失，并非仅仅从劳动力供给制约的意义上负面影响经济增长速度，还表现为劳动力素质（人力资本）改善的速度减慢、资本回报率下降、全要素生产率增长减速等降低潜在增长率的效果。实际上，工资水平的提高并不必然意味着比较优势和竞争力的降低。影响比较优势和竞争力的因素是单位劳动成本，即工资与劳动生产率的比率。一个直接的关系是，GDP 增长在多大程度上受劳动力数量增长的制约，其实取决于劳动生产率的提高速度。换句话说，即使劳动力数量不再增长，如果劳动生产率提高的速度能够抵消劳动力短缺和成本提高的影响，比较优势尚可保持，那么经济增长仍然能够维持期望的速度。

劳动生产率的提高有三个主要来源。第一，资本劳动比的提高。随着劳动力成本的提高，资本替代劳动或机器替代人必然发生。但是，这种替代因受到资本报酬递减规律的制约，不可能一蹴而就。如果劳动者素质不能适应操控机器的要求，那么资本替代劳动则得不偿失。第二，人力资本的改善。操作工人素质的提升以及工程师比重的提高，是较少数量的劳动者操作更多机器设备的必要条件，因此，如果缺乏具备更高技能，技能更新能力和创造力更高的劳动者，资本替代劳动的过程就难以达到预期效果。第三，全要素生产率的提高。通过应用新技术、推动创新和改善资源配置，使全要素生产率提高，是劳动生产率最根本、可持续的源泉，涉及创造竞争环境等体制改革。

我和同事在分析 1978—2010 年中国 GDP 增长的影响因素时发现，物质资本积累的贡献为 73.7%，劳动力数量为 7.1%，工人的受教育水平（人力资本）为 4.2%，人口抚养比为 6.7%，全要素生产率为 15%。从这个结果看，人力资本贡献似乎并不像想象的那么大。其实，其他旨在解释中国经济增长因素的研究也显示了类似的结果，对此有两点需要特别说明。

其一，前引估算没有把教育质量考虑在内，因而低估了教育对经济增长的贡献率。经济学家马纽利等人最新的研究表明，一旦把教育的质量考虑在内，人力资本便可以成为一个更加完整且充分的解释变量，其产生的促进经济增长的作用，从统计结果上看则大幅度提高，甚至比生产率提高的贡献还大。

其二，人力资本对经济增长的贡献将越来越重要。在上述分解的经济增长因素中，随着人口老龄化导致的储蓄率下降以及资本边际报酬率下降，物质资本积累的贡献将日益式微，而人口转变趋势必然使劳动力数量和人口抚养比的贡献成为负数，唯一可持续且必须仰仗的增长源泉，则是人力资本积累和全要素生产率的提高。

例如，加拿大学者约翰·沃利等人估计的人力资本贡献率就要高得多。他们采用新古典式的增长账户方法估计的结果表明，1978—2008 年，在物质资本存量，劳动力，用受教育年限衡量的人力资本存量和全要素生产率诸因素中，人力资本贡献率为 11.7%。在考虑了不同教育水平具有的不同生产率的情况下，他们估计的人力资本贡献率提高到 38%。约翰·沃利等以及其他学者的研究还指出，人力资本积累不仅对中国的经济增长发挥了重要作用，而且对全要素生产率的不良表现具有抵消效果。

人口红利消失的一个被忽略的表现，是人力资本改善的速度明显减慢。中国作为一个人口转变和经济社会发展进程都显现超常规跨越的国家，人力资本存量的改善主要依靠新成长劳动力的不断进入。在改革开放时期分别经历了普及九年制义务教育和高等学校扩大招生这样的超常规教育发展的情况下，新成长劳动力以其更高的受教育年限显著地改善了劳动力整体的人力资本。然而，随着新成长劳动力数量变成负增长，人力资本改善的速度必然会放慢。

把各级各类教育阶段的辍学和毕业未升学人数进行加总，其实就是所谓的新成长劳动力。根据人口预测数据，这个人口群体从2014年开始负增长，如果教育发展状况没有明显的变化，按照趋势，新成长劳动力的平均受教育年限的增长速度也将陷入徘徊，甚至在2019年之后形成负增长。相应地，每年新增人力资本总量（新成长劳动力数量乘以这个群体的平均受教育年限）将呈现负增长趋势，总规模迅速缩小（见图8–2）。

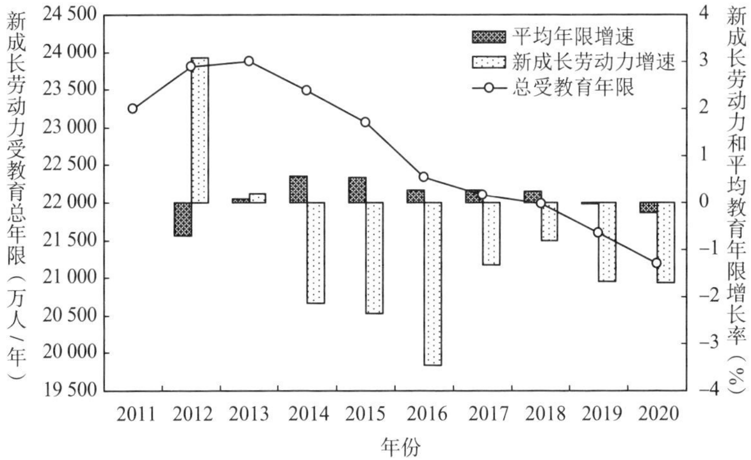


**图8–2　新成长劳动力和人力资本增量**

中国经济并没有因为在2004年遭遇劳动力短缺，从而在到达刘易斯转折点之际立即减速，主要有两个原因。首先，在劳动力短缺出现，特别是2010年之后15—59岁的劳动年龄人口负增长的情况下，由于劳动参与率略有提高，经济活动人口仍然保持一定的增长。人口预测表明，直到2017年，经济活动人口才达到峰值，此后进入负增长。其次，在一段时期内，劳动生产率的提高速度仍然快于工资上涨速度，并且后者带有补偿历史欠债的性质，因此，单位劳动成本没有明显提高。

然而，进入21世纪第二个十年后，劳动生产率提高的速度明显降低。根据世界大型企业联合会（The Conference Board）最新的数据，中国劳动生产率的平均增长率，从2007—2012年的9.5%，下降到2012年和2013年的7.3%以及2014年的7%。劳动生产率提高滞后于工资上涨的新趋势，导致单位劳动成本上升。都阳的估算表明，由于工资的上涨速度快于劳动生产率的提高，中国制造业的单位劳动力成本自2004年开始即呈提高趋势，2004—2012年提高了40%。

虽然我并不认为中国经济减速是金融危机后全球经济处于“新平庸”态势下的需求因素所致，但是在特定时期疲弱的外需，的确为发展阶段变化导致减速的必然性追加了额外的紧迫性。以劳动密集型产品的比较优势变化为例，虽然劳动力短缺并且工资成本高企降低了这类产业的比较优势和国际竞争力，然而，由于潜在的国际竞争者（如具有人口年龄结构优势的发展中国家）短期内难以在劳动者素质方面与中国工人相匹敌，也无法形成足够的供给规模替代“中国制造”，因此，中国产品的比较优势本来可以在一定时期内得以保持，减速本可以逐渐发生。金融危机及其复苏乏力使得这个“缓冲期”大大缩短，加快减速的现实使结构调整的要求更加时不我待。

# 第三篇

# 跨过陷阱

本篇讨论的是如何避免中国经济跌入中等收入陷阱。目前，中国已进入中等偏上收入发展阶段。这一发展阶段已越过刘易斯转折点，人口红利逐渐消失，经济持续减速。正如世界银行等组织提醒的那样，很多国家在进入中等偏上收入发展阶段后，经济没能保持继续增长，最终没能实现成为高收入国家的跨越，跌入了中等收入陷阱。如何看待中国的经济减速？什么是中等收入陷阱？如何避免中等收入陷阱？此外，如何处理中国高速发展阶段累积的严重的收入差距问题也是本篇的重点内容。

# 第九章 中国必须通过的减速关

中国要经过一个减速关，看上去似乎不那么乐观。因此，本章的任务是，介绍中国为什么会减速，以及为什么说减速是一个重要的关口。我们应该人为把经济增长速度刺激起来，还是应该正视减速趋势并坦然接受它，同时考虑采取什么样的政策来应对？这不仅是本章试图回答的问题，也是经济学家、决策者和社会公众关心的问题。所以，对于政策制定来说，当前的确是一个“差之毫厘、失之千里”的时刻。答案应该建立在科学分析的基础上，不能人云亦云，也不能拍脑袋、想当然。

## “狼来了”并不可怕

党的十八大提出，在2010年的基础上，到2020年GDP翻一番。党的十七大提出，在2000年的基础上，到2020年人均GDP翻两番。前十年我们已经超额完成了任务目标。现在还剩下的时间，如果再强调人均GDP翻番，就意味着要求更高的发展速度。因此，再次提出 GDP 翻一番。在 2010 的基础上，我们在 2011 年增长了 9.2%，2012 年增长 7.8%。往后看，其实不需要 7% 的年均 GDP 增长速度就可以翻番。这个目标是很宏伟的，并不要求很高的经济增长速度，这意味着我们可能留出余地来加快转变经济发展方式。过去 30 余年，我们一直以接近 10% 的速度增长，“十一五”期间的增长速度更是高达 11.2%。所以大家感觉如果增长速度降到 10%，甚至到 8% 以下，显然就是减速了。

自 2012 年中国经济增长速度降到 7.7% 以来，大家听到的都是经济增长速度在下降。国际上也总有人在唱衰中国，不断讲“中国崩溃论”。国内也有很多人经常在担心这一问题。以前喊了很多次“狼来了”，狼一直都没有来，但是,2012 年 GDP 增长率降到了 8% 以下，狼好像真的来了。从 2006 年到现在，即使经历了金融危机，GDP 增长速度从来没有跌到这个水平。看上去终于被说中了，中国经济要减速了，那些喊“狼来了”的“孩子”顿时欢欣鼓舞。但是，从以前人们担心的问题看，狼来了以后好像也没那么可怕。

中国政府一直坚持增长速度不能跌到 8% 以下，即使遭受金融危机也要保 8%，因为担心不能满足就业的需要，没有足够的就业岗位，居民的收入就会下降，就会产生社会问题。然而，2012 年以后真的跌到了 8% 以下，我们看到劳动力市场却十分平静：新增就业超额完成年初确定的目标，城镇登记失业率保持在 4.1%，和以往相比没有什么变化。同时我们也看到，全国各个省、市、自治区继续纷纷提高最低工资标准，平均增幅很大。提工资意味着劳动力还是不足的，招工难胜过就业难。因此从劳动力市场状况看，形势并没有像以前认为的，降到 8% 以下我们就承受不起了。

我们可以利用公共就业服务机构的劳务市场上招工和找工作的数据，即用岗位数作分子，用找工作的人数作分母，得出的比值，即为求人倍率。很显然，如果比值大于1，就是岗位多于求职人数。如果小于1，很多人就找不到工作。其实，自2012年经济增长速度下行以来，求人倍率一直保持大于1，就是说岗位还是比想要找工作的人多。当然其中的结构是不一样的，比如大学生想找的工作就没有那么多。

为什么我们一直怕狼来了，但狼真的来了以后，却没有显示出它的凶恶本性？我们的就业并没有受冲击，这并不是说以前我们错了，而是说今天的劳动力市场格局跟过去不一样了。基本的原因就是，如果实际增长速度没有低于潜在增长率，就不会出现周期性失业，就不会冲击就业。潜在增长率，就是根据现有的生产要素（劳动力、资本、土地等）和全要素生产率提高水平决定的正常增长速度。潜在增长率有一个前提，即假设所有的生产要素充分就业。如果实际增长速度不低于潜在增长率，在这种情况下肯定是充分就业，甚至还可能出现招工难。2012年年初召开“两会”的时候，政府工作报告预计的GDP增长率是7.5%，最终实际增长率仍然高于目标值，也高于我们估算的“十二五”期间的潜在增长率7.2%，以及2012年的潜在增长率7.5%。很显然这些不会冲击劳动力市场。

再从更长期的因素来看，人们都在说，经济增长速度越快越好，没有人说越慢越好。其实，快当然好，但是不应该说越快越好。其实，经济增长速度并不是说谁越发达，谁的增长速度就越快。高速经济增长实际上是一种赶超现象，你落在别人后头，只有快于别人的增长速度才可能赶超别人。

图 9–1 是按照世界银行数据绘制的，最左边的柱形代表世界的平均增长速度，随后是几个代表性的发展中国家，它们的增长速度很快，大概都在 6%—8% 的水平上。接着是所谓的“金砖国家”（巴西、俄罗斯、印度和中国，英文首字母合写作 BRIC），总体上发展也是比较快的，其中有的更快一些，有的稍慢一些。之后是发达国家中经济比较健康的，像德国和美国。发达国家中比较差的日本和希腊都是负增长。正常和健康的国家也一定是最有竞争力的，我选了澳大利亚、奥地利和加拿大，它们是正的增长速度，但是慢于赶超国家。赶超国家处在比较低的发展水平，可能缺资本，技术差距大，但是，如果条件具备了，投资会增长，再多借鉴一些其他国家的技术，赶超速度就会快一些。实际上，越是发达的经济体越不可能实现超常的高速经济增长。

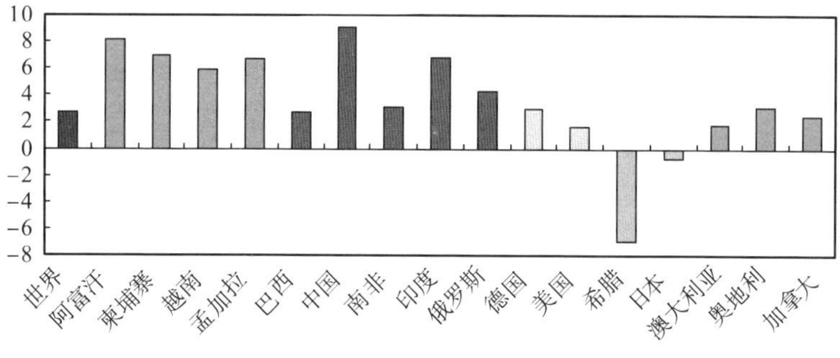


**图 9–1　高速增长是一种赶超现象**

为什么比较落后的经济体在赶超的过程中，可以实现更快的经济增长速度？一般来说，解释经济增长重要的一个因素是制度。一旦战乱、政治腐败或者实行高度集中的计划经济等这些因素都解决了，或者假如大家都在相同的背景下，其他条件不变，技术差距反而是一个“后发优势”。有没有人口红利也很重要。罗伯特·索洛是所谓的新古典增长理论的创始人，他假设劳动力是短缺的，不断投入其他要素比如资本，就会出现报酬递减现象，经济增长速度就不会太快。经济增长的源泉来自生产率提高和技术进步，或者说全要素生产率的提高。全要素生产率的表现超乎其他国家，经济增长速度就更快一些。

在这个假设之下，克鲁格曼在20世纪90年代就批评“亚洲四小龙”，认为这些国家和地区只有生产要素的投入，就是说只投入劳动和资本，但是没有技术进步，没有生产率的提高，特别是全要素生产率的表现不好。因此他预期这些国家和地区的经济增长是不可持续的，和苏联模式一样，最终都要停滞下来。虽然经历了东南亚金融危机，但是金融冲击并没有伤害这些国家和地区的长期增长，“亚洲四小龙”无一例外进入高收入国家和地区的行列。

克鲁格曼预测不准的原因在哪里呢？在于新古典增长理论中的一个根本缺陷，就是它没有看到在发展中国家和地区，特别是在当代的发展中国家和地区，存在人口红利，存在二元经济结构，劳动力不断从低生产率部门转移到高生产率部门，构成全要素生产率的重要组成部分，所以这些经济体可以不断地靠投入得以增长。可见，有没有人口红利决定了有没有赶超机会。中国经济的增长过程就是在改革开放的大背景之下，充分利用人口红利实现的。

与30多年前批评东亚模式相比，克鲁格曼教授现在懂得了二元经济发展过程中的剩余劳动力转移，可以延缓资本报酬递减现象的发生，所以中国经济实现了 30 多年的高速增长。然而，他继续充当唱衰中国的急先锋，他在《纽约时报》发表文章，宣称当中国经济迎来其刘易斯转折点，即剩余劳动力即将告罄时，如果不能实现再平衡，即显著提高消费在总需求因素中的构成比重，而是继续依靠过度投资，将会遭到严重的资本报酬递减。他冷冰冰地宣称，中国模式马上就要撞墙了，而且这个墙还不是普通的墙，而是中国自己的万里长城，他甚至很武断地宣称，中国终究不会做出必需的政策调整，隐含的意思不外乎中国经济撞墙是不可避免的[①]。

## 如何科学确定增长速度目标

在国民经济和社会发展年度计划与五年规划的制定中，GDP 的年度增长率或年均增长率是作为一项预期目标提出的。一般来说，确定增长率目标可以用三种理念和方法。

第一，经验式的方法，即根据过去多年和近年的情况，以及预计的当年国内外经济形势走向做出判断，是一种趋势外推法，带有一定“拍脑袋”的性质。

进一步延伸或精细化这种方法，就产生了第二种方法，即利用宏观经济计量模型，把过去的数据和可能发生的情况输入模型中进行模拟，得出对预测年份增长率的判断。这两种方法主要考虑短期需求的制约，依据的一个共同理念，即在现实约束的条件下，经济

① Krugman, Paul (2013) Hitting China’s Wall, *The New York Times*. July 18.

增长速度越快越好，也即着眼于超越预测目标。

第三，根据对潜在增长率的测算确定计划年份的增长速度，遵循的理念则是使实际增长率与潜在增长能力相适应。由于潜在增长率是由一定时期的生产要素供给能力和生产率提高速度决定的，所以按照潜在增长能力确定增长速度预期目标，就意味着它更是一个平衡、协调和可持续的增长速度，而不需要追求超越这个目标。并且，由于潜在增长率在一定时期是相对稳定的，会随着经济发展阶段的变化而变化，因此，这种测算可以从供给方反映经济发展阶段的变化趋势。例如，以劳动力短缺和工资上涨为表征的刘易斯转折点，以及以劳动年龄人口减少、人口抚养比提高为标志的人口红利消失，都可以反映在潜在增长率的下降趋势中。

在 2012 年之前，我国预期的经济增长目标，更多的是依据第一种和第二种方法制定的。虽然确定的增长速度并不太高，例如“十一五”期间为 7.5%，主要是为了“留有余地”，也为了防止地方之间的攀比。但是，终究还是希望增长速度越快越好。应该说，在当时的情况下，这种做法也是合理的。因为直到“十二五”期间开始之前，我国潜在增长率仍然稳定地处于很高的水平，可以也应该实现较高的实际增长速度。例如，根据我们的测算，1995—2010 年的潜在增长率为 10.3%。由于著名的“奥肯定律”表明，实际增长速度低于潜在增长率的部分，对应着一定幅度的周期性失业，因此，在潜在增长率仍然较高的时期，“保八”是必要的，否则会遭遇严重的就业冲击。

从“十二五”时期开始，由于 15—59 岁劳动年龄人口的绝对数量每年都在减少，人口红利逐渐消失，我国的潜在增长率大幅度下降。测算表明，“十二五”时期的潜在增长率为年均7.6%，“十三五”时期则会进一步下降为6.2%。因此，与此相适应的实际增长速度就是合适的，则不再需要“保八”，也不会出现严重的就业问题。实际上，近年来，中央政府没有寻求高于预期目标的增长速度，没有采取短期刺激政策，减少了政府对直接经济活动的过度干预，缓解了产能过剩的进一步加剧，避免了经济泡沫的形成，为改革创造了良好的宏观经济环境。因此，把经济增长速度预期目标的制定，建立在正确理解、判断和测算潜在增长率的基础上是十分重要的，应该坚持并逐步规范化和科学化。

在认识和实际测算潜在增长率的问题上，目前存在着一个必须澄清的误区。潜在增长率反映的是一个经济体由供给方因素所决定的中长期增长能力，与短期的需求变化没有关系。劳动力供给、储蓄率和全要素生产率是影响潜在增长率高低的重要因素，决定了经济增长合理的速度区间。而出口、投资和居民消费等需求因素，只决定一个经济体是否能够在合理的速度区间运行，不能改变这个区间。换句话说，需求方因素可以干扰实际增长率，使其高于或者低于潜在增长率，产生实际增长率与潜在增长率之间的差别，即所谓的“增长率缺口”，但不能改变潜在增长率。

所以，在潜在增长率既定的情况下，如果出现需求不足可能导致经济增长在其以下水平运行的危险时，运用宏观经济政策手段管理需求是必要的，而用刺激出口、投资和消费需求的政策，试图把实际增长率拉高到潜在增长率之上，则是不可取且十分危险的做法。日本在1990年失去人口红利之后，朝野上下的主流认识是需求不足导致增长乏力，所以多年实施带有刺激性的货币政策和财政政策，并且把这种政策倾向体现在产业政策和区域政策之中，造成泡沫经济、“僵尸企业”和“僵尸银行”，生产率提高速度缓慢，导致其“失去的二十年”。所谓的“安倍经济学”，由于没有摆脱这个政策误区，拉动需求的政策箭头可以在一时得以落实，但改变潜在增长率的改革措施迟迟不能到位，所以终究挽救不了日本经济。

用刺激需求的手段试图超越潜在增长率固然不可取，从供给的角度入手提高潜在增长率却是可行的，而且是势在必行的选择。在十八届三中全会部署的主要领域改革任务完成之前，仍然存在诸多制度性障碍，制约劳动力供给潜力的挖掘（如户籍制度）、投资效率的改进（投融资体制）和全要素生产率的提高（对中小企业与民营经济的歧视性待遇）。通过推进改革拆除这些制度障碍，可以立竿见影地提高潜在增长率，收获改革红利。通过生育政策调整把总和生育率提高接近 1.8 的水平，则可以在 2030 年之后显现效果，潜在增长率可以提高 10%—15%。

基于对未来潜在增长率的静态估算，即“十二五”平均 7.6% 和“十三五”平均 6.2%，以及对改革推进逐渐释放出红利的动态预期，综合考虑，我们认为在“十二五”后两年把 GDP 年度增长率预期目标定在 7.5% 是合适的，而从“十三五”开始应有所降低，平均可以确定在 7% 的水平。按照正确的定义和更权威的数据，进一步精确估算潜在增长率仍有必要。在此基础上，确定的增长速度预期目标，既不应作为下限而追求超越，也不应作为上限而容忍更低的水平，以防止在超过时形成通货膨胀预期，或者在达不到时造成周期性失业的情形发生。

# 两个 L 型轨迹

## V 型复苏已成历史

在中国经济进入新常态以前相当长的一段时间里，每逢经济下滑之后，总能见到随后的增长复苏，表现出一轮又一轮的 V 型增长格局。事实上，当阻碍增长的因素主要来自需求方时，采用刺激总需求的方式，往往能够较快奏效，使实际增速回归潜在增长率，这也是中国经济过去呈现出 V 型复苏的原因。中国经济发展进入新常态，意味着影响经济增长的主要因素在于供给侧，过去长期作为经济增长重要助推力的人口红利已经消失，并且不可逆转。在这种环境下，难以依靠以往的方式让经济增长重新回到原来的速度。

第一，中国劳动年龄人口已呈负增长态势。为了统计的便利，我们通常用 15—59 岁年龄人口数量来代表一个经济中的潜在劳动力总量。中国这一年龄段的人口规模已于 2010 年达到峰值，此后呈负增长态势。2010 年的人口普查数据显示，全国 15—59 岁的人口有 9.3962 亿（占总人口的 70.14%），而根据 2015 年全国 1% 人口抽样调查（小普查）推算数据显示，全国 15—59 岁的人口有 9.2471 亿（占总人口的 67.33%），五年下降了近 3 个百分点。此外，国家统计局历年发布的基于抽样调查数据的推算也显示，无论是在人口总量中的占比，还是数量规模，中国劳动年龄人口在几年前已开始出现逐年下降的趋势。

第二，中国的经济活动人口也已经迎来负增长时代。如果说劳动年龄人口只不过反映了一个经济体中的潜在劳动力资源，那么经济活动人口则更加真实地反映了一个经济体中的劳动力供给情况。我们知道，在现有的劳动年龄人口中，并非所有的人都是劳动力，有一部分人在劳动经济学意义上不被算作劳动力，例如，有些人完全没有就业意愿、正在全日制学习、全职从事家务劳动、提前退休因而退出劳动力市场等。

因此，在劳动年龄人口中真正构成有效供给的是劳动力市场参与者，也就是经济活动人口，即正在工作的人以及失业者。通常，经济活动人口占劳动年龄人口的比重被称为劳动参与率，是一种行为偏好的结果，决定劳动力供给。如果劳动参与率在一定时期内大致不变，随着劳动年龄人口的减少，经济活动人口会随之减少。

为了进一步印证劳动力供给的减少趋势，根据各种人口数据估计及国家统计局发布的数据，我们绘制了图 9–2，这里采取一个不尽相同的估算。其一，我们采用 16 岁及以上人口作为劳动年龄人口，这样可以包容延迟退休等因素对劳动力供给的正面影响，同时也为了与国家统计局的数据进行比较，并且符合国际上的一般定义。其二，按照预测的劳动参与率，把劳动年龄人口调整为经济活动人口。从图 9–2 中可以看到，劳动力供给在 2011 年之后仍有一个短暂的提高阶段，2015 年则是其峰值，之后呈现负增长态势。与此同时，我们把国家统计局提供的经济活动人口数据放在图 9–2 中，以便进行比较，虽然从实际数据尚不能知道其是否达到峰值。

第三，中国的劳动参与率正在下降。最近，中国社会科学院人口与劳动经济研究所在全国六个大型城市（上海、广州、福州、武汉、沈阳、西安）开展了最新一轮城镇劳动力调查（CULS–4）。结合前面三轮调查数据进行对比，能够得出一个基本结论——中国近

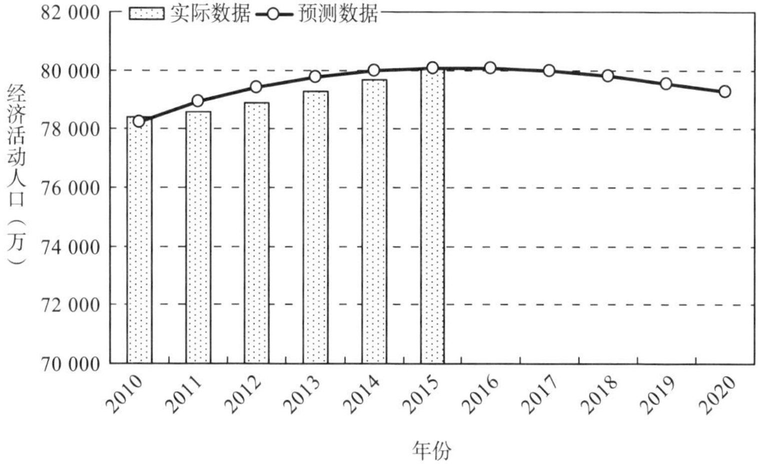


**图 9–2　经济活动人口的峰值**

年来各年龄组的劳动参与率均呈下降态势，这与我们早先的判断略有不同。此外，根据 1% 人口抽样调查数据进行的分析，也得出了类似的结论。

因此，在劳动参与率实际上没有经历一个提高阶段，而直接进入缓慢下降轨道的情况下，经济活动人口规模峰值已经到来的判断，应该是确信无疑的。在劳动年龄人口、劳动参与率都出现下降的情况下，劳动力供给的减少则具有叠加性，也就意味着中国实际的劳动力供给下降要比预想的情形更加严峻。

改革开放以来至 21 世纪初，中国制造业凭借其比较优势得到迅速发展，国际竞争力不断提升。在改革开放长达 30 余年的时间里，通过劳动力的市场配置扩大了就业。而很长一段时间里，普通劳动者的工资没有实质性的提高，保持了制造业产品的竞争力，也延缓了资本报酬递减现象的发生。

然而，随着刘易斯转折的完成，劳动力短缺逐渐成为常态，普通劳动者的工资进入加速上涨轨道。工资（特别是普通劳动者的工资）的上涨固然是好事，有利于提高中低收入家庭的人均收入水平，有助于改善收入分配现状，实现包容性增长，企业也可以根据劳动力成本变化而逐步重新配置生产要素、调整市场结构和技术结构，通过提高劳动生产率来消化劳动力成本上升的影响。然而，如果工资上涨过快，劳动生产率提高明显滞后，以至于难以支撑工资的增长，直接后果是大大提高企业的单位劳动成本，造成企业经营困难，进而对整个经济造成伤害，反过来也会对劳动者造成伤害。

劳动生产率提高是工资上涨的基础。现实情况是，伴随工资的普遍快速上涨，劳动生产率越来越表现出难以支撑的势头。相关研究表明，当前中国单位劳动成本（工资与劳动生产率的比率）正在快速上涨，逐步逼近一些发达国家的水平，这使得制造业的传统竞争优势逐渐下降。

通常，将各级各类教育在各阶段的辍学的人数、毕业后不再升学的人数相加，能够大致得到当年新进入劳动力市场寻找就业岗位的人数，我们可以将其称作新成长劳动力。在一个经济体中，人力资本存量的提升主要来自新成长劳动力群体拥有更高的人力资本积累。对于中国而言，新成长劳动力附着的较高的人力资本素质对于提高全社会的平均人力资本存量具有非常重要的贡献。改革开放以来，九年义务教育、高等教育扩招等超常规的教育发展政策，又极大地促进了新成长劳动力的人力资本水平。因此，随着新成长劳动力的规模变小，整体人力资本改善的速度必然会随之放缓。我们的一项预测显示，中国每年新增的人力资本总量，自2013年开始呈现逐年下降的态势。

新古典增长理论的一个基本前提假设是，在劳动力供给有限的情况下，存在资本边际报酬递减的现象。当中国劳动力无限供给的时代成为历史后，资本边际报酬递减规律势必会发挥作用，资本回报率也会相应下降，而这正是我们当前的状况。实际上，中国在2004年前后经历刘易斯转折之后，资本劳动比迅速提高，与之相伴随，资本回报率开始明显降低。例如，白重恩和张琼的研究表明，2004—2013年，中国的资本回报率从24.3%下降到14.7%，以年均5.7%的速度下降。

通常情况下，当劳动力从低生产率的部门转移到高生产率的部门时，由于资源配置的优化，可以获得资源重配效率。中国改革开放之后，全要素生产率提高中最重要的部分，就是这种资源重新配置效率的贡献。目前，中国通过劳动力重新配置，特别是农村劳动力转移，从而提高全要素生产率的趋势也在变得更加缓慢。由于16—19岁农村人口（外出劳动力的主体）规模在2014年已经达到峰值，导致农村外出劳动力的增速大大放缓，例如，2015年的增速仅为0.4%。

也就是说，在现行体制下，目前可以用于重新配置的农村劳动力已经基本配置完毕，由此很难再次带来全要素生产率的可观改善。除此之外，如果不消除户籍制度对农村进城务工人员的体制性制约，由于不能获得均等的城镇社会保障，农民工一般在40岁以后就会陆续返乡，那么可能出现新增农民工少于返乡人口的情形，从而形成城乡劳动力的逆向流动。

以上这些都是从供给侧导致中国经济潜在增长率下降的因素。正是根据这些变化因素，我们预测了中国经济在不同时期的潜在增长率。总体的画面是：20 世纪 90 年代中期到 2010 年之前大致为 10.3% 左右；"十二五"期间的平均水平为 7.6%；2016—2020 年，如果不出现重大的改革和经济刺激政策，潜在增长率会下降至平均 6.2%。

按照定义，用实际增长率减去潜在增长率，可以计算出经济增长率缺口。如果增长率缺口为正，说明经济运行超出了潜在增长能力，通常会表现为经济过热或助长经济泡沫。如果增长率缺口为负，则说明经济运行没有达到潜在增长能力，还有可以从需求侧进行刺激的空间。从图 9–3 可以看出，在改革开放期间，中国出现较大负增长率缺口的年份，恰好是需求侧冲击导致宏观经济低迷的时期。在这些时期，往往可以通过刺激总需求的方式，让经济重新回

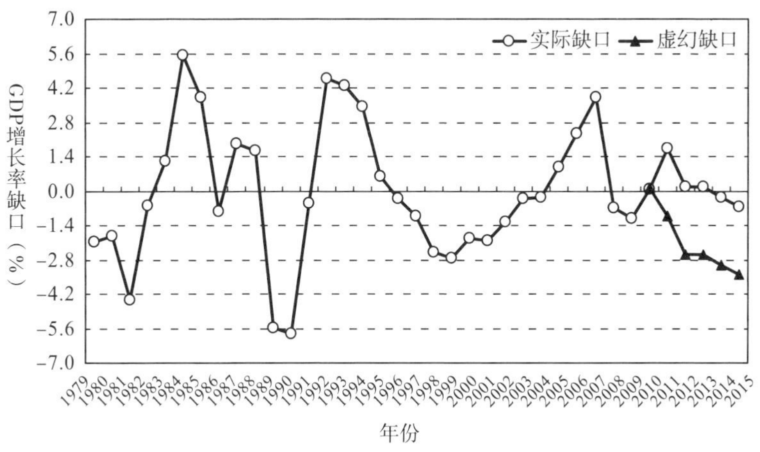


**图 9–3 实际和虚幻的增长缺口**

归潜在增长率水平，从而表现出增长率的 V 型变化格局。

如果我们以为潜在增长率仍然处在以往的水平而没有下降，在实际增长率下降的情况下，则可以计算出仍然存在负的增长率缺口（见图 9–3）。由于这是因为对潜在增长率做了不符合实际的假定，因此，我们将以此为基础计算的增长缺口称为“虚幻缺口”。在这种认识下，人们会期待通过采用常规的刺激性宏观经济政策，使经济增长率回归潜在增长率，即呈现一个 V 型增速反弹。然而，遗憾的是，出于前面分析的种种原因，中国经济的潜在增长率也发生了明显下降，“十三五”期间平均潜在增长率已经降至 6.2% 左右。与实际增长率的对比可知，目前已经不存在可供填补的负增长缺口，进而可见，不应该再对 V 型增速反弹抱有希望。

## 近期和中期的 L 型增长轨迹

虽然我们不再希冀产生一个 V 型的速度反弹，但是，从供给侧施力的结构性改革，则可以消除阻碍生产要素供给和配置的体制性因素，取得潜在增长率下行曲线更加平缓的效果，分别形成短期、中期和长期的 L 型增长轨迹。事实上，2016 年，中国的经济增长已经形成了一个小小的 V 型速度反弹。一反 2012 年以来经济增速呈逐年下行，而 2014 年第四季度至 2016 年第一季度呈逐季下行的趋势，2016 年每个季度都保持在预期的增长速度区间内，并实现全年 6.7% 的增长率。相对于此前的持续减速趋势，由于改革红利的释放，部分由于总需求的扩大而实现的增长率，可以说形成了一个短期的 L 型企稳变化。

受此启发和鼓舞，我们完全可以进一步预期，在依靠改革释放红利的前提下，中国经济在中期会呈现另一个更加明显的L型增长轨迹。根据不同假定前提下的预测，我们认为在“十三五”期间，中国经济的合理增速区间，应该在6.2%—6.7%，但无论下限，还是上限，均会表现出逐年下降的趋势（见图9–4）。

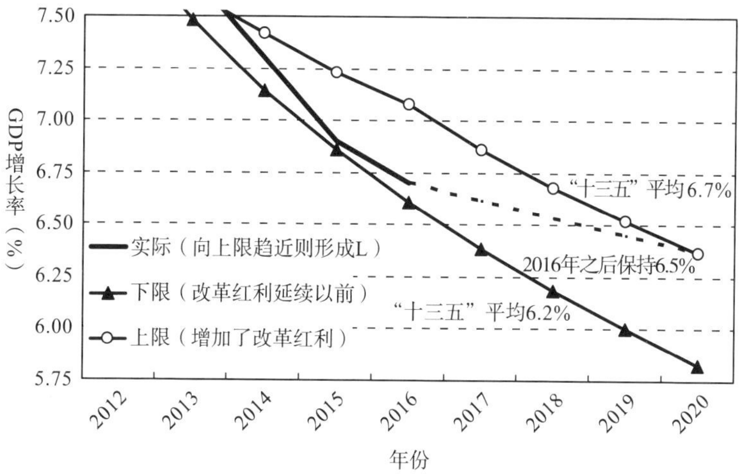


**图9–4 “十三五”期间增速区间和第一个L型轨迹**

确保L型轨迹运行于下限和上限之间，实际上，就是确保国民经济运行在合理的区间，确保总体平稳和稳中有进。简单地说，确保经济增长没有下降到下限以下，就是保证不出现周期性失业，是保民生的基本前提。尽管中国当前尚未发生明显的周期性失业现象，但当实际经济运行指向这个底线时，我们应当高度警惕。

确保经济增长没有上升到上限以上，就是保证不出现经济泡沫，不出现系统性经济风险。由于当前已经不存在增长缺口，因此超越上限的增长背后，可能是过度的刺激，可能是大量的流动性进入非实体经济。由此可见，无论是对于“保民生”，还是“防风险”，设置增长的下限和上限都是必要的，而在二者之间的改革行动，有望近期和中期实现 L 型轨迹。

截至 2016 年，中国经济的实际增长率正好处于上述合理区间，但一度比较靠近下限，并开始企稳，正如图 9–4 中速度下限和上限之间的实线线条所示。如果我们预期从 2017 年开始，改革红利适度地逐渐释放，经济增长速度呈现这样的趋势，即按照潜在增长率下降的规律，低于以往的增长速度，然而下行的速度比 2012 年以来的情况更加平缓。同时在“十三五”时期的后四年保持大体上 6.5% 的年平均增长速度，那么从图 9–4 中可以看到，这个速度会使得今后的实际增长显示出向增长区间上限靠拢的趋势（如虚线线条所示）。

这样一来，在增长速度下限和上限之间，实际增长曲线就会形成一个类似 L 型的中期增长轨迹。这个速度既可以保证 GDP 总量在 2020 年比 2010 年翻一番，也是比较有质量、有效益、可持续的。

## 更长期的 L 型增长轨迹

只要各项供给侧改革得以积极推进，改革红利在未来相当长的一段时间内持续释放，中国经济就有望在较长时期内实现 L 型增长轨迹。供给侧结构性改革涉及的领域非常多，表 9–1 列举了其中的部分领域，这些领域的改革不仅可能收获本领域的改革红利，而且各领域之间可能产生相互促进的效果，形成“综合改革红利”。下面，我们主要以表中的各项改革为例，简单分析供给侧结构性改革对中国经济长期表现的影响。

表 9–1　供给侧改革带来的改革红利

| 改革领域 | 供给侧效应 | 需求侧效应 |
| --- | --- | --- |
| 户籍制度改革 | 提高劳动参与率 | 扩大消费群体 |
| | 提高全要素生产率 | |
| “三去一降一补” | 提高全要素生产率 | 社会政策托底 |
| | 提高资本回报率 | |
| 教育与培训 | 提高人力资本 | 防止贫困代际遗传 |
| 生育政策调整 | 提高总和生育率及未来的劳动力供给 | 促进人口均衡发展 |

以户籍制度改革推进新型城镇化为例，通过户籍制度改革推进农民工市民化具有非常明显的供给侧效应：提高农村劳动力在非农领域的劳动参与，从而显著增加城镇劳动力供给。例如，目前在城镇务工的农民工中，20—39 岁的人口大约有 8 000 万，40—59 岁的有 7 000 万，由于没有获得城市户籍身份，农民工到了 40 岁以后就开始陆续返乡。

也就是说，由于户籍制度改革没有完成，已经转移到城镇就业和生活的农民工，因不能均等地享受城镇的养老保险、失业保险、医疗服务、子女教育、住房、最低生活保障等基本公共服务，在他们仍然具有很强的就业能力时就退出了城镇劳动力市场。如果通过户籍制度改革，农民工可以实现市民化和基本公共服务的均等化，城镇劳动力供给则可以显著增加。

清除了制度性障碍，劳动力会继续从低生产率的部门转移到高生产率的部门，我把这个提高生产率的结构调整过程称为库兹涅茨过程，这种劳动力的流动可以提高生产率。反之，新成长的进城劳动力已经越来越少，如果户籍制度不改革，那些到了一定年龄返回农村的人口会多于进城的人口。虽然农民工返回农村并没有退出劳动力市场，但是转移到生产率更低的部门就业，因此这个过程就变成了逆库兹涅茨过程，从而对经济增长带来新的负面影响。此外，户籍制度改革还有明显的需求侧效应，主要表现为增加的新市民扩大了消费群体。

此外，表 9–1 中列示的“三去一降一补”改革，分别具有降低企业制度性交易成本和生产成本，提升全要素生产率和投资回报率的效果。通过教育与培训数量的增加和质量的改善，可增强当前和未来的人力资本积累。生育政策调整及其配套政策的完善，有利于改善未来劳动力供给格局等。与最直接、最主要的供给侧效应相伴随，这些领域的改革还能够带来一系列需求侧的利好效果。

在我们最近的一项研究中，根据户籍制度，教育和培训，国有企业等领域的改革可能产生的劳动参与率、人力资本积累、全要素生产率提升等方面的效果做出假定后，再结合生育政策调整方案可能对未来劳动力供给产生的改善效果，模拟出了不同的潜在增长率情景，或称改革红利情景。

图 9–5 显示了在这几种不同情景下，中国经济的长期增长趋势（2010—2050 年）。图中的基准情景是在没有实质性改革情况下的增长趋势，情景一到情景三是改革力度逐步加大的情形。特别是情景三，生育政策调整的效果更加明显，假定未来的总和生育率会接近 1.8。我们应当承认，无论是哪一种情景，潜在增长率的大趋势都将会趋于下降，因为从中等收入阶段到高收入阶段的转变过程中，越来越需要创新驱动以及其他因素推动的全要素生产率提升，而这种

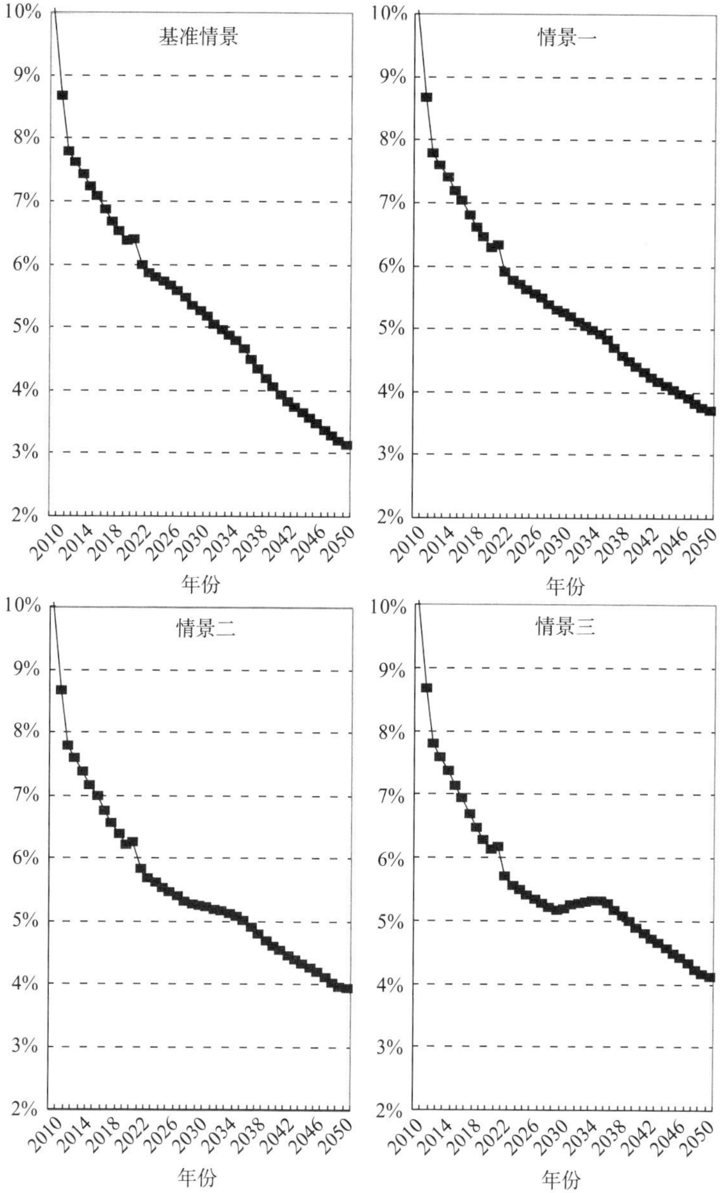


图 9–5　不同改革情景下的长期增长轨迹

新的增长动能不可能像与人口红利相关的动能那样，足以驱动超常规的增长，因此增速的下降具有必然性。同时，也应当乐观地看到，在不同的情景中，改革越是深入，越能释放更多的改革红利，未来潜在增长率的变化轨迹会越接近于L型。

按照中国经济在不同改革情景下的潜在增长表现，我们可以回答，在什么时候可以跨过中等收入阶段，从而成功避免中等收入陷阱。我们依据改革情景三，可以给出一个较为准确的预测。

2014年，中国的人均GDP是7 400美元左右，属于中等偏上收入水平。按照改革情景三预测，2022年，中国人均GDP可以达到12 600美元左右，即基本叩开高收入阶段的大门。需要说明的是，跨进高收入阶段的门槛之后，并不意味着一劳永逸地成为发达国家，例如，历史上有的拉美国家曾经进入过高收入国家的行列，但后来又倒退到中等收入国家的行列，迄今尚未迈入高收入经济体的大门，即受困于所谓的中等收入陷阱。

如情景三所示，在争取到长期L型增长的情况下，发展到2030年左右，中国人均GDP可以达到19 000美元左右，就更加稳定地避免进入中等收入陷阱。进一步,2040年左右达到3 2000美元左右，接近于目前高收入国家的平均水平（37 000美元）。到2050年，中国的高收入水平得到巩固，人均GDP可达到52 000美元左右，跻身较高水平的高收入国家行列。

需要指出的是，预测呈现的美好前景，是以得到情景三的改革红利为基础的，而情景三的改革所需要的力度最大、最深刻，难度也最大。现实的改革力度和效果如何，还有待于在实践中进一步观察。总之，在人口红利释放殆尽之后，未来的L型增长需要仰仗改革红利的持续释放。在各领域改革的推进过程中，应当充分重视相互之间的协调、配套和同步，形成政策合力，确保改革红利持续最大化，从而跨越中等收入阶段，实现中华民族伟大复兴的中国梦。

# 第十章
# 如何认识中等收入陷阱

改革开放以来我国经济发展取得了举世瞩目的成就，目前我国人均 GDP 超过 6 000 美元，已进入中等偏上收入发展阶段。但同时我国经济也步入一个新的发展阶段，即已越过刘易斯转折点，人口红利逐渐消失，从 2012 年经济增长出现减速。正如世界银行等组织提醒的那样，很多国家在进入中等偏上收入发展阶段后，经济没能保持继续增长，最终没能实现成为高收入国家的跨越，跌入了中等收入陷阱。因此，目前各界人士对中等收入陷阱的关注与讨论很多，本章将从理论与经验的角度对中国如何避免中等收入陷阱进行阐述。

## 什么是中等收入陷阱

我们首先按照经济学文献把人类历史经历的经济发展阶段做一个理论划分，同时把中国已经经历和即将经历的经济发展嵌入不同的阶段中，以便帮助我们认识中国经济的昨天、今天和明天，分析每个阶段面临的严峻挑战。

## 低收入阶段

按照马尔萨斯的说法，在这一阶段，人口呈几何指数增长，食物呈自然指数增长，人口的快速增长使人均食物拥有量维持在生存水平，人口减少，恶性循环不断加剧，经济维持在低收入水平阶段，不断陷入所谓的马尔萨斯陷阱。人类历史的绝大多数时间都是处在马尔萨斯式的贫困陷阱之中。

## 中等收入阶段

一旦摆脱马尔萨斯陷阱，许多国家便开始重视经济发展，进行体制改革，不断提高资本积累率，最终实现了经济起飞，跨越了低收入阶段，进入一个二元经济发展时期。这一时期，经济存在两个部门：一是传统的农业部门，存在大量剩余劳动力，边际劳动生产率非常低；二是非农产业部门，该部门的快速发展需要大量劳动力，又由于社会剩余劳动力取之不尽，用之不竭，因此该部门在很长时间内可以依靠固定的制度性工资从第一部门吸收大量的劳动力。这一时期称为二元发展阶段，也称刘易斯发展阶段。

这个发展阶段对应着人均收入从低水平向中等水平的跨越，一般会在中等偏上收入水平上结束。随着非农产业的不断发展，大量剩余劳动力从第一产业转移出来，导致对劳动力的需求大于供给。此时人口增长也发生转变，从过去的快速增长转变为生育率下降，人口增长放缓，随后劳动年龄人口趋于负增长，因此出现劳动力短缺现象，普通劳动力的工资开始上涨，这一现象也称为刘易斯转折点。这一转折点之后将会进入一个新的发展阶段。

## 高收入阶段

一个经济体经历刘易斯转折点之后，一般来说因进入人口转变的新阶段，人口红利也逐渐消失，以往支撑经济增长的源泉，即劳动力增长、资本形成和劳动力转移带来的资源重新配置效率，都逐渐趋于减弱，最终经济增长进入新古典阶段。这个经济发展阶段的特征是，劳动力是短缺的，资本报酬递减，因此，单纯依靠劳动力和资本等要素投入，不再能够保持经济增长的可持续性，经济发展只能依靠技术进步与生产率的提高，否则经济将出现停滞，这一阶段也被称为索洛阶段。

综上所述，人类的发展可以分为马尔萨斯发展阶段、刘易斯发展阶段和索洛阶段。以劳动力短缺和普通劳动者工资上涨现象的出现为标志，我国于2004年跨越了刘易斯转折点，以劳动年龄人口开始负增长（人口抚养比上升）为拐点，2010年开始人口红利消失。因此，我国面临如何跨越到新的经济发展阶段的难题。如果不能成功跨越，将会跌入中等收入陷阱，我们应努力避免这种情况的发生。

中等收入陷阱这个概念，于2007年由世界银行在《东亚复兴：关于经济增长的观点》这一报告中首次提出。该报告引用的文献表明："比起较富或较穷的国家，中等收入国家的增长会相对较慢。"这个概念在一定程度上等同于此前广泛使用的拉美陷阱，用来类比拉丁美洲以及若干亚洲经济体在进入中等收入阶段后面临的发展困境，并且常常作为对中国经济前景判断的一个参照点。

西方经济学是以发达国家匀质、一元化经济增长为蓝本的，在其理论框架中找不到用来分析中等收入陷阱的现成工具，因此，许多经济学家，如罗伯特·巴罗和阿玛蒂亚·森等，不承认存在该概念所刻画的这种经济发展现象，尤其认为这个概念不适用于解释中国经济的前景。还有一些中国学者，把中等收入陷阱这个概念或研究对象，与中国陷入中等收入陷阱这个判断等同，在感情上不能接受，所以迫不及待地宣称这是一个“伪命题”。不过，如果经济史上的确存在处于中等收入阶段，特别是中等偏上收入国家可能面临特殊的发展挑战，而且在统计上具有显著性，那么归纳其经验、教训对于中国无疑具有借鉴意义，以便帮助中国避免这一宿命，我们何不采取“宁可信其有”的态度呢？

首先，“陷阱”一词在经济学中历来被广泛用于表示一种超稳定状态，即一般的短期外力不足以改变的均衡。在特定的经济发展阶段，如果推动人均收入一次性提高的因素不具有可持续性，不足以根本改变传统的均衡状态，就会有其他因素将其作用抵消，把人均收入拉回到原来的水平，使这个经济体在该收入水平上徘徊不前。所以，一旦把研究重点放在中等收入国家如何摆脱周而复始的现状上，这一分析框架就是有益的。

其次，中等收入陷阱作为一种显著的统计现象，为许多研究所印证。例如，胡永泰教授用各国人均 GDP 相对于美国的水平，把大于 55% 的国家定义为高收入国家，20%—55% 的定义为中等收入国家，小于 20% 的为低收入国家。在进行比较的 132 个国家中，定义为中等收入国家的，1960 年有 32 个，2008 年有 24 个。观察这个组别的变化特点发现，中等收入国家有大约一半的可能性，经过近半个世纪仍然滞留在中等收入阶段，那些脱离中等收入组的国家，更多的则是向下流动到低收入组，而较少进入高收入组。此外，艾亚尔等的一项针对 100 多个国家的跨国研究，也得出类似的结论，即长期的“增长停滞”发生在中等收入阶段的概率，要明显高于低收入阶段和高收入阶段。

## 中等收入陷阱的四部曲

我们首先需要明确，中等收入阶段与中等收入陷阱有本质的区别。一个国家总要从低收入阶段进入中等收入阶段，才能进入高收入阶段，中等收入阶段是一个正常的经济发展阶段。

根据现实中的中等收入陷阱现象，我们可以从丰富多彩的发展中国家的经济史，特别是从拉丁美洲和东南亚一些国家长期徘徊于中等收入阶段的经验教训中，归纳出一些具有共性的特征化事实，用以说明一个“不幸”的经济体是如何经过四个步骤落入该陷阱的。

第一，经济体经历一定时期较快的增长后开始减速。艾肯格林等收集了许多国家大量的历史统计数据，通过计量研究发现，一个经济体在中等偏上收入阶段的某个特定时点上，会发生明显的经济增长减速，平均减速幅度可高达 60%。各国减速的诱因不尽相同，有的是自然发生的，有的则发生在某个危机之后。不过，经济增长减速是一个规律性现象，并不必然意味着落入中等收入陷阱。国际货币基金组织在分析一些国家的减速经验时，把不同国家落入中等收入陷阱的风险，分别归结为制度因素，交通和通信基础设施不足，以及在地区一体化和贸易方面的缺陷。不过，具有规律性的是，这些减速都与发展阶段的变化相联系，归根结底是供给侧相关因素变化的结果。

第二，对减速原因的误判导致政策选择不当，使减速演变为停滞。例如，如果减速的原因在于供给侧的潜在产出能力降低，而政府的政策却着眼于刺激需求侧，那么不仅难以产生政策效果，还会导致一系列的扭曲和不良后果。其中，最严重的扭曲莫过于政府过度使用产业政策，导致生产要素的价格背离比较优势，最严重的政策后果则是造成泡沫经济、产能过剩和对落后产业及企业的不当保护。一旦如此，原本可能是正常的减速，反而会转变为长期的超低速增长甚至陷入停滞。如果一个经济体走到这一步，落入万劫不复的中等收入陷阱几乎就是必然的。

第三，面对经济增长停滞带来的一系列社会问题，政府进一步采取饮鸩止渴的应对方式，使经济社会体制全面扭曲。例如，在经济增长停滞、蛋糕不能再做大的情况下，重新分配蛋糕成为普遍存在的动机，造成寻租行为滋生和腐败泛滥。由于具有特权的群体往往得到更大的收入份额，以及收入分配中存在的马太效应，收入分配状况日益恶化，进而激化社会矛盾。这时，财力拮据的政府往往只能借助于仅有承诺却难以兑现的民粹主义政策，不仅于事无补，反而会伤害经济活动中的激励机制。

很多研究都发现，某些拉丁美洲国家在经济增长停滞的情况下，采取了民粹主义的经济政策，一味地承诺或尝试再分配，却没有抓住造成经济增长停滞的主要因素，终究未能把经济增长速度搞上去。由于蛋糕不能够再增大，同时，对政策具有较大影响力的利益集团却掌控着收入分配的方向，政策承诺帮助的群体并未从这类政策中得到实惠，收入差距未能缩小，反而进一步扩大。迄今为止，拉丁美洲国家的基尼系数仍然是世界上最高的。这种结果成为中等收入陷阱的典型表现。

第四，与停滞的经济增长相伴而存在的资源分配和收入分配严重不平等，形成既得利益集团，后者竭尽全力要维护这个有利于自身的分配格局，因此，不利于打破中等收入陷阱的体制弊端积重难返。一旦进入这种体制状态，相关的经济社会政策就被利益集团俘获，不仅经济增长陷入停滞，改革和制度变迁更是举步维艰，妨碍经济社会发展的体制便被固化了。

从已有的经验看，上述四个步骤既有时间上的先后继起性，又有空间上的同时并存性。从中得到的启示是，避免落入中等收入陷阱，既要正确认识经济增长减速的原因，防止把自然的减速转化为万劫不复的经济停滞，又要解决好收入分配不公、差距过大等问题，保持社会凝聚力，同时打破既得利益者对改革的阻碍，以体制改革促进资源配置效率的提高，实现经济增长的创新驱动和可持续。

## 如何避免陷入中等收入陷阱

从经济学角度看，中等收入陷阱是一个超稳定的均衡状态，一旦落入则难以自拔。为了避免陷入中等收入陷阱，我们必须通过改革开放的途径，保持经济中高速增长。具体来说，以下几个措施至关重要。

## 准确判断经济增长阶段

中国经济在1978—2011年实现了平均9.9%的高速增长之后，2012年开始明显减速。继2012年和2013年增长率降到7.7%，2014年和2015年分别进一步下降到7.3%和6.9%。对于中国经济的减速，国内外经济学界有各种不同的解释。例如，林毅夫认为这是因为金融危机后净出口大幅度缩减导致需求不足；萨莫斯断言以往的异常高速增长终究要“回归到均值”；巴罗则认为任何国家都不能长期偏离“趋同的铁律”（年平均2%的速度），因而趋同效应必然是递减的。如何判断减速原因至关重要，关乎应对政策是否会正确且有效，决定了能否避免减速向停滞转化。

认识中国经济减速，最重要的是观察中国发生了哪些与发展阶段相关的变化。由此判断，中国减速主要是由于生产要素的相对稀缺性发生了逆转，并形成一系列不利于全要素生产率提高的条件变化。改革开放以来，中国经济的高速增长与2010年之前表现为劳动年龄人口迅速增加、人口抚养比显著下降的人口红利直接相关，即劳动力“无限供给”提高了储蓄率，延缓了资本报酬递减，保持了劳动力和人力资本的充分供给，并通过劳动力转移获得资源重新配置效率。分析表明，1982—2009年中国全要素生产率的提高，近一半的贡献来自农业劳动力转移带来的资源重新配置效率。

恰好在中国经济总量于2009年超过日本，成为世界第二大经济体，并于2010年人均GDP跨越中等偏上收入门槛的同时，15—59岁劳动年龄人口总量达到峰值，此后进入负增长，人口抚养比相应攀升。随着人口红利的迅速消失，推动高速增长的传统动力源就减弱了，导致由生产要素供给和生产率提高潜力决定的 GDP 潜在增长率下降。

有多种因素推动经济增长速度进一步下降。一是劳动力持续短缺和工资快速上涨。据估算，2004—2013 年，中国制造业单位劳动成本上升了 59.7%，使比较优势不断削弱。二是资本报酬呈现递减现象，投资回报率显著下降。三是 2014 年农村 16—19 岁的人口数量达到峰值，随后进入负增长阶段，劳动力转移速度减慢，减缓全要素生产率的提高。四是诸多体制性障碍推高企业交易费用，降低资源配置效率。经济运行中存在的政府管制过度，审批过程烦琐，税费负担和社保缴费率过重，融资渠道不畅通，地方保护和市场分割，要素价格扭曲，对企业的歧视性待遇等问题，提高了企业的制度性交易费用，客观上产生抑制微观领域创新的效果。五是结构性产能过剩比较严重，浪费了资源，压缩了经济增长空间。

理解了中国经济的减速是增长现象而非周期现象，原因在于供给侧而非需求侧，有助于我们正确决断、对症施策、精准发力，推进经济体制改革以挖掘增长潜力，开启新的增长动力，在足够长的时期内保持经济的中高速增长，跨越中等收入陷阱。

## 通过改革挖掘制度红利

我们首先需要分析中国未来的增长源泉在哪里。经济增长来自以下几个方面：资本的积累、劳动力的增长、人力资本的提高、抚养比的下降、资源配置的改进和技术进步。过去中国经济增长主要依靠资本的积累、劳动力的增长和抚养比的下降。转折点之后，资本的积累的贡献自然会下降，劳动力的增长的贡献将变成零，抚养比的下降的贡献会先下降，直到零甚至为负。未来中国经济增长必须依靠人力资本的提高、资源配置的改进和技术进步。所有这些要素都只能通过改革才能获得。

2011—2020年，潜在增长率会很自然地不断下降。我们不希望用拉动需求的办法去刺激增长，人为地将增长率拉到潜在增长率以上，但是可以并且应当提高潜在增长率。虽然目前劳动力的供给呈现负增长，但是我们可以通过提高劳动参与率来增加劳动供给。我们曾模拟过，如果在2011—2020年劳动参与率每年增加一个百分点，那么潜在增长率每年可以提高0.88个百分点。如何提高劳动参与率？未来人们将会接受越来越多的教育，因此在劳动年龄人口里，20岁之前的人会越来越多地倾向于上学，这一部分人群不属于就业人口。

西方国家普遍应用的方法是把退休年龄后延，长期看，我国也可以借鉴此办法，终究也要走这条路。但是中国的劳动力受教育程度最好的是现在20岁左右的群体，59岁临近退休年龄的人群其受教育程度还不到小学水平。即使企业缺工，也不会雇用这些大龄劳动力，人为延长退休年龄只会造成这部分群体失业。因此，无论是从增加劳动力供给的角度，还是从养老金的可持续性角度，推迟退休年龄都是一个渐进的改革过程，需要创造一系列必要的条件。

如果能把农民工变成市民，劳动参与率将会明显提高，可以产生立竿见影的效果。我国53%的城市化率中有1.6亿农民工，但他们并不能拥有与城市人一样的基本社会保障。我国的城市化还不是一个完整的城市化，因为在计算城市化率时把农民工群体加进去为53%，把农民工去除，按照非农业户口人口比重计算则只有35%，其中还有很大的差距。农民工由于户口等问题，在城市中没有社会保障，也没有基本的公共服务，因此难以提供稳定的劳动力供给。

提高全要素生产率还有哪些方法？到目前为止，我国全要素生产率的提高很大一部分得益于资源的重新配置，例如劳动力从生产率较低的第一产业向第二产业和第三产业转移。资源的重新配置对中国过去全要素生产率提高的贡献接近50%，由于农村剩余劳动力的减少，其贡献将会降低。但是在一个产业内部，例如第二产业内部，行业之间的生产率差距仍然存在，并且一个行业内的不同企业也存在生产率的差距。企业生产率的千差万别表明要素流动不充分、竞争不充分。效率高的企业并没有取代效率低的企业，是一种无效率的表现。所以应当允许企业充分竞争，允许企业退出和进入，允许有能力的企业把低能力的企业"吃掉"。

中国在技术上与发达的经济体还有很大的差距，这个差距带来了"后发优势"。当前，如果过度强调或者扭曲创新的含义，中国可能会牺牲掉本来应该有的"后发优势"。我们一直在强调创新，声称中国必须抓住正在到来的第三次科技浪潮，最后还是没有抓住，反倒是改革带来良好的发展。虽然第三次浪潮有其崭新的特点，但是没有改变创新机制，应该靠优胜劣汰和创造性破坏来实现。创新是把现实中能够提高的提高，使不能提高的退出竞争舞台，从而实现资源的优化配置。对人，我们不能实行创造性破坏，因此才有社会保障制度，而对企业，只有实现创造性破坏才能实现创新。

## 发展教育和培训

要避免落入中等收入陷阱，很重要的一部分是依靠人力资本的积累。社会普遍批评我国高等教育发展太快、扩张太急，希望能够放缓高等教育的扩张速度，政府事实上也在这样做。其实，这并没有道理。实际的问题不是教育过度，而是教育没有能够转化成创业和就业技能。

顺应新技术及其创造的新经济模式，中国政府大力倡导“大众创业、万众创新”战略，既为全体人民分享新技术革命的成果搭建舞台，也对参与者的人力资本提出更高的要求。下面，我们从人力资本理论和实践出发，根据新技术、新业态以及新型就业形态的特点，阐述拥抱这一战略所需要的人力资本特点，及其对教育发展的启示。

教育的目标之一无疑是培养劳动者的技能。技能培养既通过着眼于认知能力的基础教育，也通过职业教育和培训来进行，所以在一定程度上，受教育年限也可以作为技能的代理指标。随着产业结构的升级优化，对劳动者技能的新需求，也就意味着对劳动年龄人口的受教育水平提出更高的要求。目前，劳动力市场上对非熟练劳动者的需求比较强劲，形成不鼓励家庭和个人对教育进行投资的信号，产生人力资本积累的负激励。这一情形不仅制约当前人才的技能发展，也突显出未来的潜在人力资本危机。

从农业转移劳动力的教育水平看，根据调查数据，目前农民工的平均受教育年限是 9.6 年。这种人力资本状况使他们恰好适应第二产业的劳动密集型岗位（要求 9.1 年的受教育年限），以及第三产业的劳动密集型岗位（要求 9.6 年的受教育年限）。但是，未来中国经济的变化趋势是，经济增长速度减慢，而产业结构调整速度加快。按照目前岗位对人力资本的要求，第二产业的资本密集型岗位要求的受教育年限是10.4年，第三产业的技术密集型岗位要求的受教育年限是13.3年。如果未来的产业变化趋势是岗位的资本密集型和技术密集型程度显著提高，那么可以预见，农民工的受教育程度，尚不足以支撑他们转向这些新岗位。

从大学生的人力资本匹配情况看，他们就业难的一个重要原因，是这个劳动者群体的就业领域十分狭窄。把中国和美国拥有大专以上学历劳动者的行业分布进行比较，胡瑞文等学者发现，中国具有大专以上学历者过度集中在金融、信息、教育卫生和公共管理等行业，在这几个行业中，大学生的比重甚至高于美国。那些直接生产性行业中的大学毕业生就业比重，中国比美国要低很多。例如，在农业中的大学生就业比重，中国为0.6%，美国则高达24.6%；在制造业中的大学生就业比重，中国为10.3%，美国为30.0%；在交通业中的大学生就业比重，中国为10.8%，美国为27.1%；在商业、贸易、餐饮和旅游业中的大学生就业比重，中国为11%，美国为28.6%。

这并不是说，我们现在应该鼓励大学毕业生进入这些实体经济部门，并且可以预期产生效果。其实，之所以高学历者在上述行业就业的比重低，是因为这些行业还相对处于价值链的低端，对大学毕业生的需求并不大。然而，一个国家越是在人力资本条件上做足准备，越是能够尽早克服“索洛悖论”[①]，早日拥抱新技术的广泛应

① 经济学家一度观察到，信息技术的发展并没有及时带来生产率的相应提高。这个悖论也可以广义地理解为，新技术的发展与其本应带来的经济增长之间，并不存在自然而然的因果性促进关系，或者这种关系存在一定的时滞，因此需要创造必要的条件才能实现。

用，并带动新一轮的经济增长。可以充分预见的是，未来这些部门的产业升级必然要求更高的人力资本，中国高等教育发展能否满足这种需求，取决于我们今天的选择是否富有远见。

在技能之外，教育更重要的作用是培养人们的认知能力。作为创造者或者创造性劳动者，人们需要具备一种能力——通过大脑的思维对获得的信息进行加工、储存和提取，从而掌握事物的构成、性能和相互关系，以及各种相关的规律。因此，教育不仅灌输知识，还要培养受教育者的观察力、记忆力、想象力和注意力，使他们未来能够自觉掌握新的知识，并善于将其转化为创意和技能。很显然，旨在灌输知识和技能以及以应试为目的的教育模式，在培养认知能力方面往往捉襟见肘。这同时也说明，职业教育固然要发展，但不能用其取代通识教育。

在知识经济时代，产业结构变化异常迅速，因而特定的专用技能会迅速失效。许多发达国家的经验表明，目前热门的岗位及其技能，在二三十年前尚不存在，因而在职业学校也学不到。然而，具备认知能力的劳动者更善于掌握新的技能，不会被劳动力市场淘汰。因此，即使当前的劳动力市场信号不利于家庭加大投入，延长子女接受普通教育的年限，从更长远的发展看，那些接受更多教育特别是接受高等教育的个人和家庭终究会胜出。例如，虽然青年就业难和失业率高是世界性现象，但各国的情况都表明，具有大学及以上学历的劳动者，不仅失业率更低，而且长期来看，工资上涨得也更快，从而更容易成为中等收入群体的一员。

此外，教育越来越具有培养人们的非认知能力的功能，关键是在儿童的早期发展阶段进行。非认知能力包括情感健康、社会适应性和人际沟通能力等。如果简单地以为认知能力可以用“智商”反映，那么非认知能力则属于“情商”的范畴。詹姆斯·海克曼（James Heckman）教授长期关注儿童早期教育，就是着眼于诸如精神是否健康、有没有毅力、能否集中注意力、是不是自信等能力，这些被认为是一种重要的“软技能”，帮助孩子在学校取得更好的成绩，帮助成年人在社会上取得成功。

在经济发展新常态下实现“大众创业、万众创新”，需要通过教育发展从上述三个方面全面培养人力资本，因而需要了解各自的教育规律和经济学含义。诺贝尔经济学奖得主海克曼等所做的大量取得共识的研究结果表明，在教育必须培养的这三种能力中，职业教育和职业培训提供的技能培养，具有私人回报率最高、社会回报率相对低，以及市场外部性相对较小的特点。与之相比，普通学校教育培养的认知能力，社会回报率提高，外部性增大，私人回报率相对降低。主要靠儿童早期发展和学前教育培养的非认知能力，则具有最高的社会回报率、最显著的外部性、相对较小的私人回报率。因此，经济学家按照社会回报率排列，得出“学前教育—义务教育—高等教育—职业培训”这样的顺序（见图 10–1）。毋庸置疑，政府投入的优先顺序也应据此排列。

在关于人力资本回报率的认识上，长期以来存在一个误区，就是把教育的私人回报率当作投入的收益指标，并把教育的激励机制建立在其基础之上。其实，教育的社会回报率是更根本、更具分享性的回报，而且由于教育的外部性特点，劳动力市场信号倾向于忽略甚至掩盖这一性质，常常不能把社会回报率信号转化为教育激励。最新的研究已经证明上述认识的误导性。早在 20 世纪 90 年

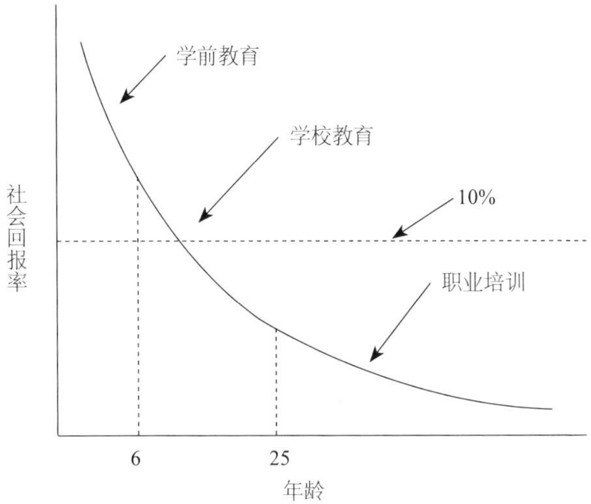


**图 10–1　各级各类教育的社会回报率排序**

代初，后来的诺贝尔经济学奖获得者詹姆斯·海克曼，就曾向当时美国的助理财政部长劳伦斯·萨默斯游说，呼吁政府确保贫困家庭三四岁儿童的教育机会，指出这个政策建议并不是某种善良而含糊其辞的愿望，而是一项讲求实际的投资，能够以减少社会福利支出、降低犯罪率以及增加税收的形式带来实实在在的回报。

# 第十一章
# 就业矛盾：从总量到结构

本章尝试对劳动力市场进行解读。在深入推进供给侧结构性改革和实施创新驱动战略的大背景下，适应总量性矛盾得到缓解、结构性矛盾日益突出的就业新形势，实施就业优先战略应该与稳增长、调结构、促改革、惠民生紧密结合，创造良好的就业环境，提升劳动者的就业能力，避免落入中等收入陷阱。

## 如何认识劳动力市场

具有二元经济特征的发展中国家，通常面临与发达国家不尽相同的就业问题。在典型的二元经济中，农业和其他传统产业中存在大量的剩余劳动力，就业问题表现为总量性矛盾，解决的办法是靠经济增长，以创造就业岗位，提高劳动者在现代经济增长部门的劳动参与率。在发达国家，经济增长是新古典式的，并不存在长期持续存在的剩余劳动力，因此，就业问题主要表现为摩擦性和结构性失业现象，以及与宏观经济景气相关的周期性失业，对于前者的解决办法在于教育、培训等改善人力资本，以及完善劳动力市场功能的举措，后者则要依靠旨在调节经济周期的宏观经济政策来解决。

发展中国家的主要矛盾是劳动力过剩或就业不足这种说法，并不意味着在那里不存在由摩擦性失业和结构性失业构成的自然失业现象以及周期性失业现象。对于发展中国家来说，因劳动力市场匹配问题和宏观经济波动产生的自然失业与周期性失业，是叠加在劳动力剩余问题之上的。不过，中国在计划经济条件下，自然失业和周期性失业并不会以公开失业的形式表现出来，只是加剧劳动力剩余、冗员等就业不足的程度。

在改革开放的大部分时间里，中国处在一个刘易斯定义的二元经济发展阶段，具有劳动力无限供给的特点。根据官方和学者的估计，20 世纪 90 年代，无论是农业中的剩余劳动力，还是城镇国有企业和集体企业的冗员，比率都高达约 1/3。与此同时进行的经济体制改革，通过改善激励机制调动了劳动者、企业和地方政府的积极性，通过开拓劳动力市场推动了劳动力的转移和流动。随着对外开放的不断扩大，丰富而低成本的劳动力被转化为劳动密集型产品的比较优势，在国际市场取得竞争优势。

因此，虽然各级政府总是把就业不足现象作为艰难的任务，把打破大锅饭、铁饭碗视为畏途，在经济下行时对就业压力忧心忡忡，甚至在经济增长回归正常时仍然心有余悸，但实际上，丰富的劳动力转移恰是中国在这个时期得以实现高速增长的人口红利。所有通过促进经济增长解决就业问题，以及通过改革促进劳动力流动的政府努力，反过来会推动经济增长，并最终惠及民生。可见，抓住就业总量矛盾，着眼于 GDP 增长，在当时的发展阶段上是正确且恰当的政策选择。

正如刘易斯模型预期的，二元经济发展进行到特定的时刻，劳动力供给的增长速度跟不上劳动力需求的增长速度，就会出现普通劳动者的短缺和工资上涨现象，即所谓的刘易斯转折点。从劳动力市场上的供求关系、工资上涨和工资趋同等一系列现象判断，2004年是中国刘易斯转折点到达的时间。一方面，由于劳动力无限供给这个二元经济本质特征被改变，刘易斯转折点的到来归根结底是经济发展阶段的变化。另一方面，随着中国经济发展进入新的阶段，劳动力市场的面貌，就业问题的性质和特点也发生了根本改变。这一新情况要求政府就业政策做出深刻调整。

凯恩斯最先唤起人们从充分就业的角度认识宏观经济，在此基础上，著名的菲利普斯曲线描述了失业率与通货膨胀率之间的相互替代关系。真正把经济增长与就业之间建立起经验关系的，则是曾任美国总统约翰逊经济顾问委员会主席的阿瑟·奥肯，被称作“奥肯定律”。然而，很久以来中国经济学家脑子里的奥肯定律，实际上是一个不完整的简化版，即将其理解为“经济增长率与失业率呈反比关系”。严格地说，奥肯定律讲的增长率水平变化，应该是指GDP的实际增长率偏离于潜在增长率的程度，即增长缺口水平，而失业率是指实际失业率偏离自然失业率的程度，即周期性失业率水平。换句话说，只要实际增长率符合潜在增长率，就不会发生周期性失业，即便由结构性失业和摩擦性失业合并构成的自然失业仍然会存在。下面，我们来看一看奥肯定律涉及的几个宏观经济变量，特别是增长率缺口和周期性失业水平在当前中国的表现究竟如何。

首先，由于实际增长率至少在2012年和2013年都是与潜在增长率大体相符的，所以，虽然经济增长速度降了下来，但是宏观经济并不存在增长率缺口，因而没有出现周期性失业现象。在改革开放期间，曾经出现过数次实际增长率显著下降到潜在增长率以下的情形，多数情况下造成了严重的就业压力。例如，1989年GDP增长率为4.1%，比当年的潜在增长率（6.8%）低2.7个百分点，导致调查失业率提高25.9%；1999年GDP增长率为7.6%，比当年的潜在增长率（9.4%）低1.8个百分点，导致调查失业率提高39.6%。由于2012年和2013年的增长率缺口几乎为零，所以，失业率并没有显著变化。

不过，我们必须不能忘记金融危机时期的2008年和2009年。这两年，GDP增长率分别为9.6%和9.2%，分别比当年的潜在增长率（10.9%和10.6%）低1.3个百分点和1.4个百分点，导致登记失业率分别提高5.0%和2.4%，但是，这两年的调查失业率却都下降了3.5%。看上去，情况与理论的预期不尽相符，也与以往的经验不完全一致。不过，当我们介绍过下一个相关宏观经济变量（失业率情况）以后，这个矛盾现象的难题便可以迎刃而解。

其次，从失业率等劳动力市场指标看，目前呈现出了中国经济史上最旺盛的劳动力市场。从可以获得的常规统计数字看，城镇登记失业率保持4.1%不变，劳动力市场求人倍率一直保持在1以上，且呈现持续攀升的趋势。在发表于英国《金融时报》的一篇文章中，李克强总理首次披露中国城镇调查失业率，2013年上半年为5%。此后，城镇调查失业率指标不时得以透露。这与我们的估算是一致的，参见图11–2中我们分别给出的城镇登记失业率和调查失业率。不过，对于这两个失业率指标之间的关系，以及它们与自然失业率（周期性失业率）之间的关系，仍有待进一步解释。

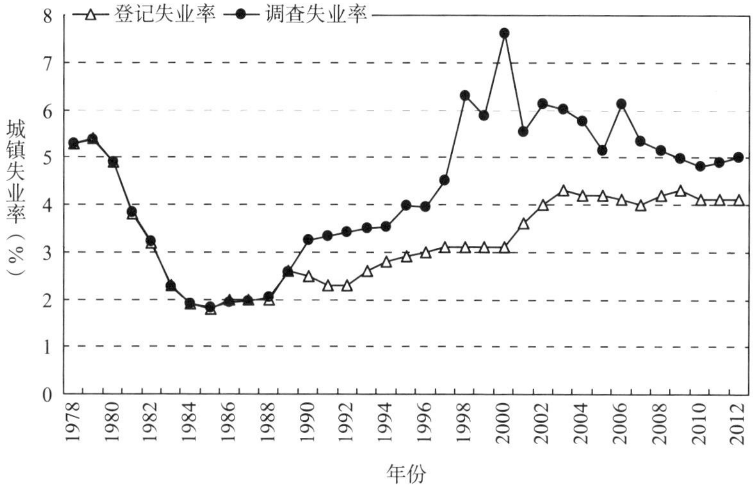


**图 11–1　城镇失业率变化**

理论上说，在通常以调查失业率反映的真实失业率中，不受宏观经济波动影响的相对稳定的部分，便是由结构性和摩擦性因素构成的自然失业率，余下的部分则是周期性失业率，随经济波动而发生变化。因此，从经验上我们可以把自然失业率与周期性失业率进行分离。我的同事都阳和陆旸的研究表明，近年来中国城镇的自然失业率在 4.0%—4.1%。有趣的是，这个数字与多年来稳定不变的城镇登记失业率完全相同。由于登记失业率只涉及城镇户籍失业人员，农民工没有被涵盖其中，所以，可以说城镇居民仅仅承受自然失业率，而周期性失业的不良后果则完全由农民工承受，即随着宏观经济的周期性变化，农民工以进入和退出城镇劳动力市场的方式来应对。这也解释了为什么2008年和2009年金融危机期间，实际增长率降到了潜在增长率之下，却没有影响调查失业率，因为农民工一旦失去工作，便暂时退出城镇劳动力市场，也就不能反映在城镇调查失业率之中。

由此我们也可以发现，目前引用的城镇调查失业率，由于没有充分涵盖农民工这个群体，因而不能完整地反映城镇劳动力市场的实际面貌。根据中国社会科学院人口与劳动经济研究所课题组进行的城镇劳动力调查数据，2010年城镇户籍劳动者的调查失业率为4.7%，城镇就业农民工的调查失业率为0.75%，以当年城镇户籍就业人员和农民工的比例，即分别为65%和35%作为权重，可以计算出包括城镇户籍人口和农民工在内的调查失业率为3.3%。如果将其与自然失业率（4.0%—4.1%）相比，实际上不存在周期性失业现象。这种情况恰恰对应实际增长率与潜在增长率的吻合。

我们可以看到，中央政府认识到了这些宏观经济变量之间的关系。既往的经验是，无论五年规划还是年度计划把预期GDP增长率定在何种水平，终究是要保证不低于8%的增长速度，20世纪90年代末的亚洲金融危机期间如此，2008—2009年的世界金融危机期间也是如此。这是因为当时的认识是，如果没有8%的经济增长，就不能创造出足够的就业岗位，以满足新增劳动者和失业人员的就业需求。不过，随着潜在增长率的下降，满足就业需求所要求的增长率也随之降低。人力资源和社会保障部的测算，即便仍显保守，也显示了7.2%的增长率可以保证就业的必要增长，因此，中央政府能够接受高于7%、低于8%的GDP增长率。

## 自然失业率有什么功能

就认识宏观经济形势而言，目前并不应该过度担忧经济增长速度下滑，更不要急于出台经济刺激方案。实际上，超过经济增长能力的实际增长率，并不是健康的增长率，反而会伤害未来经济增长的可持续性。这同样表现在劳动力市场上面。如前所述，目前的实际失业率即使不低于自然失业率，也与自然失业率大致相同，刺激起更快的增长速度终究要导致实际失业率降到自然失业率之下。我们应该知道，由结构性因素和摩擦性因素构成的自然失业率，有其存在的意义。曾几何时，有些经济学家认为，自然失业率不是那么“自然”，主张通过宏观经济政策或劳动力市场政策进一步降低自然失业率，美国在克林顿政府时期的确做到了这一点。

然而，当时看似乐观的就业形势却酿成后来的不良后果，即在金融危机之后，在美国和欧洲许多国家，那些在劳动力市场旺盛时期过早离开学校，进入劳动力市场的青年，因为人力资本缺乏而遭遇极高的失业率。这些国家的经验表明，由于人力资本的缺陷，因宏观经济冲击因素造成的短期周期性失业现象，随后可以转化为更为长期的结构性失业问题。例如，2007 年，西班牙、希腊、葡萄牙、爱尔兰、意大利、英国、美国、德国和日本的失业率平均为 6.4%，因金融危机而大幅度攀升，直到危机之后的 2013 年仍然高达 13.8%，而这主要是青年失业率高企不下造成的。

自然失业率作为一个宏观经济指标，主要反映劳动力市场上不利于就业的结构性和摩擦性因素，其释放出的信号是有价值的。例如，劳动者的人力资本与劳动力市场需求不相适应，通常造成结构性失业。因此，适度的自然失业率可以提供关于人力资本与劳动力市场匹配的必要信息，起到激励人力资本积累和引导教育制度改革的作用。如果这个指标因经济增长过热，进而劳动力市场过于旺盛而不再发挥作用，就会引导年轻人不愿读书，过早进入劳动力市场，也掩盖了教育与劳动力市场需求脱节的弊端。长期来看，这批人力资本不足的劳动者必然会在下一次宏观经济周期中遭遇就业冲击，继而成为劳动力市场上的弱势群体。

从这个意义上看，目前中国劳动力市场上表现出的结构性问题，即受教育程度较低的劳动者就业机会多，而受教育程度较高的劳动者反而遭遇更大的就业困难，譬如反映在劳动力市场求人倍率上的不同就业状况，同时传递出一个积极信号和一个消极信号：一方面，大学生就业难显示出高等教育与劳动力市场之间缺乏有机联系，为教育体制改革提出紧迫的需求；另一方面，高学历和低学历在劳动力市场上的不同需求强度，具有不同人力资本的劳动者之间的工资趋同，必然造成对教育的负激励，引导年轻人弃学就业，不利于中国整体人力资本积累水平的提升。我们这里遇到的其实是一种典型的劳动力市场失灵现象，而应对和解决市场失灵问题，注定要靠政府的公共政策发挥作用。

## 工资上涨过犹不及

随着 2004 年刘易斯转折点的到来和 2010 年开始的人口红利消失，劳动力短缺现象愈演愈烈，非熟练工人的工资上涨加速。例如，2003—2012 年，在外出农民工人数继续增加的同时，农民工工资的实际增长率达到12.0%，2011年更高达21.2%。2012年在GDP增速降到7.7%的情况下，农民工工资照样增长了11.8%。2005—2015年，外出农民工实际工资的年均增长率达到10.7%，这些变化正是城乡居民收入持续快速增长、收入差距逐年有所缩小的原因。普通劳动者的工资显著提高产生了缩小居民收入差距的明显效果。国家统计局的数据表明，中国居民收入的基尼系数从1985年的0.29提高到1995年的0.42，进而攀升到2008年的0.49，2015年则降到0.46。

然而，工资增长归根结底要受到劳动生产率提高速度的制约。在对以往两者之间的脱节，即工资增长相对滞后的状况做出了补偿之后，工资进一步过快提高，一旦超越了劳动生产率的限度，则会加速减弱中国经济在制造业的比较优势，不能为产业结构升级换代留出足够的时间，就会导致经济增长的减速过快。

工资上涨固然是好事，但绝非越快越好。无论在任何时期、任何发展阶段，合理的界限是，工资上涨速度不应该超过劳动生产率提高的速度。理论上说，劳动生产率的提高（既可以表示为每个劳动者的产出水平的增加，也可以表示为单位产出所需要的劳动力数量的减少）的作用，就是抵消劳动力短缺和成本提高对企业造成的压力。

即使中国经济在经历转折点之后，遇到了劳动力供给瓶颈，如果劳动生产率能够按照一定的速度和幅度提高，就足以弥补劳动力不足造成的生产能力下降，保持经济增长速度。虽然中国的劳动生产率的表现在国际比较中颇为不凡，但是由于劳动力短缺现象太过突出，工资上涨速度有快于劳动生产率提高速度的趋势。直接观察农民工工资与GDP之间的增长速度可见，2003—2012年，GDP年均增长率为10.5%，已经慢于工资上涨速度。而在2009—2012年，农民工工资的年增长率是17.4%，而GDP的增长率仅为9.2%。劳动者收入是国民收入的一个组成部分，在其增速快于整体增速的情况下，就意味工资增长已经趋于脱离劳动生产率的支撑。

在中国经济转入新的发展阶段的情况下，经济发展方式加快转变、产业结构加快升级的含义是，在工资增长与劳动生产率提高保持同步的情况下，那些生产率提高速度低于平均水平，因而在工资增长中竞争力逐渐减弱的企业会感受到压力，如果不能提高生产率，便难以继续生存。与此同时，生产率提高表现好的企业则能够在竞争中胜出，因此，整个经济结构经过优胜劣汰而实现升级。如果整体而言，工资上涨超过了劳动生产率的提高速度，就意味着制造业比较优势使竞争力的下降速度过快，没有足够的调整和改善时间，则会使过多的企业面临困境甚至猝死，投资和企业大规模外迁，就会形成一种产业结构调整的休克疗法，反而不利于顺利转型。

我在一次演讲中曾经对工资过快上涨，超过了劳动生产率的提高速度表示担忧。媒体报道后引起来自网上的强烈批评，很多人天然地认为工资上涨速度跟不上期望水平。固然，我能够理解这种迫切增加收入的愿望，而且这种愿望或预期也无可厚非。不过，在认识经济问题时，有一个需要避免的“合成悖论”。说的是，对于每个个体来说合理的行为，合成为整体未必产生预期的结果。设想一下，过重的劳动力成本压垮一批企业，迫使另一批企业用机器或者机器人替代劳动力，同时工资过快上涨导致对教育的负激励，最终产生的劳动力市场结果，究竟是谁来承受呢？

英国《金融时报》记录了一位美国工厂主的经历。这位企业家指着自己的车间说，这些制造过程以往都是在中国进行的，由于使用了机器人，我们将其从中国偷了回来，变成了美国制造。这与美国经济以及就业复苏的整体画面是一致的。这幅图画的另一面则是中国非熟练劳动者面临来自机器的挑战。传统意义上的资本替代劳动，无论表现为机器设备替代劳动者，还是老一代机器人替代劳动者，由于资本报酬递减律的作用，过程通常是缓慢的和渐进的，得以与劳动者素质的提高相适应。但是，新一代机器人把物质资本与人力资本融合到一起，把操作技能与认知能力结合于一身，必然会替代操作一线的劳动密集型工人，也将逐渐替代智力密集型劳动者，因而打破了资本报酬递减律。特别是由于指挥机器人工作的芯片更新速度远远快于工人技能的转换，替代的来临和实现速度将大大快于以往。

2014 年，中国取代日本成为世界机器人的第一大市场，进口量和生产量的增长方兴未艾。据媒体报道，广东省政府宣布斥资 9 430 亿元在三年内推动包括“机器换人”在内的技术改造。让我们来算一下这笔账，假设目前珠三角地区一线工人年工资为 5 万元，政府预计投入的资金量足够雇用 1 886 万人，即使按照近年春节后最大用工缺口 60 万人算，也可以满足未来数年的劳动力需求。可见，这个雄心勃勃的投入计划背后，一定是在遭遇刻骨铭心的瓶颈制约的情况下，有着以下更强烈的动机和更长远的预期。

首先，多年招工难和劳动力成本提高的困扰。2004 年，中国最早显现的“农民工荒”就发生在珠三角地区，此后遭受劳动力短缺和工资成本上升最严峻的也是该地区的广大外向型制造业企业。

其次，机器人技术突飞猛进发展的激励。传统的机器人本质上仍然是机器，但是新一代机器人有了学习能力，在智能上将继续取得更快的进步。因此，机器换人的时间可能比任何人的预期都要早。

由于机器人技术突飞猛进这个背景，我们面临的竞争或许不再来自年轻型人口国家。一方面，机器人技术的发展很可能会显著缩小诸如印度和非洲这些具有年轻型人口结构国家的机会窗口。更重要的是，这些国家在劳动者教育水平上与中国仍然保持巨大的差距，短期内难以赶超。例如，在35岁这个年龄点，印度人口的平均受教育年限（5.4年）比中国（8.8年）低38.7%。按照教育的发展规律，这个差距在短期内无法得到弥补。

真正的竞争来自处于技术创新前沿、具有明显人力资本优势的发达国家，因为按照预期，机器人的发展及其成本的降低，将迅速消除任何国家享有的单位劳动成本优势，缩小国家之间在这方面的差异。换句话说，是科技创新能力和劳动力素质，而不是劳动力数量和工资水平决定未来的制造业配置版图。同样在35岁这个年龄点，中国人口的平均受教育年限与美国（14.2年）相差5.4年。所以，中国面临的挑战，归根结底不是那些劳动力成本低廉的发展中国家夺得就业岗位，而是面临人力资本积累与机器人技术的赛跑。能否赢得这场竞赛，取决于人力资本改善的速度。

随着产业结构调整以及机器和机器人更广泛的使用，这一代劳动者会因缺乏技能和更新技能的能力不足，在遭遇未来就业冲击时陷入困境，也会制约中国经济的创新驱动和产业的优化升级。因此，通过延伸义务教育阶段增加新成长劳动力的受教育年限，通过加强在职培训和再就业培训，提高现有劳动力的技能和适应结构调整的就业能力，应该成为就业优先战略的重要内容和优先领域。更进一步，通过构建终身学习体系，增强劳动者创新能力和就业竞争力，可以使中国经济及时搭上新科技革命浪潮的快车，保持可持续增长。

此外，年轻型人口国家的潜在竞争也不容忽视。当年“金砖国家”这个概念的命名者高盛公司高级经济学家奥尼尔，分别又提出多个国家组合概念。例如，他看好的一个组合是被称作“薄荷四国”（墨西哥、印度尼西亚、尼日利亚和土耳其，英文首字母合写作MINT）的新经济增长体概念。因为这些国家人口年龄结构好、地理位置优越，且大多资源丰富，具有潜在的高速增长优势。奥尼尔特别看重的是这些国家今后20年可以享有的人口红利。我们利用联合国的人口数据，把这些国家与中国的人口年龄结构做一个比较，的确可以发现，在中国劳动人口比重下降、老龄化加速的同时，“薄荷四国”作为一个整体，人口年龄结构仍然相对年轻，并且朝着劳动年龄人口比重提高的方向变化（见图11–2）。换句话说，在中国人口红利加快消失，致使经济增长能力下降的过程中，“薄荷四国”乃至许多类似的国家，因具有潜在的人口红利，将成为中国的有力竞争者。

## 就业结构与就业质量

当前我国就业领域的主要矛盾，既不是总量问题，也不是周期性问题。然而，经济理论和实际经验都表明，就业的结构性和摩擦性矛盾在任何宏观经济形势下都会存在。毋庸置疑，随着改革和结

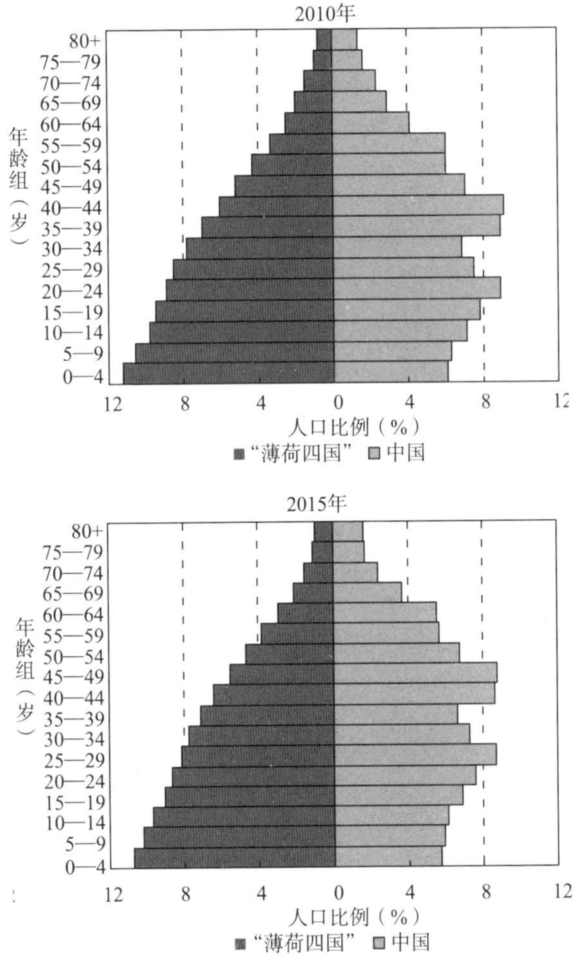


图 11-2　中国与"薄荷四国"人口结构变化趋势

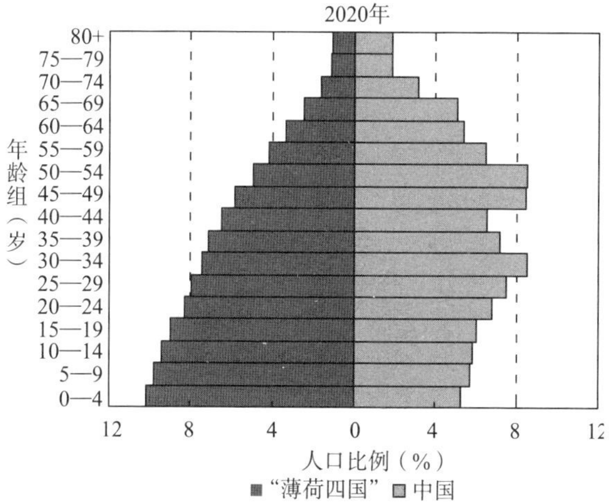


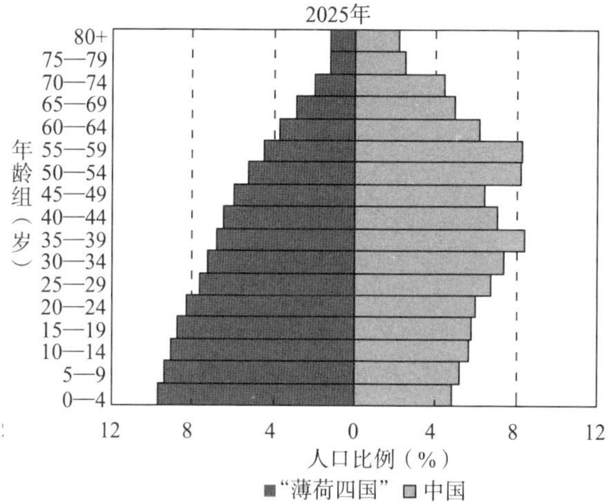


**图 11–2　中国与“薄荷四国”人口结构变化趋势（续）**

构调整的加深，这类就业矛盾在我国不仅存在，而且将日益突出。

在调结构、去产能和处置“僵尸企业”的过程中，部分地区和部分行业将会遭遇就业冲击，部分职工面临结构性和摩擦性就业困难。例如，面临消除过剩产能任务最突出的一些行业，职工存量中面临人力资本较弱、难以适应转岗要求的结构性问题。以煤炭和钢铁行业为例，现有职工中年龄在40岁及以上的比例分别为48.9%和41.4%，仅具有初中及以下教育水平的比重分别为69.4%和55.9%。由此可以粗略判断，这两个行业去产能涉及的职工总数中，至少有一半将会在或长或短的时期内遭遇再就业困难，甚至陷入延续时间更久的结构性失业中。此外，在一些贫困农村地区，部分贫困农户因缺乏工作技能、岗位信息和公共就业扶助，劳动力转移就业仍面临困难。

在就业数量增加并且总量性矛盾缓解的同时，部分就业群体的就业质量有待进一步提高。从就业的稳定性来看，虽然2015年全国企业劳动合同签订率达到90%，但是一些灵活就业和非正规就业群体并没有包含在统计范围内。例如，2015年农民工占城镇就业的比重已经高达37%，而这一群体的劳动合同签订率仅为39.7%。从基本社会保险覆盖率看，农民工的工伤保险覆盖率为26%，医疗保险为17.6%，养老保险为16.7%，失业保险为10.5%，生育保险仅为7.8%，都显著低于城镇户籍就业群体。

由于绝大多数在城镇就业的农民工都没有取得所在地的户籍，因而未能充分、均等地享受城镇基本公共服务，基本社会保险参与率较低。很多农民工往往在年龄超过40岁以后，就具有较强的返乡意愿。由于农村新成长劳动力逐年减少，如果返乡人口数量超过新增转移人口数量，就会形成逆城镇化现象，将进一步加剧劳动力短缺危机，生产率的提高速度也会减慢，GDP 潜在增长能力会过快减弱，不利于经济保持的中高速增长。

现已存在的非正规就业和不断涌现的新型就业形态，对如何有效保障劳动者的权益提出了严峻的挑战。近年来，我国劳动力市场制度建设取得长足进展，对劳动者的社会保障力度明显提高。但是，现行的许多相关制度安排仍然以就业单位为依托，不仅难以有效覆盖现有的非正规就业群体，也不适应分享经济发展创造的就业形态。其实，这是一个世界性的难题。对于就业的内容、时间和场所都不确定的非传统就业群体来说，就业稳定性保障、劳动条件规制、社会保险覆盖和劳动争议仲裁等机制的缺失，有可能在创造新的就业岗位的同时，使就业质量不能得到应有的改善。

坚持以人为中心的发展思想，为就业优先战略注入新内涵，要求把实施该战略与稳增长、调结构、促改革、惠民生紧密结合，让市场在人力资源配置中发挥决定性作用，保持劳动力市场的灵活性，同时更好地发挥政府的作用，加大再分配力度，加强劳动力市场的制度建设，同步实现创造就业岗位和提高就业质量。

第一，兼顾劳动力市场灵活性与社会保护机制完备性的统一。劳动力市场机制及其运行，是有效配置劳动要素的基本方式，依据劳动力市场信号，劳动者获得提升人力资本的激励，企业按照最有效率的方式配置资源，社会相应推进劳动力市场的制度建设，政府与时俱进地提高基本公共服务水平和均等化程度。当前，仍然存在一些妨碍劳动力市场功能充分发挥的体制性因素，迫切要求找准改革的关键领域加快突破。例如，以农民工市民化为核心的户籍制度改革，既是劳动力市场发育的必然要求，也有利于推动基本公共服务均等化，能够通过增加劳动力供给、改善资源重新配置效率，立竿见影地收获改革红利，同时提高发展的可持续性和共享性。

与此同时，又要避免被问题表象及其相应的舆论误导，做出不适宜的政策调整。包括劳动立法，建立健全工资集体协商制度，发挥工会保护劳动者权益作用等在内的劳动力市场制度建设，是随着发展阶段变化，经济与社会更协调发展的必然要求，必须坚持前行，不能走回头路。涉及《劳动合同法》修订这样的政策调整，应该着眼于通过某些具体规定的调整，进一步提高劳动力市场的灵活性，但是法律本身绝不能废止，其旨在保护劳动者权益、提高就业质量、保障基本民生的基本内涵和内容也不能改变或弃而不用。

第二，兼顾短期劳动力利用和长期人力资本培养的统一。2004年，首次出现的“农民工荒”以及随后普遍发生的劳动力短缺现象，标志中国经济跨越了刘易斯转折点，不再具有劳动力无限供给的特征。近年来，即使在经济增速下行的情况下，许多企业仍然面临招工难、用工荒的困境。在就业机会增加、普通劳动者工资上涨加快的情况下，许多农村青少年的升学意愿下降，在义务教育结束后便匆匆进入劳动力市场。这固然在短期内满足了劳动力需求，但是这种现象造成对教育的负激励，会影响人力资本的积累。

第三，兼顾推进供给侧结构性改革与社会政策托底的统一。新常态下的经济增长新动能，来自产业结构优化升级和增长方式转向生产率驱动，需要靠供给侧结构性改革推动实现。这样的过程必然导致产业的成长消亡和企业的优胜劣汰，生产要素的重新配置也不可避免地造成部分职工转岗。然而，创新驱动发展的这个“创造性破坏”特质，并不意味着对劳动者也采取自生自灭的态度。由于劳动是以人为载体的，因而不同于其他生产要素，其重新配置需要得到政府提供的政策扶助和社会保护。

现行的更加积极的就业政策，包括把稳定和促进就业、提高就业质量放在经济社会发展的优先位置，为下岗和面临转岗的职工提供公共就业服务，以及对一时难以实现再就业的人员实施基本社会保障。在中国经济发展转向创新驱动的新常态下：一方面，需要公共就业服务的体系更完备、内容更广泛，尽可能减少劳动者处于结构性和摩擦性失业的时间，最大限度地利用人力资源；另一方面，基本社会保障的覆盖面需要更广泛、更包容，使尚未在城镇落户的农民工、灵活就业人员及处于新型就业形态的劳动者，都有均等的机会获得社会政策托底，让改革、开放、发展惠及全体劳动者。

# 第十二章
# 收入分配的库兹涅茨转折点

本章指出，关于如何改善收入分配的政策讨论中，人们经常争论的一个理论问题是公平与效率的关系，争论的焦点是两者孰先孰后。与此争论相关的政策问题则是，解决收入差距扩大的问题，究竟应该着眼于初次分配领域，还是应该更加侧重于再分配领域？而在这些争论的背后，是如何对中国收入分配现实做出判断。收入差距提高的过程究竟是在继续，还是已经出现了缓解趋势？只有在上述问题取得尽可能多的共识之后，才可能在至关重要的问题上得出有益的结论，即如何解决收入不平等问题。

## 需重新认识公平与效率

严谨地说，古人讲“不患寡而患不均”，并非强调“不患寡”，而是强调“患不均”，所以这个思想与我们讲既要做大蛋糕，又要分好蛋糕，是没有矛盾的。事实上，古今中外的历史都表明，做大蛋糕虽然不是分好蛋糕的充分条件，却无疑是必要条件。例如，在

21 世纪前 10 年，巴西等一些拉丁美洲国家的经济增长取得较好的绩效，相应地，这些国家的基尼系数也明显降低。美国自 20 世纪 70 年代以后，经济增长比以前显著减缓，加上一些政策倾向上的偏斜，贫困率提高，居民收入差距也扩大了，成为发达国家中收入分配最不平等、基尼系数最大的国家。

在当代中国，人们普遍认识到收入分配与政府的政策倾向密切相关。因此，关于公平与效率关系的讨论旷日持久。随着时间的推移和收入分配状况的变化，各种观点针锋相对，常常出现激烈的交锋。

公平与效率成为一个讨论话题，最初针对计划经济时期的平均主义和缺乏激励机制等问题。那时，“大锅饭”现象广泛存在，致富之路在法理上和实践中都是被堵死的。针对这种情况，在 20 世纪 80 年代中期，邓小平提出让一部分人先富起来，以达到共同富裕的目标。相应地，在理论上形成了“效率优先，兼顾公平”这个官方表述（1993 年中共十四届三中全会提出）。在相当长的时间里，这种提法是广为人们接受的共识，即针对平均主义大锅饭盛行的传统体制弊端，强调效率优先，着力建立激励机制，起到了调动劳动者和创业者积极性的积极作用。

随着生产要素市场机制逐渐成为基础性的资源配置和收入分配方式，地区之间、城乡之间、部门之间和社会成员之间的收入差距趋于扩大，人们开始重视收入分配的公平性问题。特别是一些体制因素导致不合理的收入差距，乃至出现贫富分化，许多人建议在政策上应该向更加注重公平转变。这些认识也逐渐反映在官方对于公平与效率关系的表述上面。例如，在中共十六大报告中，新的表述是:“初次分配注重效率，再分配注重公平。”强调了政府对收入分配的调节职能，做出了调节收入差距过大的承诺。

中共十七大之后，官方表述逐步清晰:“初次分配和再分配都要处理好效率和公平的关系，再分配更加注重公平。”在常见的讨论中，或多或少反映出，许多人把效率和公平看作对立的概念，两者之间似乎具有“鱼和熊掌不可兼得”的取舍关系。其实，这个理论传统来自奥肯在1975年出版的名著《平等与效率——重大抉择》。不过，中文版对这部著作副标题的翻译，多少偏离了原文的本意，容易误导人们的理解。多数版本中的“重大抉择”，原文为 The Big Tradeoff，准确的翻译应该是“大取舍”，无疑隐含着“鱼和熊掌不可兼得”的意思。

这种把平等与效率看作对立和取舍关系的认识，很容易造成误导，产生政策上的摇摆不定，甚至形成极端化的分配政策倾向，不利于协调发挥初次分配机制和再分配政策的作用，或者以民粹主义政策代替社会分配政策，在一些国家甚至造成灾难性的结果，政策意图与政策效果南辕北辙。

这种错误认识对于一些有关收入分配的政策产生了误导。本来，初次分配领域和再分配领域分别产生不尽相同的收入差距，也要求在两个领域双管齐下。但是，在把效率与公平对立看待的情况下，要么形成以效率为名有意忽视再分配政策的倾向，要么形成单纯强调再分配政策，而放任初次分配领域收入差距不断滋生的格局，这都影响了收入分配问题的有效解决。

效率和公平都是发展追求的目标。保证效率是调动经济发展参与者积极性的关键，是建立有效激励机制的核心。公平是经济发展的终极目标，也是衡量效率的圭臬。效率和公平在根本上不是矛盾的，在讲求效率的前提下，把蛋糕做大，才可能为公平分配提供物质基础，才会共享经济发展成果。只有确保分配公平，才能保证效率的实现，并使效率找到自身的归宿。但是，效率和公平有各自的侧重点，并非可以自动达到均衡。

实现两者兼顾，需要按照新发展理念的要求，根据不同时期、不同发展阶段和不同的主要矛盾，选择不同的优先顺序和政策偏重。那么，中国当前在收入分配领域面临的最突出的问题是什么，改革收入分配制度的难点在哪里，应该以什么为突破口推进改革，取得实质性成效呢？下面，我们将收入分配的一般规律与中国的特殊矛盾结合起来，探讨上述问题。

## 收入分配拐点：库兹涅茨转折点

诺贝尔经济学奖获得者库兹涅茨曾经有一个著名的观察，即收入差距随经济发展水平先扩大，到达一个转折点之后，呈现缩小的趋势。这个发现被称作“库兹涅茨倒U形曲线”。迄今为止，存在着证明和否定这个观察的不同经验研究，所以库兹涅茨概括的经济发展与收入分配的关系，充其量可以被看作一个假说。必须承认，影响收入分配的因素多种多样，并且依一个国家的经济体制“发展阶段”政策取向的不同，主导因素也不尽相同。所以，即使存在一种与库兹涅茨观察类似的变化趋势，也必然以纷繁复杂的方式表现出来。

在二元经济发展的早期，由于存在劳动力无限供给和资本稀缺的特征，实际工资长期不变，资本回报率较高，虽然经济增长初步具有分享的性质，但是收入差距通常保持较高的水平甚或呈扩大的趋势。而到达以劳动力短缺和工资上涨为特征的刘易斯转折点后，普通劳动者以及低收入家庭的收入增长加快，在其他条件的配合下，可能迎来收入分配的库兹涅茨转折点。

曾经经历过二元经济发展时期以及刘易斯转折点的日本，提供了这两个转折点之间因果关系的经验证明。例如，南亮进等学者发现，在二元经济发展时期，日本农业劳动力大规模剩余，既可以解释经济的高速增长，也可以解释国民经济分配中劳动份额的长期下降。日本在 1960 年前后到达刘易斯转折点，恰好促进了收入分配改善的库兹涅茨转折点的到来。

以持续的“农民工荒”、招工难以及普通劳动者工资上涨为标志，中国在 2004 年跨越了刘易斯转折点。此后不仅工资连年上涨（如农民工实际工资在十年里保持 11% 的增长率），而且出现了熟练工人与非熟练工人之间、农民工与城镇本地工人之间，以及蓝领工人与高学历劳动者之间的工资趋同。这些发生在劳动力市场上的变化，从趋势上必然产生缩小城乡收入差距和整体收入不平等的效果。事实也正是如此，根据国家统计局的数据，城乡居民收入差距（城镇居民可支配收入与农村居民纯收入之比）从 1981 年的 2.04，攀升到 2009 年 2.67 的峰值，随后下降到 2014 年的 2.40。同期，全国基尼系数经历了从 0.31 高企为 0.49，随后下降为 0.47 的变化。如果这个趋势得以延续下去，那么意味着中国的库兹涅茨转折点会继刘易斯转折点之后出现。

伴随着中国经济发展阶段的变化，收入分配格局的确经历了相应的变化趋势。总体上，收入分配状况的变化主要受三个因素的影响，分别有扩大差距和缩小差距的效果，各自的相对作用强度在不同时期不尽相同，它们综合作用的结果进而形成收入差距变化的特定轨迹。

第一，随着劳动力市场逐步发育，劳动者在人力资本等方面的群体和个体差异，导致收入水平的分化，从而使收入差距扩大。从一定意义上说，这种效应有利于激励劳动积极性和接受教育。改革开放促进经济增长的过程，不是一个在全国同时铺开和推进的过程，经济发展机会也不会均等地在地区之间和人口之间分布。因此，收入水平的提高必然会有先有后。即使在机会相同的情况下，劳动者因家庭状况、年龄、性别和受教育程度等方面存在差异，抓住增加收入乃至致富机会的步伐也必然有先有后。

经济学家最津津乐道的话题——教育回报率，就是度量因人力资本禀赋不同而产生的收入差距，通常用受教育年限每增加 1 年所带来的收入增加百分比表示。这种人力资本回报包括劳动者个人得到的部分（私人回报），以及被社会得到的部分（社会回报）。在工资不是由劳动力市场决定的情况下，劳动者的人力资本会创造额外价值，只不过大部分为社会所获得，而不是为个人所获得。劳动者的报酬缺乏激励效果，既不鼓励创造性工作，也不鼓励接受更多的教育。

在改革开放的过程中，随着企业内部激励机制和劳动力市场的发育和完善，人力资本得到私人回报，并且随着时间的推移，私人回报在全部教育回报（社会回报和私人回报之和）中所占的份额趋于扩大。例如，有中国学者使用微观数据计算得出，教育的私人回报率从 1989 年的 1.2% 提高到 1993 年的 2.2%，进而提高到 2000 年的 3.8% 和 2006 年的 8.9%。其实，这并不是说人力资本回报率逐年提高，而是说在全部人力资本回报中，个人获得的部分逐步增加。这种变化无疑是劳动力市场发育的结果，虽然劳动者之间的收入差距扩大了，但是，总体而言具有正面的激励作用。

不过，教育的私人回报率的提高，也会产生不好的收入差距扩大效应。有些学者发现，高收入群体的教育回报率要大大高于低收入群体的教育回报率，前者在教育机会的获得上，具有因体制因素形成的天然优势。例如，由于公共教育资源分配不均等，大城市的教育机会和教育质量，明显高于中小城市和农村地区。高收入群体有更多的社会关系乃至特权，让自己的孩子能够享受更优质的教育资源。由此造成的收入差距，从道义上讲是不公平的，从教育投资和发展上讲是缺乏效率的，还会造成贫困的代际传递。

第二，随着城乡居民就业范围的扩大，特别是农村劳动力非农产业就业机会的增加，产生缩小城乡收入差距，进而改善整体收入分配状况的效果。虽然最初的就业和发展机会，往往会被那些人力资本能力强的人群率先获得，但是，随着就业机会的增加，会逐步惠及越来越大的劳动者群体。

在改革开放的整个期间，中国总体上处在一个二元经济发展阶段，即大量剩余劳动力从农业转向非农产业，劳动参与率不断提高，使越来越广泛的普通家庭和劳动者群体得以分享经济增长的成果。

农民工获得高于务农所得的工资性就业岗位，整体上降低农村的贫困水平，即使没有缩小城乡收入差距，也具有抑制城乡收入差距更为扩大的效应。以土地均等分配为制度基础的家庭联产承包责任制，保证了劳动力流动是追求更高收入和更好生活的自愿选择，因此，即使工资率不变，劳动力流动规模的扩大也足以显著增加农民的收入。劳动力流动对农民的增收，以及缩小城乡收入差距的效果，可以从以下三个方面观察。

第一，劳动力流动的减贫效果。除去那些家庭劳动力不足或有就业能力缺陷的家庭，许多贫困家庭之所以贫困，是由于就业不充分。而且，以往的研究表明，农村非农就业机会往往被那些有明显技能或者有家庭背景、有影响力的人群率先获得，而大多数贫困家庭与此无缘。因此，能够外出打工就意味着有机会获得更高的收入。研究表明，贫困农户通过劳动力外出途径，可以提高家庭人均纯收入 8.5%—13%。

第二，工资性收入对农户增收的贡献。按照国家统计局的统计口径，农民家庭纯收入来源被划分为工资性收入、家庭经营纯收入、财产性收入和转移性收入四个部分。外出就业机会的增加显著地提高了农户工资性收入，提高这个收入成分占农户收入的比重，成为增加农民收入的主要源泉。根据官方统计，农户工资性收入占比从 1990 年的 20.2% 提高到 2011 年的 42.5%，而在这一年的农民纯收入增量中，工资性收入的贡献率为 50.3%。

其实，现行统计体系遗漏了打工收入的很大部分。由于官方统计系统内的住户调查是分城乡独立进行的，因此，举家迁入的农村家庭和外出打工农村家庭成员，既因难以进入抽样范围而被显著排除在城市样本外，又因长期外出不再作为农村常住人口，而被大幅度排除在农村样本住户的调查覆盖之外，农民工务工收入在相当大的程度上被低估了。局部调查发现，仅因官方统计系统的住户调查抽样和定义中存在的问题，就导致城镇居民可支配收入平均被高估13.6%，农村居民纯收入平均被低估13.3%，城乡收入差距平均被高估31.2%。

劳动力转移最终会消除二元经济发展阶段劳动力无限供给的特征，一个标志性的转折点便是刘易斯转折点。这个转折点并不意味着劳动力的绝对短缺，而是意味着如果没有工资的实质性上涨，劳动力就会出现短缺现象。因此，经历了刘易斯转折点之后，农民工以及农户的收入提高明显加速，相应缩小城乡收入差距。由于全国的收入不均等的一个重要影响因素是城乡之间的收入差距，因此，城乡收入差距的缩小趋势，必然会降低整体收入不平等。

第三，改革过程中出现的问题或者改革尚未完成形成的阶段性现象，导致收入差距扩大或者不能缩小，需要通过深化经济体制和社会政策的改革，才能得到解决。为了提高自然资源和资产存量的使用效率，在体制转型中，部分国有资产被民营化，许多矿产资源转为个人或集团使用，土地收益权变成个人或企业所有。结果是各种资源和资产被切割和分配，从名义上的国有制和实际上的无人所有，转为个人或集团所有，继而形成个人收入。

这种资源和资产的分配缺乏监督，许多操作不规范、不透明，甚至违法违规现象也很普遍，因此其产生的收益往往具有灰色收入的性质，其分配是以极端不均等的方式进行的，成为扩大收入差距的重要因素。根据王小鲁的估计，如果把2008年各类隐性收入或灰色收入加入现行统计收入中，重新估计的城镇居民人均可支配收入是统计数字的3.19倍，并且80%集中分布在10%最高收入组中。

## 争论因何而起、来自何处

中国是否已经出现了库兹涅茨转折点，这是一个重要的判断。然而，这个问题不仅在学术界和政策研究领域存在广泛的争论，而且事实上的确有一些因素，使得我们不能简单得出“是”或“否”的结论。从国家统计局公布的官方数据中，我们选取城乡收入差距和全国居民基尼系数，描述收入分配格局的变化趋势。总体来看，收入差距经历了较长时期的攀升，在中国经济迎来了刘易斯转折点，即出现普通劳动者短缺和工资上涨现象之后，收入差距扩大的趋势得到抑制，甚至出现了下降的端倪。

从官方的统计来看，虽然按国际标准，中国的收入差距是较大的，但是近年来已经开始有所缓解，基尼系数趋于缩小。

有些研究者认为官方的居民收入数据存在缺陷，如王小鲁认为国家统计局住户调查遗漏了规模巨大的隐性收入。有人通过自己的调查得出更高的以及持续扩大的收入不平等指标，如甘犁团队估算的 2010 年基尼系数高达 0.61。这样的发现也常常被一些“中国崩溃论”的鼓吹者引用，例如，美国学者沈大伟（Davis Shambaugh）就由此得出中国有世界上最大的基尼系数的结论。如果说学者的此类研究有其学术价值和政策意义，那么对研究结果一知半解且盲目引用和引申，则往往会得出错误的结论。

2014 年，我在新西兰首都惠灵顿参加一个关于中国的研讨会，恰好听到沈大伟的这番言论，我的直觉是无知者无畏。他发言之后，一位新西兰女教授进行了评论，可以说相当尖锐地批评了他的观点。但是，我对这个批评的感觉是，只是表明了对于中国经济发展前景截然不同的观点，却没有在方法论上戳中要害。在会议结束后的欢送晚宴上，会议主办方让我代表国外参会学者致辞，我借机说了大意如下的这段话，旨在澄清关于中国收入分配问题的认识。许多学者，甚至包括中国学者乃至读者，在这个问题上也往往有些疑惑。

基尼系数的计算原理是，根据居民分组与收入分组的对应情况，描绘出收入分布的洛伦兹曲线，反映收入分配不平等的状况。但是，在实际抽取住户样本收集收入数据时，各国统计局和研究者都会遇到一个共同的难题，即收入分组的两端，即最富有和最贫困的群体代表性不足，因而或多或少会低估收入差距。或许这个丢失两端的现象，在中国的统计实践中表现得比发达国家更严重一些，但这的确是各国统计调查中的普遍现象。

一些研究者着眼于遗漏的两端，挖掘出收入分配的异常值，计算出更大的收入差距指标，从而帮助我们认识收入差距产生的原因，因而是有意义的。但是，这样的研究结果与不包含异常值的其他国家的基尼系数之间，并不具有可比性。因此，由此做出判断说中国的基尼系数是全世界最高的，缺乏方法论的正确性和结论的可信性。

## 收入分配问题的政策误区

收入分配是包括初次分配和再分配等一连串事件的结果，其中政府意愿和意图，政策倾向和手段，都显著地影响收入分配的结果。其实，库兹涅茨本人并没有认为转折点可以自然而然到来。诺贝尔经济学奖得主克鲁格曼回顾美国民主党和共和党的交替执政历史，发现对待收入分配的不同态度，从而采取不同的社会政策，会导致大相径庭的收入分配结果。他本人以及其他经济学家都指出，正是由于美国经济和社会政策日益偏向富人，使美国成为发达国家中收入差距最大的。例如，斯蒂格利茨等人指出，目前美国 1% 的最富有人口，分别占有美国接近 1/4 的收入和 40% 的财富。

无论是从旨在帮助普通家庭获得更大收入份额的公共领域投资，还是从有助于扩大中产阶级的再分配手段看，美国政府的政策倾向都不利于改善收入分配。美国的政治家和政治学家通过回顾政府政策因素的变化，证明过去二三十年间美国社会是朝着有利于富人而不是穷人或中产阶级变化的。例如，吉林斯等人用计量方法，对 1981—2002 年 1 779 项影响收入的政策进行了分析，发现经济领域的精英和代表商界的利益集团，对美国政府政策具有重大影响，而普通选民和大众团体的政策影响力则微乎其微。

如果说在改革开放的早期，针对在传统体制大锅饭和排斥非公有制经济条件下缺乏激励机制的问题，我国在政策上偏重于“效率优先，兼顾公平”，那么自中共十六大以来，我国政府的政策越来越关注改善收入分配。强调了政府对收入分配的调节职能，做出了调节过大收入差距的承诺。中共十七大之后，着眼于改善城乡之间、地区之间和收入群体之间收入与基本公共服务不均等问题，中央政府实施了区域发展战略和财政转移支付，加强了劳动就业立法和执法，大幅度扩大了社会保障力度和覆盖面，推进了收入分配制度改革。2009 年以来，收入差距的缩小与公共政策方面的这些努力直接相关。

毕竟，我国整体收入差距仍然处于较高的水平，仅仅依靠劳动力市场的转折点并不能产生迅速降低的效果，需要明显加大再分配力度。根据国际经验，即使那些收入差距较小的国家，也是通过再分配才达到公平的分配效果的。例如，从28个收入差距较小的经济合作与发展组织国家情况来看，将其再分配之前和再分配之后的基尼系数进行算术平均，得到的基尼系数为0.47和0.30。也就是说，经过再分配，这些国家的基尼系数平均下降了1.7个百分点。目前我国税收体系仍然是以间接税为主，个人所得税明显缺乏累进的性质，因此，从税收制度改革入手进一步有效调节过高收入，既符合国际惯例，也有巨大的调整空间，预期可以取得更显著的缩小收入差距的效果。

采用新技术、产业升级和全球化不利于普通工人收入提高的说法，早在工业革命的初期就出现了，至今仍然有类似的经验观察。在解释美国的收入差距扩大现象时，引用此类观察并作为证据的研究就颇占上风。例如，科文认为在美国，许多技术创新具有使用公共资源获取私人收益，并且不为广大劳动者所分享的性质。萨缪尔森也发现，以贸易和产业转移为主要内容的全球化，并不能使参与各国以及国内每个群体均等获益，表现为美国受教育程度低的劳动者沦为全球化的受损者。斯宾塞在考察美国就业增长结构后则宣称，产业外包伤害了制造业就业，伤害了美国经济。

上述现象是存在的，但是需要在一以贯之的理论框架下进行具体分析。首先，在资本稀缺条件下推行资本密集型产业过度发展，违背产业结构调整必须遵循的比较优势原则，必然人为提高资本报酬在国民收入分配中的比重，因而形成皮凯蒂式的收入分配格局。其次，技术进步或者全球化本身并不先天地注定是否具有分享的性质：一方面，这取决于进步过程是否能够即时提高劳动生产率；另一方面，这取决于劳动者的报酬能否与劳动生产率的提高保持同步。人们一度观察到一个所谓的索洛悖论，即信息技术的发展并没有带来生产率的提高。但是，后来的事实表明，如互联网和移动技术的发展，恰恰带来更多的灵活就业机会，赋予经济增长前所未有的分享性质。

在刘易斯转折点到来之前，我国充分发挥了劳动力丰富的资源禀赋优势，大力发展外向型劳动密集制造业，并通过积极参与经济全球化实现其比较优势和竞争优势，在推动高速经济增长的同时，实现城乡就业的扩大和减贫。由于这个时期我国经济具有劳动力无限供给的特点，因此，工资增长未能与劳动生产率的提高保持同步，仅仅实现了一个具有分享性的不平等增长。随着刘易斯转折点的到来，普通劳动者工资上涨加速，收入分配得以改善，分享性大幅度提高。不过，有些研究者指出，近年来收入差距缩小的趋势尚不稳定，必须未雨绸缪地迎接新的挑战，才能把收入分配改善的势头持续下去。

在劳动力短缺和工资上涨的情况下，企业通常会根据生产要素的相对稀缺性和相对价格的变化，采用资本替代劳动的策略，即机器换人和机器人换人。从总体趋势上说，这个过程是一种必然性，也是我国经济结构得以升级优化的必由之路。然而，为了使这个过程获得良性推动，同时避免负面效应，资本替代劳动必须把握以下两个重要原则。

第一，要素价格必须反映生产要素的相对稀缺性，形成正确的市场信号。如果要素价格存在扭曲，譬如在实施产业政策中各种补贴和扶助造成对资本价格的干预，使其被人为压低，或者由于户籍制度改革滞后造成农民工就业不稳定，放大了劳动力短缺现象，使劳动力价格被人为抬高，则可能过早地拉高资本劳动比，诱导出超越发展阶段的产业结构，使得比较优势和竞争力进一步降低，影响经济增长和劳动者就业。

第二，劳动者素质要有一个大飞跃，与机器换人和机器人换人的过程相适应。新一代机器人技术乃至自动化技术发展之快，得以同时把物质资本与人力资本，以及操作技能与认知能力融于机器人一身，对劳动力的替代速度很可能会打破以往的时间界限。未来科技革命不仅更加倾向于劳动节约型，而且在某种意义上倾向于人力资本节约型，因此，我们面临一场人力资本革命与机器人技术革命的竞赛。如果劳动者的人力资本不能在这个竞赛中胜出，既可能产生过高的资本劳动比，导致资本报酬递减，也会因自动化排挤各个层次劳动者的就业，最终的结果都会延缓收入分配改善的进程。

此外，有一些旨在缩小地区差距的政策得失值得总结。例如，为了缩小意大利南部（通常称为梅佐乔诺地区）与北部的发展差距，意大利中央政府实施了一系列过度依靠再分配的政策，如收入转移和工资均等化等，造成落后地区对发达地区和中央政府的过度依赖，引导资源流向寻租等非生产性使用，民间投资反而受到抑制。最终的结果是，南方和北方的生产率差距及收入差距挥之不去。与之相比，在实施缩小德国东西部地区差距的政策中，德国联邦政府更着重于鼓励私人投资，增强劳动力市场的灵活性，防止寻租行为，在某种程度上避免了梅佐乔诺陷阱。

我国着眼于城乡之间、地区之间和群体之间基本公共服务均等化，以及提高低收入群体收入，扩大中等收入群体规模，调节高收入，遏制非法收入和垄断收入的再分配政策，总体方向是正确的，取得了改善收入分配的效果。然而，政策的实施中显现出一定的倾向，误用或过度使用再分配政策工具，追求短期收入增长，可能产生对经济可持续性增长的不利影响。

例如，有一些地方政府把最低工资制度误解为干预工资水平的手段，调整频率和调整幅度过大，干扰了市场决定工资的机制；基本社会保险精算水平低，过高的缴费率造成中小企业和微型企业不堪重负；户籍制度改革进展不尽如人意，造成农民工群体的非正常预期，不利于改善人力资本和稳定劳动力供给，人为加剧了非熟练劳动力的短缺和工资上涨过快。

所有这些政策倾向，都会在或大或小的程度上削弱企业的竞争力，造成制造业比较优势的过快丧失，从而削弱我国经济长期增长的可持续能力，最终会通过减少就业机会，反过来伤害普通劳动者，造成收入差距缩小趋势的逆转，甚至可能再次扩大。为避免这种情形发生，应该着眼于让市场配置劳动力资源并形成工资水平，再分配政策则着眼于基本公共服务均等化，保持资源获得和就业机会的平等，通过实现关注民生与保持经济增长可持续性的有效结合，才能使缩小收入差距更符合发展规律，效果更持久。

## 第四篇

# 再创奇迹

本篇讨论的重点是中国能否再创经济奇迹，究竟如何做到。随着中国经济增长速度放缓，能否持续增长成为国内外舆论关注的话题。中国强国目标能否实现，中国梦能否变为现实，全都依靠经济的持续健康发展。笔者认为，挖掘改革红利，推动全要素生产率增长，推进城市化进程，中国经济持续稳定增长充满希望。中国的潜在增长率依然很乐观，潜在劳动力有待开发。总的来看，全面深化改革释放的改革红利能够支撑中国经济在可预见的未来，持续、健康、稳定地发展。只要我们把握好改革的机遇，再创经济奇迹不是梦。

# 第十三章
# 中国能再创经济奇迹吗

随着中国经济的持续高速发展和综合国力的迅速提高，重新取得物质文明和精神文明的世界领先地位，越来越成为亿万中国人的现实梦想，被恰如其分地表述为“中国梦”。中国是人类历史中唯一实现文明延续的文明古国，并将成为唯一经历由盛至衰，继而伟大复兴的国家。

然而，过去的经济增长成就并不能保证未来的增长表现，整体收入水平的提高也并不意味着发展自然而然是包容性和分享性的，从中等收入阶段向高收入阶段跨越的任务，比摆脱贫困陷阱的任务更加艰巨。中国在较短的时间里从低收入阶段进入了中等收入阶段，在世界上有今天这样的地位，归根结底在于过去近 40 年创造的经济奇迹，那么中国梦的最终实现，需要再创中等收入阶段向高收入阶段成功转变的经济奇迹，实现伟大的梦想需要付出更加巨大的努力。

## 中国经济能否继续发展

中国在2021年完成全面建成小康社会第一个百年目标之后，下一个宏伟目标就是：到2049年中华人民共和国成立100年之际，实现中华民族的伟大复兴。这个“中国梦”被表述为“复兴”而不是“振兴”，是因为在历史上，中国在科技发展和经济繁荣方面，并非从来就处于落后地位，而是曾经长期执世界之牛耳。

西方的经济史学家很早就否定了所谓的“欧洲中心论”，指出现有的世界经济格局，即欧洲及其海外移民地区在科技、经济、人均收入上所处的绝对领先地位，并不是从来如此。学者的研究表明，在1500年前后的世界，财富主要集中在东方，而中国在这个“东方”概念中的地位举足轻重。只是在那之后，欧洲才开始崛起，并且在18世纪较晚的时候，东西方的“大分流”才出现。大约在相同的时间范畴里，中国与西方在经济、科技和生活水平上的差距明显拉大，中国逐渐变成一个积贫积弱的国家。

正是改革开放及其创造的经济奇迹，真正扭转了这个历史格局。目前，中国已经成为世界第二大经济体、第一大货物贸易国、第二大货物进口国、第二大对外直接投资国、最大的外汇储备国，拥有庞大的债券市场、大宗商品市场、旅游消费群体，其经济保持中高速增长，不仅是实现伟大梦想的必要前提，也必然为全球经济增长贡献显著的动力。概括而言，中国已经从改革、开放、发展的经验中提炼出了崭新的发展理念，确定了改革目标，正在激发出前所未有的活力。

## 新理念引导新发展

党中央从全局性、根本性、方向性和长远性着眼，确立了“十三五”时期我国经济社会发展的新理念，即实现创新发展、协调发展、绿色发展、开放发展和共享发展。这五大发展理念，体现了以人民为中心的发展思想，升华了国内、国外发展的经验和教训，凝聚了关于发展的理论探索的先进共识，针对我国发展中存在的不平衡、不协调和不可持续的问题，回应了广大人民群众对发展的殷切期待，是中国经济长期可持续发展的理念保障。

特定发展阶段面临的主要矛盾决定了主流发展理念和主攻方向。在较早的发展阶段上，发展往往被局限于经济领域，尤其强调经济总量扩大，造成以经济增长替代更广义发展的理论和实践倾向。这种倾向在特定发展阶段上一经形成，就会导致发展目标的狭隘性、发展模式的偏倚性和发展结果的局限性。在资本稀缺、劳动力相对过剩和居民收入普遍低下的发展阶段，以 GDP 为导向的发展，有助于扩大经济总量、增加就业、提高居民收入，因而是增强国力和改善民生的必要前提。

随着发展阶段以及发展条件和发展环境的变化，不仅发展实践中长期存在并逐渐积累的问题会日益凸显，一些曾经行之有效的理念和实践，也会随时间的变化而趋于失效。最初提出中等收入陷阱问题的世界银行专家，也发现了这样的事实，即帮助一个国家成功地摆脱贫困，进入中等收入国家行列的有效政策，并不足以帮助其成功完成中等收入到高收入的转变。因此，发展理念必须与时俱进。

创新、协调、绿色、开放、共享的发展理念，充分反映了十八大以来的治国理政新理念、新思想和新战略，对关于发展的目的、方式、路径、着力点、衡量和共享等方面的问题做出了全面回应，具体体现了目标导向与问题导向的统一。

第一，创新发展着眼于培养新常态下经济增长的新动力。在改革开放期间，我国经济实现长达30余年平均9.8%的高速增长，主要依靠体现在劳动力和土地的低成本优势与技术“后发优势”上的供给因素，以及居民收入提高、基础设施建设和对外开放带来的巨大需求因素。随着经济发展阶段发生了根本性变化，支撑高速增长的传统动力相应式微。从国际经验和教训看，许多国家在类似发展阶段上，传统增长源泉逐渐消失，又未能培养出必要的创新能力，失去了经济增长的持续动力，因而陷入经济停滞状态。因此，把创新作为引领发展的第一动力，形成经济增长的长期可持续动力，才能保持中高速增长，跨越中等收入阶段。

第二，协调发展着眼于发展的健康性。我国发展长期存在不平衡、不协调和不可持续问题，已经成为阻碍新常态下保持中高速增长和实现分享、包容的障碍。国际经验和我国的现实都表明，在从中等偏上收入向高收入跨越的阶段，各种社会矛盾和社会风险，往往因区域和城乡，经济和社会，物质文明和精神文明，经济建设与国防建设等方面不协调而产生并加深。一些国家也正是因此落入中等收入陷阱。因此，促进发展的协调性，是持续健康发展的内在要求。

第三，绿色发展着眼于发展的永续性，顺应人民对美好生活的追求。绿色发展理念认为，绿水青山就是金山银山，人民对优美环境和良好生态的追求，体现了发展的目的本身。资源一旦枯竭，环境和生态一经破坏，要么是不可修复的，要么需要付出极高的代价。特别是，环境恶化对人的生活环境和人体健康造成的伤害，代价尤其昂贵。全面建成小康社会，要让人民从发展中获得幸福感，必然不能以资源环境和生态为代价。

第四，开放发展着眼于用好国际国内两个市场、两种资源，实现内外发展联动。我国以往的经济发展，受益于经济全球化和自由贸易。现在我国经济与世界经济深度融合，同时世界上出现了有可能逆转经济全球化的政治变化。我们不仅要不断提高利用国际市场、在全球范围配置产能和应对国际经贸摩擦的能力，还要努力发展更高层次的开放型经济，提高国际经贸等方面的制度性话语权，通过参与全球经济治理、提供国际公共产品和打造广泛的利益共同体，主动利用、扩大和引领经济全球化。

第五，共享发展着眼于解决社会公平正义问题，体现中国特色社会主义本质要求和发展目的。我国发展中的不协调问题表现为城乡、区域和居民之间的收入差距以及享受基本公共服务方面的不均等。全面建成小康社会，必须以全体人民共同富裕为根本标志。在最后五年的决胜阶段，分好蛋糕的重要性和难度，丝毫不亚于做大蛋糕。以人民为中心的发展思想，最终要落脚于共享发展理念和举措，具体体现为坚持普惠性、保基本、均等化、可持续方向，从解决人民最关心、最直接、最现实的利益问题入手，提供更充分、更均等的公共服务。

## 经济发展向好的基本面

正如国家主席习近平指出的，中国经济发展长期向好的基本面没有变，经济韧性好、潜力足、回旋余地大的基本特征没有变，持续增长的良好支撑基础和条件没有变，经济结构调整优化的前进态势没有变。其中第一个“没有变”的论断，深刻揭示了我国经济发展进入新常态形势下，经济长期走势的宏观背景和基本格局，指明了对我国经济发展的信心所在和引领新常态的立足点。

准确把握经济发展的基本面，就是要超越短期、扰动性和局部性的现象层面，着眼于主导性的趋势和宏观层面。改革开放是我国发展动力之源，因此，从世情和国情两个方面来理解“中国经济发展长期向好的基本面没有变”这一重要论断，可以增强进一步全面推进改革开放的决心，以及实现中高速增长和产业结构迈向中高端的信心。

从国际政治经济环境来看，和平与发展的时代主题没有变，存在诸多有利于我国经济发展的新因素。尽管金融危机破坏世界经济增长动力的负面影响仍在，但总体上全球经济在深度调整中曲折复苏。虽然有人以发达国家为对象归纳世界经济进入“新平庸”，但是发展中国家的经济增长表现趋好，对世界经济总体增长的贡献度提高，有利于恢复世界经济增长的动力，塑造新一轮全球化高潮。

例如，2014 年世界经济平均增长率为 2.5%。其中，被世界银行定义为高收入国家的平均增长率为 1.7%，中等偏上收入国家为 4.5%，中等偏下收入国家为 5.8%，而被定义为低收入组的国家则实现了 6.3% 的平均增长率。我国通过更加主动地有所作为，积极参与全球经济治理，代表发展中国家的利益在国际经贸规则制定中赢得了更多的制度性话语权，推动对外开放向纵深发展，可以充分利用国际政治、经济环境，实现经济的中高速增长。

以生命科学、信息技术、新能源、新材料等及其与互联网、移动通信的结合为重点领域，新一轮科技革命和产业变革蓄势待发，为我国实现创新发展创造了良好机遇。一方面，我国的人均 GDP 已经处于中等偏上收入国家行列的中等偏上水平，更加接近高收入国家的门槛，正处在投入驱动向创新驱动的增长动力转变过程中，加上特有的庞大国内市场规模和丰厚的人力资本优势，为我国利用科技革命的这个孕育期，未雨绸缪并赢得“先发优势”，实现弯道超车创造了独特的机会。

另一方面，由于在科技领域特别是创新能力方面，我国与发达国家之间仍存在较大的差距，因而我们继续保持科技赶超的“后发优势”。科技史和经济史都表明，越是在新一轮科学技术突破的前夜，后起国家越是能够从现有科技成果存量中获得更多的产业机会和增长动力。因此，“先发优势”和“后发优势”集于一身，有助于我国取得更经济、更有效、更快速的科技赶超，实现创新发展。

从我国自身的发展潜力看，仍然具有中高速水平的潜在增长率，同时有较大的潜在改革红利可供收获。一方面，我国已经进入更高的人均收入水平阶段。另一方面，“未富先老”的新国情凸显出来，人口红利加快消失，我国经济增长的传统动力日渐式微，挖掘增长新动力的紧迫性日益加大。经济增长动力的转换也必然意味着增长速度的换挡，表现为潜在增长率与实际增长率有所下降。但是，基于坚实的物质基础和人力资本存量，即使降低了的潜在增长率和目前实现的实际增长率，仍然可以使我国的经济增长速度在世界经济中卓尔不群。

更重要的是，通过改革开放进一步提高潜在增长率的机会也是广泛存在的。我国还面临诸多体制性因素，不利于挖掘生产要素供给和生产率提高的潜力，因此，旨在消除这些体制性障碍的改革，可以带来改革红利，并直接表现为潜在增长能力的提高。

贯彻落实十八届三中全会部署的全面深化改革战略布局、十八届五中全会描绘的“十三五”时期发展和改革开放蓝图，都将带来实实在在的改革开放红利。

从对外开放看，丰富对外开放的内涵，提高对外开放的水平，推进“一带一路”建设，积极参与全球经济治理等重大对外开放措施，有助于保持经济全球化格局，在合作共赢中维护我国自身的发展利益。

从国内供给侧改革看，户籍人口城镇化率加快提高，可以稳定农民工在城镇的就业，提高非农产业的劳动参与率，保持劳动力转移带来的资源重新配置效应，立竿见影地提高潜在增长率；全面实施一对夫妇可生育两个孩子的政策，有利于生育率向替代水平回归，在一代人之后改善人口年龄结构，增加劳动力供给和降低人口抚养比，提高未来的潜在增长率；深化行政管理、国有企业、财税和金融体制改革，有利于使市场更好地发挥资源配置的决定性作用，有利于政府更好地发府作用，提高全要素生产率。

此外，从国内需求侧改革看，农民工市民化、农村贫困人口全面脱贫、收入分配制度改革，实现更具包容性的共享发展，将充分释放消费需求潜力，均衡经济增长的需求结构，推动宏观经济保持稳定性和再平衡。

## 激发微观活力

每逢经济增长减速时，一个伴生现象就是企业家和投资者的投资意愿下降。投行经济学家辜朝明有一个著名的解释，就是说这是因为企业在危机、资产泡沫破灭之后，针对负债率比较高的情况，急于修复资产负债表，所以贷款需求显著下降。这是辜朝明针对日本1990年以来以及美国20世纪20年代末30年代初的衰退情况，总结出的所谓“资产负债表式衰退”，并以资产价格暴跌后企业修复资产负债表作为经济周期的微观表现，解释为什么尽管货币政策宽松，企业却不愿意借贷。

这是典型的需求侧解释，对于其他国家特别是发达国家可能具有解释力。例如，在列举了莱因哈特和罗戈夫（Reinhart and Rogoff）以过度的债务累积以及随之而来的去杠杆化，伯南克强调新兴市场经济体抛撒现金导致过度储蓄，克鲁格曼借助凯恩斯的流动性陷阱解说分析发达国家经济新平庸后，萨默斯斩钉截铁地说：“发达国家面临问题的原因在于需求侧而非供给侧。”他提出了“长期停滞”的说法，把问题归咎为过低的“中性”实际利率，因此传统货币政策无法予以解套。但是，中国的减速主要因为供给侧因素，这些解释并不适用。

中国经济增长之所以减速，是因为人口红利消失，劳动力供给、人力资本供给、资本报酬率、全要素生产率等因素逆转，对企业和投资者而言，具体体现为生产成本和交易费用的提高。前者如劳动力成本上升，导致单位劳动成本提高，制造业比较优势被削弱；后者如中小企业、民营企业贷款难、贷款贵，以及社会保险缴费率过高等问题。因此，高回报的投资机会减少，项目和投资回报的不确定性增强，导致人们信心不足甚至等待观望。

其实这种观望态度也是全球现象。但是，既然中国与全球经济面临的问题不一样，那么我们是有机会的，并且对于新创业者、中小企业、民营企业尤其如此。固然，投资和创业的高回报时代过去了，但是成本是可以降低的，利润也是可以提高的，只是需要微观领域的参与者努力抓住以下两个机会窗口。

第一，抓住改革的机会窗口，努力搭乘供给侧结构性改革顺风车，分享改革红利。对企业家等经济活动直接参与者来说，大家对哪些改革领域有产业机会都十分了解。比如，以人为核心的城镇化、着眼于农民工的市民化带来的消费机会，与国有企业改革和公私合营模式（PPP）项目相关的投资机会，应对老龄化的养老产业和长期护理制度带来的产业机会，绿色发展和应对全球气候变化的机会，文化和体育产业发展机会等。

值得特别指出的是，中央政府部署的诸如“三去一降一补”及政府职能的“放管服”改革，以及其他类改革，都会产生体制性改善效率的机会，譬如降低生产成本和交易费用，提高资源配置的效率和公平性。此外，我还想强调的是，今后的创业显然不再是占地盘式的扩张，而是着眼于在创造性破坏中的生存和发展。

第二，抓住新科技革命浪潮的机会窗口，把世界性新科技浪潮与中国产业优化升级有效结合。对于创业者来说，新的机会往往是来无影、去无踪的，因而也是稍纵即逝的。因此，我们无须纠缠于新的科技革命是否到来，或者什么时候到来这样的问题。我们可以举马尔萨斯学说产生背景的例子说明这一点。在马尔萨斯形成自己对经济发展和人类命运极端悲观的人口学说的时代，以科技变革为标志的工业革命已经蓬勃兴起。在某种程度上，这也是一种规律性现象，即新的科技革命的说法，通常是事后诸葛亮式的概括，生活在时代当中的人，往往浑然不知。

以互联网、物联网、人工智能为代表的新技术，与此前重大科技革命相比，并非不能带来生产率的进步，也不存在巨大的进入障碍，或者“我来晚了”的问题，而是（如相比于蒸汽机等传统技术）这些新技术更具有通用性，在于其与其他技术的结合，因而成本的下降速度也是惊人的。例如，从当年的“摩尔定律”到如今的“库兹韦尔定律”，即“加速循环规则”（Law of Accelerating Returns，即技术的力量正以指数级的速度迅速向外扩充），人类正处于加速变化的浪尖上，超过了我们历史的任何时刻。这与马尔萨斯时代的特点正好相反。

例如，我国许多新的创业成功案例，都表明创新不在于高大上，而在于恰如其分地把新技术、新组织模式、新业态与当前的生产者需求和消费者需求进行结合。此外，德国、日本和瑞典等制造业，都是着眼于使中小企业的传统技术与新数据、互联网、物联网进行结合。德国中小企业（大都是家族企业、有上百年的历史）在工业 4.0 框架下，通过“老技术—新数据”模式，继续保持制造业的世界领先地位。

## 如何评价增长新格局

在经济发展新常态下，遵循新的发展理念，实现经济中高速增长，显然不能再用传统的方法评价经济增长成效，而是需要找到崭新的标准。习近平总书记要求从根本上提高经济发展质量、效益、竞争力。十八大提出把推动发展的立足点转到提高质量和效益上来。十八届五中全会提出指导“十三五”时期发展的指导思想是以提高发展质量和效益为中心。2015 年中央经济工作会议则进一步明确指出，发展的要求是：投资有回报，产品有市场，企业有利润，员工有收入，政府有税收，环境有改善。

因此，不同于以往以 GDP 及其增长速度论英雄，评价经济增长新格局的依据是看增长的质量。具体来说，我们应该至少把握这五点：第一，应该是没有水分的增长，即不以资源、环境、生态、劳动条件恶化为代价；第二，应该是潜在增长率的提高带来的增长，而不是靠政策刺激超越潜在增长率带来的增长；第三，应该是产业结构调整以生产率提高为取向获得的增长；第四，应该是靠全要素生产率提高，而不是靠传统动能的延续带来的增长；第五，应该是在供给与需求之间新的动态均衡基础上实现的增长。

## 如何打破“西岭效应”

党的十八大把将生态文明建设纳入“五位一体”总体布局，把建设生态文明和生态建设提升为新型人类文明形态的发展目标，完成了关于生态理念的一次认识飞跃。对于资源、环境、生态问题，在国际发展理论中曾经历过“先污染、后治理”到“边污染、边治理”，再到不以后代人发展条件为代价的可持续发展的理念变化。这个理念仍然是将其作为发展的手段看待，而没有自觉地上升到发展本身的高度。习近平总书记认为生态环境是人民群众对美好生活向往的一个重要领域，揭示了“环境就是民生，青山就是美丽，蓝天也是幸福，绿水青山就是金山银山”，“良好生态环境是最公平的公共产品，是最普惠的民生福祉”，这一与时俱进的发展目的观。

在这一新理念的指导下，追求经济增长质量，使得“十三五”开始便取得了良好开局，2016 年在相关指标改善的前提下取得了 6.7% 的 GDP 增长速度。不过，环境治理和生态优化的明显改善，并非一日之功。人们从日常生活中发现，一旦制造业 PMI 等指标有所回升，PM2.5 这样的环境指标则会恶化，似乎增长速度仍然不可避免地与污染的反弹相关联。例如，《经济学人》发表了一张图，表明空气中微小颗粒物（PM2.5）的降与升，在时间上呈现了与工业产出起伏的同步性。这让我想起多年前听到的一个故事。

2008 年汶川特大地震发生后，作为一种智力救灾举措，我带领一个团队赴震区进行调研。与我们合作调研的四川同事向我说起一种观察到的有趣现象。大家都知道唐代诗人杜甫的著名诗句——窗含西岭千秋雪，门泊东吴万里船。在很长一段时间里，四川朋友都把这当作一种诗意的想象，因为在成都市内用肉眼看不到西岭。但是，当大地震后，工厂和交通等经济活动一度停下，空气中污染物明显减少，人们惊讶地发现，原来从市区真的可以看到西岭。

因为这个故事，我把环境（甚至生产事故）与速度之间的替代关系（经济学中称为 trade-off）称为“西岭效应”。不过，我的用意并非认可这种替代关系，我所说的“西岭效应”也不是一个绝对、一成不变的规律。简单地说，似乎这个规律显示，只有主动放弃 GDP 目标，牺牲速度才能保持环境质量的改善。的确，许多中外学者正是这样向中国决策者建言的。

然而，对此存在着针锋相对的不同意见。例如，在瑞士小镇达沃斯举办的世界经济论坛2017年年会的一次媒体会上，林毅夫以“雾霾经济学”为题发表演讲，批评这种观点，强调仍然需要GDP及其增长速度。他的逻辑是，从国家之间的横向比较来看，在极低和很高的收入水平下环境都比较好，而在中等收入阶段环境则比较差。既然我们不能回到低收入水平，因此，唯一的选项是加快发展，进入能够改善环境的高收入阶段。当时我也在场，在随后的演讲中，我表示赞同林毅夫教授坚持经济发展的结论，但是也婉转地表示不太认可他的论证逻辑，也不希望等到进入高收入阶段再期待库兹涅茨环境曲线的转折点。

绝大多数学者都会认为，之所以会呈现“西岭效应”所描述的环境与速度之间的这种替代关系，根子在于背后的增长方式。换句话说，增长方式不发生变化，这种关系就会存在下去，环境改善与恶化之间的循环往复，便可能一而再、再而三地出现。事实上，有研究者发现，2016年下半年经济指标改善期间，的确出现了传统经济增长因素反弹，新经济因素相对弱化的倾向。所以解决问题的出路不是不要发展，而是要在增长方式转变的基础上保持合理的增长速度区间，转变经济发展方式就是关键。

## 开启正确的政策工具箱

针对国际上唱衰中国经济的声音，李克强总理多次说，中国的政策工具箱尚有足够的储备和后手。不过，对于不同的听众而言，这个工具箱中究竟储备的是哪一类工具，理解是不尽相同的。我们应该全面梳理一下这些潜在的工具，各自的性质，哪些可用，各自的效果，选择的时机，分别具有多大的成本和收益。

彭博社说中国有六个工具可用，并将其称为“可供选择的一系列刺激政策”。第一，降息。有人认为中国的年贷款利率和存款利率仍然太高。第二，降低存款准备金率。一些人认为，中国的存款准备金率为世界最高，如降10个百分点，则可释放出13万亿元银行资金用于放贷。第三，直接贷款，譬如央行向政策银行和开发银行注资进行专项建设。第四，让人民币贬值。第五，中央银行出手买单。第六，增加财政开支，如基建投资等。彭博社提到的都是刺激性的工具，而且着眼于外需和投资需求刺激。一方面，我们应该认真分析这些政策工具，特别是从成本和收益的角度；另一方面，我们必须更加关注供给方的政策工具。

国际上的观察家都不否认中国经济增长的可持续性，以及预期对世界经济的重要贡献。不过，对于中国经济如何增长，进而对全球经济做出贡献，却常常或者欠缺考虑，或者存在误解。例如，有些人寄希望中国实行更多的刺激政策，以便搭中国经济增长的便车，甚至通过贸易和投资牟利。甚至一些投行经济学家采取短线、偷懒的策略，即不是通过揭示中国经济长期向好的基本面，以增强客户投资于中国未来的信心，而是通过渲染中国经济悲观论，希冀看到中国政府出台更多的经济刺激措施，以此来调动客户的投资热情。

表面来看，道理似乎很简单并且直截了当：靠投资刺激起来的中国经济增长，必然会对能源、原材料和设备进口，乃至外来投资产生一定的需求，从而对特定的投资者或企业有利，甚或可以形成一种对其他国家经济短期复苏的外溢效应。然而，从更深层的逻辑上看，这种想法和做法，于人于己都是不负责任的。

首先，即便靠宏观经济政策刺激真能够短期奏效，充其量是短期投资者或投机者一次性获利，一些对中国经济依赖性较强的国家也可获益。然而，由此实现的中国经济较快的增长速度却是不健康的，也是不可持续的。世界经济需要的是可持续增长动力，而不是只管一时之用的镇痛药或强心剂。

其次，正如中央已经做出的明确判断，中国经济面临的增长速度下行以及其他挑战，主要不在于需求侧，而在供给侧。由于人口红利消失，劳动力和人力资本供给以及全要素生产率的提高速度放慢，投资回报率下降，导致潜在增长率下降。预测表明，“十三五”时期潜在增长率为 6.2%，这与中高速增长要求的 6.5% 略有差距。然而，着眼于需求侧，靠宽松货币和扩大投资的刺激政策，并不能改善生产要素的供给和配置效率，弥补这个增长率差距反而会加剧产能过剩，企业高成本、高债务杠杆、高金融风险等问题，延误结构性改革和发展方式的转变进程。

总而言之，超越潜在增长率的实际增长速度，不仅是不可持续的，而且是危险的。那么，有没有办法填补预测的潜在增长率与中高速增长要求的实际增长率之间的缺口呢？答案是肯定的，而且预期的结果是乐观的。

我们对改革及其带来的效果进行模拟，得出的结论是：推进供给侧结构性改革，可以以创新、协调、开放、绿色和共享的方式，提高潜在增长率，以实现不低于 6.5% 的增长速度。而且，我们的模拟也显示，改革越到位、力度越大，今后几十年中的潜在增长率，越遵循一个 L 型的变化轨迹。这不仅可以从供给侧为全球经济增长提供动力，也因中国城乡居民收入水平及均等化程度的不断提升，而从需求侧对全球经济回到正常轨道做出贡献。因此，从供给侧考虑，工具箱里的政策手段，主要应该用来通过供给侧结构性改革，实现劳动生产率、全要素生产率和潜在增长率的提高。

## 为什么强调“三个提高”

2016年，中央经济工作会议提出“三个提高”：提高劳动生产率，提高全要素生产率，提高潜在增长率，指出了转向新的增长方式和新的增长动能的根本要求与具体路径。这“三个提高”的针对性是什么，三者之间的逻辑关系又是什么呢？

长期以来，每逢出现经济增长减速，我们都将其看作一个下行周期，通过调整宏观经济政策取向，最终减速都会被遏止并回归正常水平。然而，当前的经济形势与历史上的经验不尽相同，自2012年GDP增长率降到8%以下并保持下行趋势，是我国经济进入增速换档期、潜在增长率下降的表现，是结构性因素而非周期性因素所致。把对经济形势的判断统一到经济发展新常态的认识上，政策应对才具有针对性，才能预期取得良好的效果。

生产要素供给和生产率提高的潜力决定着一个经济体的供给能力，表现为潜在增长率。在供给能力既定的条件下，需求方面的周期性变化，决定着实际经济增长是低于潜在增长率、高于潜在增长率，还是恰好与潜在增长率相适应。其中，第一种情形是前三次经济增长出现低点的原因，通常应对策略是实施刺激性的宏观经济政策。第二种情形通常表现为通货膨胀，以往也多次发生，也有相应的应对政策手段，通常是实施从紧的宏观经济政策。

经济发展进入新常态，意味着经济下行不是实际增长速度低于潜在增长率的表现，而是由于人口红利消失导致潜在增长率本身下降。潜在增长率之所以下降，是因为与人口红利相关的传统动能式微乃至消失。因此，适应新常态的题中应有之义就是接受一个减慢的速度。与此同时，引领新常态意味着通过加大增长新动能，保持一个合理区间的中高速。归根结底，劳动生产率的提高是解决劳动力和人力资本不足、资本回报率下降的根本出路。

一般来说，经济增长的传统动能包括物质资本、劳动力数量、与人口变化相关的人力资本，以及其他物质投入，而经济增长新动能则主要表现为劳动生产率。劳动生产率的提高有以下三个主要来源。

第一，资本劳动比的提高。随着劳动力成本的提高，资本替代劳动或机器换人必然发生。但是，这种替代因受到资本报酬递减规律的制约，不可能一蹴而就。如果劳动者素质不能适应操控机器的要求，资本替代劳动则得不偿失。我们知道中国劳动力变得越来越贵了，企业家的一个直接反应就是要用机器替代劳动力。但是机器替代劳动力是有限制的，因为机器要有更高素质的劳动力来看管和照料。虽然劳动力变得昂贵了，但是能不能做到一个人看管两台机器呢？一下子还做不到，因为我们的劳动力素质不够。这就意味着，当机器增加时，投入的资本的回报率会下降。所以，不能一味靠提高资本劳动比来提高劳动生产率。

第二，人力资本的改善。操作工人素质的提升以及工程师比重的提高，是较少数量的劳动者操作更多机器设备的必要条件，因此，如果缺乏技能更高，技能更新能力和创造力更高的劳动者，资本替代劳动的过程就难以达到预期的效果。劳动者的素质或人力资本是否能够支撑劳动生产率的迅速提高呢？事实证明也不行。经济学家在构造计量经济学模型时，通常以受教育年限作为人力资本的代理变量，放在模型中看其对经济增长的贡献。然而，这个指标并非可以加把劲就得以提高的东西。经验表明，受教育水平的提高需要长期积累，而不是一朝一夕就可以做到的。

例如，根据人口普查和1%人口抽样调查数据计算，即使伴随着义务教育普及率的提高和高等教育的扩招，16岁以上人口的受教育年限，1990—2000年仅仅从6.24年增加到7.56年，总共才增加1.32年，2005年为7.88年，5年只增加了0.32年。何况，义务教育毛入学率已经相当高，高等教育也进入大众化阶段。进一步增加全部人口的受教育年限，的确需要假以时日。

第三，全要素生产率的提高。通过应用新技术、推动创新和改善资源配置，提高全要素生产率，这是劳动生产率最根本、可持续的源泉，涉及创造竞争环境等体制改革。可以显著并且可持续性地提高劳动生产率的途径，主要还需指望全要素生产率的提高。全要素生产率，是指在各种生产要素的投入水平既定的条件下，达到的额外生产效率。比如，一个企业也好，一个国家也好，如果资本、劳动力和其他生产要素投入的增长率分别都是5%，如果没有生产率的进步，正常情况下的产出或GDP增长也应该是5%。如果显示出的产出或GDP增长高于5%，譬如8%，这多出来的3个百分点，在统计学意义上会表现为一个“残差”，在经济学意义上就是全要素生产率对产出或经济增长的贡献。

提高全要素生产率通常有两个途径：一是通过技术进步；二

是通过生产要素的重新组合提高配置效率，主要表现为在生产要素投入之外，通过技术进步、体制优化、组织管理改善等无形要素推动经济增长。从微观层面上讲，企业采用了新技术、新工艺，开拓了新市场，开发了新产品，改善了管理，体制改革激发了人的积极性，都可以提高全要素生产率。从宏观层面上讲，通过资源重新配置，比如劳动力从生产率较低的农业部门转向生产率较高的非农业部门，就可以提高全要素生产率。

可以说，越是在更高的经济发展阶段上，越是要靠全要素生产率的提高实现经济增长。大量经济学文献显示，全要素生产率的表现，既可以解释可持续经济增长与经济停滞的反差，也被证明是许多国家陷入中等收入陷阱的主要原因。在我国当前所处的发展时期，准确认识、把握、适应和引领新常态，重中之重是寻求经济增长新动力，实现创新发展。一方面，这个增长新动力主要来自全要素生产率。另一方面，全要素生产率是衡量创新绩效和增长质量的重要指标。

## 产业结构调整的生产率导向

有的研究者认为，由于第三产业的劳动生产率低于第二产业，前者的发展逐渐领先于后者，是经济增长减速的原因之一。且不论这个判断的政策含义是什么，其是否正确这个问题并不是一个纯理论思辨的问题，需要在数据分析的基础上通过实证研究才能得出结论。本书认为，总体来说我国产业结构的调整，是朝着有利于提高生产率的方向进行的。同时，加快旨在促进生产要素市场发育的改革，有助于产业结构沿着升级、优化的方向得到调整，可以避免产业结构演变的“逆库兹涅茨化”。

## 产业升级的要义

虽然很久以来经济学家就总结出产业结构演进的规律，如克拉克发现并揭示，产业结构调整通常沿着第一产业、第二产业和第三产业的顺序进行演化，但是真正揭示产业演进动力和结果的，则是库兹涅茨。他指出产业结构升级的关键，是资源从生产率较低的部门向生产率更高的部门转移，经济整体的资源配置效率得以提高。我们可以将此视作“库兹涅茨式”产业结构演进。由此，如果产业结构演进的确遵循第一产业、第二产业和第三产业的顺序，其隐含假设则是生产率按照相同的产业顺序依次提高，因此，一国经济的整体资源配置效率得以不断改善，表现为全要素生产率的提高。

改革开放时期，我国产业结构的调整基本上是按照生产率提高的规律进行的，产业间的资源重新配置效率构成全要素生产率增长的重要部分，对这个时期的经济增长做出了显著贡献。例如，从三大产业的劳动生产率，即每个劳动力生产的该产业增加值来看，1978—2013 年，农业劳动生产率从劳均 0.04 万元提高到劳均 2.92 万元，从相当于非农产业劳动生产率的 16.4% 提高到 31.8%。这个生产率提高固然有技术进步带来的增产等因素在起作用，更主要的则是农业劳动力比重持续下降的效果。根据对官方数据进行调整后的重新估计，在同一期间，农业劳动力比重从 70.5% 下降到 21.9%。

然而，并非按照从第一产业先后到第二产业和第三产业这样的顺序所进行的产业结构调整，就自然而然产生提高劳动生产率和改善资源配置效率的效果。近年来，有的观察者开始注意到，劳动力从第二产业到第三产业的转移有时反而导致劳动生产率下降。如果这是事实，则意味着出现了产业结构调整过程中的“逆库兹涅茨化”现象。

继 1994 年我国第三产业就业比重超过第二产业之后，2014 年第三产业 GDP 占比首次超越第二产业，第二产业和第三产业分别占到全部 GDP 的 43.9% 和 46.1%。这个变化被普遍看作结构调整的一个重要里程碑。然而，如果这个变化的背后隐藏着生产率下降的事实，则需要重新审视一直以来把提高第三产业比重作为结构调整目标的政策导向，或者需要重新审视提高第三产业比重的恰当方式和途径。

从总体上观察，2013 年，我国第二产业和第三产业的劳动生产率分别为劳均 10.8 万元和劳均 8.8 万元，后者比前者低 18.5%。由此来看，有人认为第三产业比重的提高会降低整体资源配置效率，甚至要对经济增长减速负责，也不无缘由和针对性。不过，存在这样的担心固然可以具有未雨绸缪的作用，得出这个结论的统计依据却不足。

为这个问题寻找答案，关键不在于第三产业的比重是否提高，或者第二产业与第三产业之间是否具有此消彼长的关系，而在于两者的相对变化趋势是怎样的。我们可以借助于一个统计指标——比较劳动生产率（每个产业的产值占比与就业占比之间的比率）来观察第二产业与第三产业之间的资源配置是否合理。在仅仅考虑这两个产业的情况下，长期以来第二产业的比较劳动生产率一直明显大于 1，意味着以较小的劳动力比重创造了较大的增加值比重，而第三产业的比较劳动生产率一直明显小于1，即以较大的劳动力比重创造了较小的增加值比重。这说明资源在产业之间的配置未达到最优状态。

但是，在过去的一个时期，第二产业的比较劳动生产率呈现向1收敛的下行趋势，而第三产业的比较劳动生产率则呈现向1收敛的上行趋势。这样的变化趋势，特别是第三产业产值比重超过第二产业的转折点，是资源配置向合理方向变化的标志。

## 堪忧的“逆库兹涅茨化”

不过，对于产业结构发生“逆库兹涅茨化”的现象做出警示，也不是完全没有针对性的。其实，在现实中已经出现某些值得关注的端倪。在我国经济发展进入新常态的条件下，经济增长速度将明显减缓，保持经济增长可持续性要求通过加快产业结构调整和升级，把增长的动力从投入驱动转向生产率驱动。

实际上，一个经济体逐渐从二元经济发展阶段转向新古典阶段，意味着经济增长越来越依靠全要素生产率的提高。从微观层面看，企业提高效率的努力可以多种多样，如采用新技术、开拓新市场、改善管理等。从宏观层面看，全要素生产率的提高归根结底是通过资源配置效率的提高体现出来的，因此，产业结构调整必须遵循提高生产率的原则。潜在和实际存在的“逆库兹涅茨化”产业结构调整现象，至少有以下两个表现。

第一，由于户籍制度改革没有完成，已经转移到城镇就业和生活的农民工，由于不能均等地享受城镇的基本公共服务，特别是不能享受基本社会养老保险、失业保险和最低生活保障待遇等社会保障，往往会在具有很强的就业能力时退出城镇劳动力市场。在现实中，农民工一般在40岁以后就会考虑返乡。虽然返乡后，他们仍然处于就业状态，但是从非农产业回归到务农状态，从沿海地区的城市经济就业回到中西部地区的农村经济就业，必然意味着生产率和资源配置效率的降低。

所以，如果说劳动力从农业和农村转移出来，到城镇非农产业就业是一种对经济增长做出重要贡献的资源重新配置，推动了库兹涅茨式的产业结构演进，那么这种农民工返乡则表现为“逆库兹涅茨化”现象，不仅减少了劳动力供给，更降低了资源配置效率，不利于保持经济的可持续增长。

据说爱因斯坦有句名言：“如果事实与理论不符，你应该去修改事实。”显而易见，爱因斯坦不是在倡导本本主义，也不是在怂恿你去篡改事实。我的理解是，一旦用以观察事实的方法是错误的，由此得出的所谓经验结论，就不足以让人轻易放弃理论。最近关于城镇化和农村劳动力转移的两个观察及其推论，就没有建立在正确的理论和规范的方法基础上，容易对政策形成误导，无疑属于应该予以修改的“事实”。以下两个观察是相互关联的：其一，宣称农民工正在撤离城市并且不再回来；其二，妄断农民不愿意放弃务工的身份而成为市民。

首先，为服务于严肃的研究而进行的统计学意义上的调查，与为了新闻报道或者业余评论员所做的想当然的“调查”，本质上完全不是一回事。总体来说，我们从一系列舆论焦点事件可以看到，后一种所谓的“调查”基本上不遵循任何统计方法论，更不懂得什么叫“抽样”，什么叫“随机性”，对表面现象也不能做出准确的解释。特别是，当调查人员不是采用客观的指标，靠分析数据得出结论，而是简单地询问以便印证某种结论时，方法论上则大错特错。

其次，人们似乎看到了劳动力倒流现象，这实际上是人口变化的结果。随着人口变化、农村新成长劳动力数量的绝对减少，外出农民工的增长速度必然减慢。例如，无论按照农村常住人口口径，还是按照农业户籍人口口径，16—19 岁的青年人口数量在 2014 年都达到峰值，此后每年减少。相应地，外出农民工增长趋于停滞。2005—2010 年，外出农民工每年增长 4%，2014 年仅为 1.3%，2015 年更下降到只有 0.4%。

2004—2014 年，按照国家统计局定义的进城务工经商的农民工，对城市化率提高的贡献大约为 1/4。因此，按照现行城镇化这个统计趋势，外出农民工数量减少和增速下降（甚至停滞），必然减缓城镇化速度。换句话说，新成长农村转移劳动力进入负增长，而不能在城市落户、退休养老的“老农民工”又继续返乡，其净结果便是逆城镇化和“逆库兹涅茨化”。

第二，劳动力从第二产业向第三产业转移，是库兹涅茨式的产业结构演进，还是与此相背离的变化方向，取决于从怎样的第二产业转移到怎样的第三产业。实际上，第三产业是一个涵盖甚广的大产业，既包括与居民日常生活息息相关的传统服务业，也包括一系列与新科技紧密结合的现代服务业，生产率水平大不相同。我们可以利用第一次经济普查和第三次经济普查数据，考查 2004—2013 年第三产业的发展及其构成的变化。

如果我们把第三产业大体上划分为“传统服务业”（批发和零售业，交通运输，仓储和邮政业，住宿和餐饮业，居民服务，修理和其他服务业）和“现代服务业”（水利，环境和公共设施管理业，信息传输，软件和信息技术服务业，金融业，房地产业，租赁和商务服务业，科学研究和技术服务业，教育、卫生和社会工作，文化、体育和娱乐业，公共管理，社会保障和社会组织）两类部门，在此期间前者增长了117.4%，2013年占全部第三产业的比重为34.7%；后者增长了68.3%，2013年占全部第三产业的比重为65.3%。

两种类型服务业的发展趋势既是同方向的，也有不尽相同的诱因和动力。不仅在经济发展进入更高的阶段时，改善人民生活水平对发展各种生活服务业有更大的需求，新常态下的经济增长驱动力，也越来越有赖于诸多现代服务业部门的加快发展。一方面，传统服务业增长明显快于现代服务业，这无疑是一个降低生产率的因素。另一方面，由于现代服务业占比高，因此其对第三产业发展的贡献更大。

当我们讲通过产业结构调整实现资源重新配置时，并不一定意味着第三产业与制造业的此消彼长。实际上，制造业升级也包括从价值链“微笑曲线”的底端在两个方向上延伸，从制造过程延伸至研发、设计、营销、售后服务等生产性服务业，后者帮助制造业变得更具竞争力。这样，制造业升级和现代服务业发展就可以同步实现。

国际比较表明，分别处于不同发展阶段的许多国家的第三产业的就业比重都高于我国，背后的逻辑以及第三产业的内涵却不尽相同，甚至大相径庭。一般来说，发达国家的服务业比重较高，而且通常是在高度工业化的基础上发展起来的现代服务业。例如，在美国、德国和日本这样的制造业大国，服务业比重已经高达70%—80%。

此外，一些长期徘徊在中等收入水平上的国家也有较高的服务业比重，却往往是制造业缺乏比较优势，甚至是产业结构“去工业化”的结果，表现为以传统服务业为主的特征，并不代表一种产业结构的高度和优化，反而可以被看作经济增长的结构性弊端之一。

## 改变产业结构升级的思路

把结构演化真正变为生产率提高导向型的产业升级和优化过程，最重要的原则是充分发挥市场机制配置资源的作用，避免政府过多地使用政策手段人为推动结构调整。在面对产业结构调整这样具有重要性和紧迫性的问题时，政府往往急于寻找可以产生立竿见影效果的政策抓手。除了一般性的倡导之外，传统上政府习惯使用的并且在以往被认为“行之有效”的政策抓手，主要是实施附带一系列奖惩措施的产业政策，即从财政、税收、信贷、审批等方面支持意欲鼓励发展的产业，或者抑制意欲限制发展的产业。

正如国内外大量发展经验所表明的那样，虽然一般来说实施产业政策的本意是好的，也可以取得预期的效果，但是实践中也不乏相关激励措施使用过度，扭曲了生产要素的价格，把自然的产业结构演进变成人为干预过程的事例，常常事倍功半甚至适得其反。

在观察到产业政策实施过程中存在问题的情况下，一些研究者建议放弃这种政策形式以及政府对产业结构调整的干预，完全由市场自发调节产业结构的演进方向、节奏和力度。这不啻为一种把婴儿随着洗澡水倒掉的想法。实际上，发挥市场机制配置资源的决定性作用，与政府在产业结构升级过程中更好地发挥作用并不矛盾，而且政府履行职责仍然有切实有效的抓手。目前，遵循提高资源重新配置效率的原则实现产业结构升级和优化，防止产业结构变化的“逆库兹涅茨化”倾向，政府的抓手在于推动深化若干重要领域的改革，特别是有利于生产要素市场发育的改革。

生产要素市场发育的关键是把价格信号搞对。只有生产要素价格充分反映资源的相对稀缺性，全国乃至每个地区的比较优势才能得到显示，产业结构的调整才会与比较优势相符。此外，只有生产要素充分流动，才能引导形成资源有效配置的产业结构。

首先，促进劳动力转移并使那些已经实现就业转移的农民工真正在城市落户，使其稳定从事非农产业就业，不至于发生逆向转移以及重新造成资源配置的低效率，要求加快推进户籍制度改革。

其次，旨在提高资源配置效率的产业结构变化，归根结底要表现为千千万万个企业和投资者遵循要素相对价格变化的方向，进入具有比较优势的产业，退出丧失了比较优势的产业。

充分竞争和待遇公平的金融服务，既可以帮助企业和投资者根据自己的判断做出理性选择，又可以避免优惠政策可能导致的对比较优势的错判，以及在产业结构调整中出现盲目的一拥而上现象。这对深化金融体制和投融资体制改革，实现资金的合理分配和有效使用提出了紧迫要求。

2016 年，中国经济学界有一件备受关注的大事，即国内最具影响力的两位经济学家林毅夫和张维迎之间，进行了一场关于产业政策的公开论战。简单地说，林毅夫主张制定和实施产业政策，以便发挥好市场配置资源的作用和政府的作用，张维迎则坚定地否定产业政策的有效性和必要性。媒体也常常会问我怎么看待这场争论，总体上，我认为需要产业政策。

但是，这个产业政策的核心不是告诉市场及其主体要发展什么产业，而是以何种理念引领产业发展，所以既有强调市场发挥决定性作用的意图，也有更好地发挥政府作用的意图。试图告诉市场发展哪些产业，容易越俎代庖，而把问题完全交给并不完善、不完备的市场，也容易使这个过程失去创新性和共享性，迷失产业结构优化升级的方向。前一种情况如霍夫曼定律误导出重工业优先发展战略，后者如工业革命、计算机和信息技术以及人工智能革命长期不具有共享性质（如在美国发生的那样）。下面我着重从制造业与其他产业的关系分别讨论。

第一，制造业与服务业。库兹涅茨认为产业结构调整目的是提高生产率。如果后者脱离前者发展，按照规律，生产率有可能会降低，形成所谓“逆库兹涅茨过程”。比如统计中显示，第三产业的劳动生产率比第二产业低 18%。因此，只有为制造业升级服务的生产性服务业才是创新型的，才能避免“逆库兹涅茨化”。

第二，制造业与金融业。2015 年，金融对 GDP 增长做出了一定贡献，但这不是我们赋予金融业的任务，这种贡献既是不可持续的，也会带来过高的风险。离开供给侧和实体经济，在需求侧刺激的宏观经济政策，效果不会好于实体经济，这相当于“推绳子”，过分宽松会导致货币量外溢，在金融业自我循环，助长那些与比较优势和竞争力无关的行业泡沫。

第三，制造业与信息技术、人工智能技术。以往在英国、美国等国家显示的经验表明，此类新技术并不自然而然带来共享，这与 18 世纪末、19 世纪初的工业革命有相似之处。如那时在英国科技进步如火如荼的工业中心，老百姓的生活质量甚至低于全国平均水平

（如人均预期寿命低 15 年）。只有以制造业或实体经济为服务对象，这些技术才能以人民为中心，才不会与普通劳动者无关，或者排斥各类劳动者。

第四，制造业与建设领域（基础设施和房地产行业）。房地产是容易形成泡沫的行业，不能指望其对 GDP 做出大且稳的贡献，它不是产业结构调整的方向。基础设施建设需要由实体经济派生出真实需求，除了必要的补短板之外，不应该超前发展，否则不仅起不到保增长的效果，还会因为伤害实体经济，丧失增长速度。如清华大学教授白重恩的研究表明，过多的建筑业反而加重了劳动力短缺，加大工资上涨压力。工资上涨速度超过劳动生产率，导致单位劳动成本过快提高，降低制造业的比较优势。

因此，我的结论是，产业结构优化升级，既包括制造业本身的升级换代（核心是提高生产率），也包括围绕实体经济（制造业）相关产业的发展和比重提高。以服务于实体经济和提高生产率为目标，产业结构调整才符合创新和共享发展的理念。

# 第十四章
# 从人口红利到改革红利

经济保持中高速增长从而再创经济奇迹，关键在于推进供给侧结构性改革。在经济发展新常态下，保持经济中高速增长的任务，并不简单的是实现某一个百分点的增长率，核心是实现增长动能的转换，即以生产率驱动的方式实现预期的增长目标。放弃经济周期分析框架和从需求侧寻找政策手段的思路，转而从供给侧那些导致潜在增长率下降的因素着眼，从妨碍生产要素供给和全要素生产率提高的体制性障碍入手，在关键领域通过结构性改革挖掘新的增长动能，提高潜在增长率，是保持中国经济可持续性增长的关键。

## 以人为核心的新型城镇化

以人为核心的新型城镇化，是十八大以来中国推进城镇化的战略新理念。这一新理念是在总结国内外成功的城镇化经验，反思国内外城镇化实践中存在的问题的基础上形成的，既具有高屋建瓴的理论高度，也符合当代中国国情，因应经济发展进入新常态面临的挑战。坚持目标导向与问题导向相结合，推进以人为核心的新型城镇化，是践行创新、协调、绿色、开放、共享发展理念的重要一环。

## 道路决定结果

世界各国的经验表明，城镇化是经济社会发展的结果，也是现代化的必由之路。这揭示了城镇化的双重属性，既是发展的手段，也是发展的结果。由于工业化需要借助规模经济和集聚效应，引起产业的集聚和人口的集中，推动服务业、城市基础设施和公共服务供给部门的发展，提高城镇化水平。反过来，与城镇化水平提高相伴而来的产业集聚，人口、人才和创意的集中，以及更有效率的公共产品供给，为促进创业和创新活动打造良好的平台，改善居民的生活质量，从而提高经济发展的可持续性和共享性。

从人均 GNI 与城镇化率（城镇人口占全部人口的比例）的关系做国际比较，我们可以清晰地观察到，城镇化率与经济发展水平密切相关、互为因果。

根据 2015 年的数据，被世界银行划分在低收入组的国家（人均 GNI 低于 1 035 美元）的城镇化率平均为 31%，中等偏下收入国家（人均 GNI 在 1 035—4 086 美元）的城镇化率平均为 39%，中等偏上收入国家（人均 GNI 在 4 086—12 616 美元）的城镇化率平均为 64%，而高收入国家（人均 GNI 高于 12 616 美元）的平均城镇化率则高达 81%。可见，城镇化水平持续提高是经济社会发展的规律，具有历史必然性。同时，由于从较低收入水平向更高收入水平的跨越是长期经济增长的结果，城镇化必然是一个长期的历史过程。

然而，从国际经验也可以看到，不仅世界各国城镇化的推进节奏参差不齐、推进方式千差万别，城镇化带来的结果也并非全是正面的，甚至形成一个具有普遍性的痼疾——“城市病”，不仅在发达国家的城镇化历史上屡见不鲜，如今更广泛地存在于发展中国家的现实中。

被普遍观察到的这类城镇化的消极后果，包括因工业化滞后于城镇化造成的城镇失业，生产要素过度外流导致的农业衰落和农村凋敝，就业机会和公共服务供给不足造成的城市贫困，以及由此滋生的城市犯罪现象。在很多发展中国家存在的城市贫民窟现象，就是上述城镇化负面结果的一个缩影，最集中地表现并诠释了所谓的“城市病”。很显然，在一些国家的某些时期，这种病态的城镇化终究不能惠及民生。

由此可见，人们对城镇化的期望值与城镇化过程的后果之间，完全可能存在一个巨大的缺口。这也给了我们启示，推进健康的城镇化，要求人们在更深的层次认识城镇化自身的规律，以及城镇化与其他经济社会发展领域的关系，在认识论层面实现从“必然王国”到“自由王国”的跨越。能否认识和遵循城镇化的相关规律，关键在于推动城镇化是否立足于以人民为中心。

城镇化不是一个孤立、可以单兵独进的事件，而是一连串经济社会发展的过程和结果。与特定发展阶段相适应的城镇化过程，需要依托一系列经济和社会条件。例如，农业达到的机械化和劳动生产率水平，工业化的进程和方式，城市基础设施和公共服务供给能力，城乡生产要素市场特别是劳动力市场的统一程度，土地制度类型和状况，以及政府的城市治理能力等，都决定着城镇化的步伐和健康程度。国内外的成功经验和失败教训从两方面表明，顺应发展规律的城镇化可以提高发展的共享性，反之则不可避免地伤害发展的共享性。

推动城镇化既要遵循一些共同的规律，也往往受制于不同国家和不同发展阶段的条件因素。只有从每一个国家的特殊国情出发，因时因地制宜，才能健康、扎实地推进城镇化。

例如，在包括劳动力在内的各种生产要素均衡流动、每个人都具有充分选择机会的情况下，劳动者及其家庭按照要素回报和福利最大化的原则流动，就构成具有包容性的城镇化，而以剥夺农民的生产要素为出发点，使人们被动地背井离乡，就难以形成人人获益的城镇化。此外，在那些制造业未得到充分发展、耕地分配严重不均等的国家，城镇化的结果必然表现为农民因失地而流离失所，进城后又遭遇高失业率的困扰，进而陷入贫困甚至会铤而走险走上犯罪之路。

## 新在以人为核心

在计划经济时期，我国的城镇化处于停滞状态，显著落后于世界平均水平。例如，1960 年我国城镇化率（16%）尚不到世界平均水平（34%）的一半，从那时直到 1978 年，城镇化率仅仅提高了 2 个百分点。在改革开放期间，我国不仅创造了高速经济增长的奇迹，而且实现了世界上最快的城镇化速度。

观察 1978—2015 年的城镇化率提高速度，我国年平均高达 3.1%，世界平均为 1.0%，低收入国家平均为 1.5%，中等偏下收入国家平均为 1.2%，中等偏上收入国家平均为 1.7%，而高收入国家平均只有 0.3%。2015 年，我国城镇化率达到 56%，已经超过 54%

的世界平均水平，与我国目前所处的发展阶段，即2015年人均GDP达到7 800美元从而进入中等偏上收入国家行列的地位相符。

我国在改革开放以来实现的快速城镇化，不仅是同一时期创造的经济社会发展奇迹的一部分，也是这一时期高速经济增长的重要驱动力。从供给侧看，通过把农业中长期积累的剩余劳动力转移到城镇非农产业就业，这一时期的城镇化推进保证了高速增长所需的劳动力和人力资本供给，维持了高储蓄率和高资本回报率，提高了资源重新配置效率和全要素生产率。从需求侧看，城镇化创造了更多的基础设施投资机会，同时使广大农村人口分享了改革开放和发展的成果，扩大了国内需求。

不过，这个时期的城镇化也是粗放型经济发展方式的一部分。随着我国经济发展进入新常态，这种城镇化模式也暴露出各种问题，集中表现在土地的城镇化快于人口的城镇化，以及常住人口的城镇化快于户籍人口的城镇化。根据统计数据计算，2004—2014年，城镇建成区面积年增长率为5.1%，城镇常住人口增长率只有3.6%，而城镇（非农）户籍人口增长率则更低，年平均仅为2.8%。这样的城镇化进程固然对经济增长做出了贡献，然而，用以人为核心的标准衡量，尚不能被看作一个完整的城镇化，其共享性和可持续性被显著降低。

一方面，目前1.69亿进城农民工在社会保障和子女义务教育等方面，尚未享有与城镇居民同等的基本公共服务供给。另一方面，随着农村适宜外出年龄人口呈现负增长，这种城镇化的步伐相应放慢。如果不能创造更强的激励机制，城镇化对经济增长的贡献作用将会式微。

以人为核心的新型城镇化，是十八大以来一系列治国理政新理念、新思想、新战略的重要组成部分。根据习近平重要讲话精神和中央战略部署，我们可以把以人为核心的新型城镇化战略强调的“新”字所在及其重要意义，做以下简要概括。

一是以人民为中心的发展思想的具体体现。习近平总书记指出：“以人民为中心的发展思想，不是一个抽象的、玄奥的概念，不能只停留在口头上、止步于思想环节，而要体现在经济社会发展的各个环节。”城镇化就是这样一个关乎我国经济社会长期可持续发展的重要环节。因此，新型城镇化更加强调以人的城镇化为核心，更加注重提高户籍人口的城镇化率，更加注重城乡基本公共服务均等化，更加注重环境宜居和历史文化传承，更加注重提升人民群众的获得感和幸福感。一句话，以人为核心的新型城镇化必须是全体人民共享成果的城镇化。

二是贯彻落实新的发展理念的具体抓手。推进新型城镇化是转变发展理念和经济发展方式的一个主要抓手，直接反映创新、协调、绿色、开放、共享的发展理念是否落到实处。实现经济发展方式的转变，要求把一切为了人民作为发展的中心，以新常态这个经济发展大逻辑引领经济工作，针对当前发展中存在的不平衡、不协调、不可持续的问题，把保持经济中高速增长、调整产业结构、转换经济增长动能等任务统一起来。为此，通过实现目标导向与问题导向的有机结合，新型城镇化按规律发挥自身功能，同时有助于解决好我国在发展中面临的紧迫问题。

三是供给侧结构性改革的具体领域。习近平指出，供给侧结构性改革，重在解决结构性问题，注重激发经济增长动力，主要通过优化要素配置和调整生产结构来提高供给的质量和效率，进而推动经济增长。以人为核心的新型城镇化，可以通过深化户籍制度等领域的改革，推动以基本公共服务均等化为中心内容的农民工市民化进程：一方面，通过改善生产要素供给的政策环境，挖掘传统增长动能的潜力；另一方面，通过优化资源配置，提高全要素生产率，赢得经济可持续增长的动力。

## 如何真正落实以人为核心

新型城镇化的推动成效，归根结底取决于能否做到以人为核心，具体而言，就是根据城乡居民能否成为城镇化的积极参与者和真正受益者做出最终判断。从这个意义上讲，新型城镇化也是城乡一体化的另一种表述，是实现城乡居民共同迈入全面小康社会的途径之一。在推进新型城镇化的进程中落实以人为核心，应该从以下四个方面着眼和着力。

第一，着力推进城乡基本公共服务均等化。十八大以来，通过执行“十二五”规划，我国基本公共服务供给水平显著改善，城乡之间的均等化程度明显提升。但是，作为二元社会结构长期存在的后果，城乡之间在基本公共服务供给上的差距仍然存在，并且在某种程度上比城乡之间在收入水平上的差距更大。因此，更加注重城乡基本公共服务均等化，是推进以人为核心的新型城镇化的题中应有之义。就是说，一方面要继续把新增公共资源向农村倾斜，提高农村居民享受基本公共服务的水平；另一方面让进城农民工及其家庭真正融入城市，享受同等的社会保障、义务教育、保障性住房等基本公共服务。

第二，着力提高户籍人口的城镇化率。通过户籍制度改革实现农民工市民化，是推进基本公共服务均等化最有效的手段和最终体现。目前我国56%的城镇化率，是按常住人口统计的，包含了尚未获得城镇户口和同等基本公共服务的农民工群体。为了使城镇化的推进方向和指标真正体现以人为核心，十八届五中全会提出加快提高户籍人口的城镇化率，即从2013年的36%提高到2020年的45%，不啻为新型城镇化下达了军令状。这也说明，新型城镇化是一场改革攻坚战，需要以更大的政治勇气和智慧进行推进。

为了实质性地推动户籍制度改革，我们首先应该树立一个认知，这项改革可以带来立竿见影的改革红利，即通过使进城农民工在城镇落户和继续推动农业劳动力转移，可以提高非农产业劳动参与率，稳定劳动力供给数量，同时提高资源重新配置效率和全要素生产率。在认识到改革红利的同时，还需要强化顶层设计，在不同层级政府之间合理分担改革成本，明确改革红利分享的预期，在激励相容的前提下更有力地推动改革。

第三，着力实现工业化、信息化、城镇化、农业现代化同步。习近平指出："中国要强，农业必须强。"构建经营有规模、生产有效率、服务靠社会、竞争有优势、产业能自立的现代农业生产方式是"农业必须强"的必然要求。目前，农业仍然是"四化同步"中的短腿。例如，城镇化进程及其相伴的劳动力转移，需要与发展农业规模经营相适应，而我国农户平均土地经营规模只有0.6—0.7公顷，仅相当于世界银行定义的"小土地经营者"标准（2公顷）的1/3，不利于机械化和现代科技要素的投入，成为农业生产方式现代化的掣肘因素。因此，创造必要的条件推动土地适度规模经营，补齐“四化同步”中农业这个短板，城镇化才能够健康推进，并真正落实以人为核心。

第四，着力增强城市宜居性，提升人民群众获得感和幸福感。城镇化既是一个外延扩大的过程，也是一个内涵不断完善并精细化的过程。目前我国城市发展中存在的公共服务供给不充分和不均等现象，以及基础设施不完善、环境质量差和交通拥堵、城市景观缺乏特色、历史文化遗产保护不力等“城市病”表现，集中反映在城市宜居性差这个问题上，对提高城市治理水平，推动城市管理现代化提出紧迫的任务。以人为核心这一中国特色新型城镇化要求，也是推动城市管理现代化的根本指引。必须立足于以人为中心，改革城市规划及其管理体制，着眼于把城市建成创新、协调、绿色、开放和共享的发展中心。

## 农业生产方式现代化

在改革开放期间，中国农业走过了不平凡的发展道路，分别经历了解决食品问题的阶段和解决农民收入问题的阶段。既有力支撑了同一时期的高速经济增长，也在国力增强后得到了来自工业和城市的慷慨反哺。随着中国经济跨越刘易斯转折点，资源禀赋发生了根本性的变化，农业中机器替代劳动力越来越普遍，资本劳动比显著提高。然而，由于土地经营规模狭小的制约，农业中也开始出现资本报酬递减现象，成为进一步提高效率从而赢得市场竞争力的障碍。补贴和保护终究无法替代生产方式的现代化，中国农业正面临严峻且紧迫的挑战。

## 农业新阶段的挑战

改革开放以来，中国农业总体上是沿着正确的路径发展的，解决了一系列重要的问题：解决了温饱问题和增产问题，推动了农业剩余劳动力的转移，实现了农业份额的下降和农民收入的提高。但是，由于不同的农业发展阶段有着不尽相同的目标和要求，一旦发展阶段发生变化，即使在以往行之有效的路径上继续前行，也往往会遭遇诸多难以克服的障碍。例如，我们遭遇的问题是，为了“养活”自己已经不遗余力，付出了昂贵的代价，却备感捉襟见肘。因此，另辟蹊径，即寻求中国农业发展方式的转变，应该是发展阶段符合逻辑的必然要求，具有十分的迫切性。

经过二元经济时期农业发展着力解决食品供给和农民收入问题的阶段，农业中的现代生产要素越来越多，资本投入的增长快于劳动投入的增长。相应地，劳动生产率也得到显著提高。根据全国农产品成本收益调查数据，我们可以从占到粮食播种面积81%的稻谷、玉米和小麦的投入情况，观察到这个明显的变化，即物质资本投入和劳动力投入消长。2004年以来，稻谷、玉米和小麦三种粮食作物的实际物质与服务费用加快上升，单位面积的用工数量则呈大幅度下降的趋势。2003—2013年，三种作物的实际物质与服务费用分别以1.9%、3.2%和2.6%的年均速度提高，而人工投入量则分别以4.4%、3.9%和5.0%的年均速度减少。

与此同时，农民收入的增长以及城乡收入差距的缩小，却越来越不依赖于农业收益本身。特别是在劳动力大规模转移并迎来刘易斯转折点的情况下，非农经营和工资性收入成为农民家庭收入中最主要的组成部分。例如，2014 年，农户现金可支配收入中有 63% 的部分与农业经营无关，而在当年增长的收入中，非农收入的贡献高达 75%。这一现实提出了两个值得深思的农业发展问题。

首先，随着经济发展阶段的变化，以往增加农民收入的源泉终究会渐趋枯竭、无以为继。对人口数据的分析表明，继中国 16—59 岁劳动年龄人口从 2011 年开始负增长之后，无论是按照常住人口的口径，还是户籍人口的口径，农村 16—19 岁的潜在外出务工人口也于 2015 年开始负增长，外出农民工的增长必然减速。事实上，外出农民工年增长率已经从 2005—2010 年的平均 4% 下降为 2014 年的 1.3%，2015 年则仅为 0.4%。这一变化的一个重要含义便是农民收入中工资性收入的增长不可能再保持以往的速度。

其次，这种农户收入构成说明，解决农民收入增加的成功实践，并不能自然而然地解决农业生产方式或效率等问题。一方面，来自农业的收入比重小意味着农业经营的激励不足，更高的非农产业收益引导着农业劳动力的转移，农业收益难以引导形成一个牢固的农业生产方式。另一方面，缺乏效率和自生能力的农业生产方式，不能保障农业经营获得合理收益，农业收益无法支撑农民收入的提高。这种恶性循环终究成为中国实现农业现代化，并最终解决“三农”问题的障碍。

因此，虽然我们并不能有把握地说，中国的食品供给问题和农民收入问题已经得到了彻底解决，但是适应中国经济发展阶段的变化及其要求进行的增长方式转变，构建现代农业生产方式，是中国农业发展现阶段的主要任务，并且十分紧迫。

## 关于规模经济的传统观念

在针对中国农业的经济问题的讨论中，以舒尔茨的观点为理论渊源的农业中的规模经济具有特殊性的观点，对于中国农业政策方向的理论讨论和实际调整，至今发挥着不利影响。

舒尔茨以拖拉机为例，作为证明存在规模经济的依据——生产要素的不可分性，在农业中却是不存在的，即所谓“假不可分性”。他指出，可以根据土地耕作面积或按照不同规格和型号来制造拖拉机，既可以非常大，也可以非常小。进一步，他把由拖拉机推导出来的“假不可分性”扩展到其他生产要素。例如，他认为兼业这种农业劳动力配置方式甚至可以使劳动者成为“可分的”。

这种着眼于论证农业中规模经济并不突出的理论，在20世纪80年代初中国农业实行家庭联产承包责任制时，被用来为改革的合法性背书。在当时中国农业所处的发展阶段上，这的确提供了颇为重要且有力的理论依据。

然而，时过境迁，在中国农业分别完成了解决食品供给问题和解决农民收入问题的阶段性任务后，过小的经营规模无疑会妨碍农业机械的使用。我们通过观察一些现实中的农业经营事例，可以看到小规模农业经营是怎样提高交易费用，从而造成规模经济损失的。虽然表面来看，农业机械商业性或合作性的服务，即农民不必全靠自己购买农业机械，而是购买农业机械服务公司或农业机械合作社的社会化服务，可以继续维系农业机械的“假不可分性假说”[1]，但是，把农业经营中生产成本与交易费用结合起来考察，则会发现农业经营规模已经成为农业生产效率提高的现实制约。

第一，关于农业生产要素“假不可分性”的一种观点是，小规模农户不必自己拥有农业机械，而是可以购买社会化的农机服务。但是，狭小的户均规模以及地块分布的分散性，限制了对大型农业机械服务的使用。虽然理论上可以通过相邻地块承包农户之间的协作解决农机服务的规模问题，但是以家庭为单位的土地承包和经营，使得农户的种植作物及品种可能千差万别，一个承包农户与相邻地块承包农户之间的谈判难度无疑是很大的，这也必然显著提高购买农机服务的交易费用。

第二，农民在产前、产中和产后购买生产资料与相关服务的活动，也存在规模经济。利用这种规模经济需要具备一定的能力和激励，以便讨价还价、收集信息、评估结果并付出相应的交易费用，而土地面积与经营规模的狭小和细碎，必然提高交易费用并降低激励。例如，农民在种子市场上常常面临众多选项，面对着劣质甚至假种子的欺骗。如果没有足够大的经营规模，则难以想象他们愿意并能够付出时间、精力和财力进行有效的甄别与选择。

第三，狭小的经营规模难以形成技术变迁的有效诱致机制。生产要素的相对稀缺性或者市场需求总是因时因地而发生变化。在大规模经营的条件下，这种变化会通过生产要素的相对价格变化，或者生产经营成本的变化，形成引导信号，诱致技术朝着节约稀缺要

---

① 中国农民大幅度增加对专业机械化服务的购买这一现象，也恰好说明大型拖拉机及其配套农具不再是无关紧要的，已经成为现阶段农业生产的必需投入要素。

素或符合市场需求的方向变迁。

但是，在狭小的经营规模情况下，生产者难以对市场信号做出有效反应。例如，采取提高税收的办法可以减少对农药的使用，但是会相应提高农业生产成本。大农场可以采取诸如灯光诱虫、集中歼灭的办法，但是一家一户的小农户则难以就诸如把害虫诱导到谁家地块这样的问题达成一致，相当于妨碍替代技术的采用。

## 农业现代化的规模制约

自 20 世纪 80 年代中期以后，家庭联产承包责任制改革形成极为狭小的土地规模，而且每户的土地也往往是分散的。这种地块的分割也因过多的道路、田埂和沟渠导致耕地的利用率降低。而且，即使随着劳动力短缺形成土地集中的内在要求，由于现行的户籍制度使农民难以改变永久居住地，土地经营规模难有实质性的扩大，更不必说人户与土地的分离而又不能充分流转和集中造成的土地撂荒或粗放耕种了。

根据陈锡文提供的数字，近年来通过把土地承包权和经营权分离等鼓励政策，促进了土地的流转。在 13 亿多亩的承包地中，现在大概有 3.8 亿亩实现了流转，有 9.2 亿是没有流转的，流转的部分约占 29%。从农户来看，约有 1.7 亿农户还没有流转土地，只有 6 000 万农户部分或全部土地被流转，所占比重为 26%。

此外，根据一项包括不同时期的抽样调查，郜亮亮指出，农户耕种自己承包的土地与转入土地的比率，从 1996 年的 97∶3 变为 2008 年的 81∶19。农户耕种更大比例的转入土地，无疑意味着土地出现了集中的趋势，经营规模有所扩大。尽管如此，按照国际标准，中国农业的土地规模以及由此导致的农业经营规模十分狭小，迄今仍是毋庸置疑的事实。

这种状况，在微观上妨碍了农户提高农业生产效率，在整体上构成中国农业生产方式现代化的障碍。我和同事通过农业生产函数估计，得出了关于农业发展阶段与面临挑战的一些结论，简要概括如下。

第一，直到 1984 年改革效应显现之前，中国农业处在解决食品问题的阶段，呈现典型的二元经济特征，表现为边际劳动生产力十分低下，1978—1984 年，水稻和小麦的边际劳动生产力均为负数，玉米的边际劳动生产力也低到接近于零，与刘易斯“零值劳动”假说是相符的。与缺乏现代生产要素的较低级发展阶段相对应，这时资本的边际劳动生产力较高，也符合理论预期。

第二，以 1978—1990 年为基点，粮食作物边际资本生产力递减趋势与边际劳动生产力递增趋势均非常明显。特别是到 2007—2013 年，水稻的边际资本生产力降低了 27%，同期玉米和小麦的边际资本生产力分别下降了 29% 与 19%。与之相对应，水稻的边际劳动生产力同期增长了 50 倍，玉米和小麦的边际劳动生产力则分别增长了 7 倍与 55 倍。三种粮食作物边际劳动生产力的提高幅度，远远高于边际资本生产力的下降幅度。

第三，我们观察到，在迎来刘易斯转折点之后，中国农业的边际资本生产力呈现继续下降的趋势。由此可以说明，在生产要素相对稀缺性和相对价格发生变化的条件下，农业经营规模狭小已经成为一种制约因素，导致资本报酬递减和投资回报率下降。按照舒尔茨的理论及其政策含义，改造传统农业的关键是引进现代化的生产要素，但是这类新型生产要素终究需要一个临界最小经营规模，才可能实现有效配置。

毋庸置疑，在激励机制和市场信号正确的前提下，遵循生产要素相对稀缺性和相对价格的变化，农民作为生产方式现代化的活跃且富于创造精神的经营主体，完全能够自行选择适当的技术结构和要素投入结构。然而，现行土地制度和户籍制度等仍然设置着诸多的体制性因素，妨碍土地经营规模的扩大，成为农业生产方式与工业化、信息化、城镇化同步实现现代化的障碍。

## 土地制度：改革的突破口

因此，相关领域的制度变革和政策调整，不仅本身可以产生提高潜在增长率的改革红利，还为解决农业下一个发展阶段的任务消除制度束缚。或者说，旨在构建中国特色现代化农业生产方式的政策努力，是供给侧结构性改革的逻辑组成部分。

马克思曾经引用威廉·配第的名言——“劳动是财富之父，土地是财富之母”。这句话既可以针对中国经济增长，是供给侧生产函数中的主要变量，也可以针对农村发展，并且两者之间密不可分、互相促进。为劳动力转移创造条件，就是扩大经营规模。因此，实现规模经营是“财富之母”的第一层含义，即有规模才能有效益，农业才能做强。目前农户人均土地规模只有0.6—0.7公顷，是世界银行定义的“小土地所有者”规模的1/3，是美国的0.4%，甚至是以小规模著称的日本、印度的一半。

扩大经营规模，消除劳动力转移的后顾之忧，需要土地制度改革，也是结构性改革的题中应有之义，也是“财富之母”的第二层含义。习近平总书记指出，土地流转和多种形式规模经营，是发展现代农业的必由之路，也是农村改革的基本方向。在农村集体土地所有权和农民家庭承包经营权二权分离的基础上，将农民家庭承包经营权分解为承包权和经营权，从而实行所有权、承包权、经营权三权分置，就是与此相关的一项重大制度创新，是实现规模经营的中国特色路径。

土地制度改革不仅是从"财富之母"的角度，为了扩大经营规模而提出的，也可以从"财富之父"的角度认识，即旨在到城市落户的人口迁移和劳动力转移，需要支付转移成本，也需要创业资金，甚至自我保障的支付。支付转移的资金从哪里来呢？秘鲁经济学家德·索托在《资本的秘密》一书中指出："穷人并非没有财产，他们有土地、有房子，但缺的是产权，即对他们使用的资产的用益物权之外的支配权、处置权。"承包土地的三权分置是一种制度上的突破，应该进一步创新。

## 从人口红利到人力资本红利

中国经济要保持可持续增长，需要通过调整产业结构并转变经济发展方式，转换经济增长动力。这个转换的含义是从依靠资本、劳动和土地投入驱动，转向依靠创新和全要素生产率提高驱动。诚然，在传统的发展方式中，劳动者的素质也至关重要，人力资本的贡献也是显著的，但是在新的发展方式中，人力资本不仅将成为越来越重要的增长源泉，而且也是推动创新和提高生产率的必要条件。

经济增长归根结底靠劳动者的创意推动，而越来越普及或深化的教育则是现代社会创意产生的必要前提、创新的源泉和生产率的保障。在中国加快经济结构调整、发展方式转变和增长动力转换的过程中，教育发展具有至关重要且不可替代的作用。不仅如此，教育还具有增强社会流动性、防止收入差距扩大和贫困代际传递的作用。因此，发展教育不仅是保持经济增长可持续性的嚆矢，还是增进经济发展分享性的关键。

## 人力资本的形成与贡献

关于人力资本的形成及其度量，长期以来，经济学家进行过深入的讨论。迄今为止，以适龄人口入学率、特定学历人口占成年人口比重，以及成年人口（或劳动力）平均受教育年限等指标，作为教育结果的度量，被证明是最可观察、易收集且有充分信息的人力资本代理指标。

其含义是：一方面，经济学家在进行分析时，往往用类似的教育指标作为人力资本的代理变量；另一方面，在改善人力资本的实践中，政策制定者和实施者通常从发展教育入手，实施人力资本积累战略。因此，中国经济发展进入新常态后，面临的人力资本挑战，既是对教育发展的新需求，也应该成为教育发展的新机遇。

人力资本积累既依靠个人、家庭、社会和政府的投入，也需要有来自市场的激励人力资本投资的正确信号。在中国目前所处的这个发展阶段上，存在抑制教育需求和供给的诸种体制障碍，需要通过深化相关领域的改革特别是教育体制的改革，解放人力资本积累的生产力，以免落入中等收入陷阱。我们这里主要讨论中国经济发展进入新常态需要挖掘的新增长源泉，揭示人力资本积累面临的严峻挑战，以及新常态下人力资本的新特征，进而提出对教育发展和改革的政策建议。

## 教育发展与改革方向

经济学家青木昌彦从东亚经济发展的经验中发现，任何国家和地区在经历了一个政府主导的、以库兹涅茨式的结构调整为特征的经济发展阶段之后，都必然进入一个由人力资本驱动的经济发展阶段。他表达的这个阶段性转折，正是我们所称的刘易斯转折点。在产业结构调整的过程中，人力资本的作用至关重要、不可或缺，而未来人力资本仍将是经济持续增长的重要源泉。

我们通过计量模型估算出，通过发展教育和培训，从而提高整体人力资本水平，可以在未来为中国额外贡献大约0.1个百分点的潜在增长率。这个贡献幅度对于一个能够实现两位数增长的经济体来说，似乎微不足道，但是对于旨在努力维持一个中高速增长，避免过早陷入中速甚至中低速增长的中国经济发展新常态来说，却是不可忽略的数字。而且，这里所说还仅仅是人力资本的数量。正如前引的研究所示，加入教育质量后，人力资本对经济增长的作用会显著提高，比生产率的贡献还要突出。

可见，中国面临的紧迫任务是如何显著提高教育数量和教育质量，依靠人力资本积累保持经济可持续增长。从数量上提升教育水平，关键是增加新一代劳动者的受教育年限。一般来说，在义务教育入学率很高的情况下，继续大幅度提高受教育年限的难度明显加大，必须依靠大幅提高学前、高中和高等教育的普及程度。提高教育质量的关键则在于以何种教育模式，以怎样的效率，教授学生哪些知识和能力。无论是数量，还是质量，教育发展必须依靠改革。

提高学前、高中和高等教育的普及程度，面临一些显而易见的认识障碍和政策障碍，由此形成教育数量发展的困境。我们可以由此出发，寻求问题的答案，并制定应对政策。这方面的一个障碍是，城乡之间、地区之间和居民之间在收入水平与教育供给上存在较大的差距，义务教育阶段后家庭负担的直接支出绝对水平和比重仍然较高，低收入家庭的承受力不足。

而且，农民工工资上涨的趋势造成接受教育的机会成本不断上升，家庭对子女读书的“成本与收益账”算下来，不利于教育的普及。当出现劳动力市场失灵或者教育回报率悖论时，增加义务教育年限，如把目前的 9 年义务教育分别向前（学前）、向后（高中）延伸 3 年，从而扩大政府买单的范围，无疑是一个解决办法。

但是，在面对诸多有关增加民生支出选项的情况下，政府的决策会游移不定，尤其会提出一个问题：中国是否到了把学前和高中纳入免费的义务教育这样的发展阶段。

的确，许多发达国家也尚未把义务教育扩大到这个程度。不过，考虑到中国经济发展的特点，可以帮助我们理解在教育上超越发达国家的必要性。其一，不同于以新古典方式增长的发达国家，中国经济发展是在二元经济条件下的赶超，既可以实现快于前者的增长速度，也会在刘易斯转折点出现之后，进入新古典增长（高收入阶段）之前，以明显的幅度减速。为了防止经济增长速度的一路下滑，乃至陷入中等收入陷阱，中国的教育必须保持尽可能快的发展。其二，中国“未富先老”的人口特征反映在劳动力市场上，则显现出更为强烈的教育负激励，要打破这种市场失灵，唯一的出路是政府介入，即加大公共投入规模和比重，实现教育的超前发展。

接下来的难题在于，政府增加投入的钱从哪儿来。2012年以来，中国政府对教育的公共投入已经超过GDP的4%。按照国际标准，这也是一个较高的水平了。随着人均收入水平的提高，进一步提高该比重固然也是需要的，但更可行且更为合理的途径则是改革投入机制，调整投入结构，提高投入产出效益。

目前，人们普遍观察到，在城乡之间、地区之间和各级各类教育之间，政府教育投入的分布存在不均等现象，往往从公平性角度予以批评。殊不知，根据海克曼的研究发现，这种不均衡的资源配置同样是缺乏效率的。因此，一方面把公共教育资源优先用于贫困地区、农村地区和贫困家庭。另一方面按照“学前教育—义务教育—高等教育—职业培训”的社会回报率重新确定政策优先顺序，作为配置公共教育资源的原则，既可以缩小能力和收入差距，防止贫困的代际传递，也可以显著提高资源使用效率，解决投入不足问题。

如果把教育看作一个培养人力资本的生产过程，根据不同阶段和不同类别的外部性特点，教育质量的提高有不尽相同的途径。对于义务教育阶段来说，实现资源更加均等的配置，可以通过消除资源不足环节的瓶颈约束，通过资源重新配置改善整体教育效率，增加人力资本产出。

义务教育阶段是为终身学习打好基础，是城乡之间和不同收入家庭之间的孩子站在同等起跑线的关键，政府应该切实降低义务教育阶段家庭的支出比例，巩固和提高义务教育完成率。通过把学前教育纳入义务教育，不让农村和贫困儿童输在起跑线上，也大大有助于提高他们在小学和初中阶段的完成率，并增加继续上学的平等机会。

我们应大幅度提高高中入学水平，推进高等教育普及率。高中与大学的入学率互相促进、互为因果：高中普及率高，有愿望上大学的人群规模就大；升入大学的机会多，也对上高中构成较大的激励。

目前政府预算内经费的支出比重，在高中阶段较低，对于农村特别是贫困农村地区来说，家庭在高中阶段的支出负担过重，加上机会成本高和考大学成功率低等因素，使得这个教育阶段成为未来教育发展的瓶颈。因此，从继续快速推进高等教育普及化着眼，政府应该尽快推动高中阶段免费教育（即使不是义务教育）。相对而言，高等教育应该进一步发挥社会办学和家庭投入的积极性。

正如具有充分竞争市场的产品，其质量的保证终究要靠竞争一样，高等教育质量的提高也要靠竞争取得。这要求推进一系列教育体制改革，以创造充分且公平的竞争环境。发达国家的大学能够培养出适应知识经济需求的人才，经历了长期的探索和艰难的改革。

例如，在看到与美国的大学相比缺乏竞争力之后，欧洲各国大多对大学制度进行了改革，主要着眼于增强竞争、减少管制、增加自主权，以及更充分地听取利益相关者的意见等。中国的教育体制改革，既有与其他国家相似的问题，也有特殊国情下形成的特殊问题，把共性与个性合并起来分析，才能给出具有针对性的政策建议。

“我们的大学为什么培养不出杰出人才”这一著名的“钱学森之问”本身，其实道理并不艰深，每一个大学校长都能列举出种种现象，在课程设置、科研体制、教学质量，以及与劳动力市场相衔接等诸多方面提出改革建议。但是，任何良好的愿望和完美的设计，终究需要与激励机制相容，需要靠竞争压力的倒逼机制，才能变成实际表现。

阻碍中国大学竞争的特殊体制因素是大学管理的行政化，包括大学过多地依靠财政投入、把大学划分为三六九等，以及为大学本身及其管理者定出行政级别。这种导向使部分大学具有了行政垄断地位，靠行政级别和重点学校的地位，既可获得充足的事业经费，招收到优秀学生，同时不必依靠提高教学质量吸引学生和社会资源。另外，那些被划入较低级别和等类的学校，则过分市场化，不顾条件一味满足市场需求，也没有提高教学水平的积极性。

可见，教育规模的扩大和质量的提高，应该按照不同阶段和不同类别的特点，特别是其社会回报率和私人回报率的相对重要性，分别进行教育体制改革。对于那些社会回报率相对高的教育领域，公共资源配置的公平性恰恰可以保证资源使用的效率，有助于人力资本数量的扩大和质量的提高，可以作为公共品生产领域进行管理。对于私人回报率相对高的教育领域，则应该通过改革矫正市场信号，搞对激励机制，加大市场筹资比重，完善竞争机制，提高教育质量。

## 改革的成本收益公式

中国经济长期可持续发展，归根结底要靠推进供给侧结构性改革。改革既需要顶层设计，也需要所有当事人具有相应的激励。从激励机制的角度看，我们面临的改革任务十分艰巨，难点在于与既得利益相关的激励问题。中央深化改革领导小组会议指出：改革是一场革命，改的是体制、机制，动的是既得利益，不真刀真枪干是不行的。中国改革中遇到的既得利益和局部利益比较特殊，即不是纯粹的私人利益，而是罩着公共利益光环的既得利益和局部利益。对改革的目标、进度、方式做出与中央顶层设计不一致的解释，代表者往往还理直气壮，似乎“心底无私天地宽”。但这是对改革的干扰，与明火执仗的反对改革者是一样的。

所以，突破口还在于党的十八届三中全会所讲：以更大的政治勇气和智慧推进改革，用全局观念和系统思维谋划改革。从经济学角度看，顶层设计的意义正在于，根据改革性质的变化，即“低垂的果子”已经摘尽，改革推进方式需要实现从“帕累托改进”到“卡尔多改进”的转变。所谓“帕累托改进”，是指改革会给一些社会群体带来明显的收益，却不会对任何其他群体造成损失。在改革初期，这类改革机会很多，也容易推进和突破。例如，家庭联产承包责任制，既调动了农民的积极性，也增加了城市居民的农产品供给，带来了明显的改革红利。改革推进到现在，任何改革措施都不可避免地要损害某些群体的利益，导致激励不相容，改革的推进难度显著增大。在改革总收益大于总成本的情况下，对受损者给予补偿以推进改革，即所谓的“卡尔多改进”。

国际经济学家、观察家和媒体报道对中国的改革有些误解，容易误导公众。这类观点认为，中国的改革任务与经济增长速度之间存在一种替代关系，为了推动改革必然牺牲增长速度。有的媒体甚至称中国的改革是“增长抑制型”的。国内舆论也有类似的倾向，夸大改革成本，低估改革收益。例如，在讨论户籍制度改革时，我们看到诸多关于推进农民工市民化的成本估算，但是很少见到有人测算该项改革的收益。这样的观点不符合事实，类似的舆论也不利于形成改革共识，缩小了改革方式的选择空间，还会误导投资者。

在此，笔者回答两个颇具争议性的问题：第一，中国减速是供给方因素还是需求方因素所致；第二，中国当前增长率是在潜在增长率之上还是之下。不妨通过第一手证据和国际经验，提供若干改革可以带来红利的事例，证明中国的改革不仅不是“增长抑制型”的，而且可以立竿见影地直接有利于提高经济增长速度。

在前文讲述的海克曼游说萨默斯关于政府向贫困家庭三四岁儿童教育投资的故事中，这就是一个关于公共政策改革的成本收益“海克曼等式”。

如今，面向贫困家庭、旨在提高儿童生命最初 1 000 天的健康和教育项目，得到了美国官方和民间的热切关注，成为一个方兴未艾的社会政策。经济学家的这个建议之所以得到人们的积极响应，并不仅仅由于其“政治上正确”的性质，更重要的还是其可以带来全社会的净收益。将其与当年米尔顿·弗里德曼倡导的教育券政策形成鲜明对照，后者建议让家庭自行“购买”教育服务，以促进教育供给者之间的竞争。几十年过去了，对教育券的响应者依然寥寥，更没有成为一项普遍推行的社会实践，原因恰恰在于该政策建议及其实施，并不能让人看到直截了当且显而易见的收益。

制度变迁理论指出，通常只有在一项制度变化的收益大于成本，即净收益大于零时，这种制度变迁才会发生。当然，这个理论判断指的是决策者考虑的实施改革的政治成本和收益，即改革带来的政治支持（收益）是否大于因此而遭到的政治反对（成本）。但是，一般来说，在经济意义上收益大于成本，就具有了说服政策决策者推行特定改革的充分理由。中国在相关领域的改革效果，可以说与此十分类似，即旨在提高资源配置效率、改善收入分配，以及增强基本公共服务均等化程度的改革，既是为了实现更加公平的社会目标，也可以获得直接和间接的改革红利。

具体而言，如果我们知道造成当前中国经济增长速度下滑的因素，也就可以预期哪些改革领域可以带来直接的提高潜在增长率的效果，以及其他间接有利于经济增长的效果。

正确认识改革能够带来的收益或改革红利，不仅对形成和凝聚改革共识十分必要，还能够增加改革方式和策略的选项，强化改革动力。尽管改革能够获得净收益，但成本和收益是不对称地在当事人之间进行分摊的。为了最大限度地使改革具有激励相容的性质，通常可以有两种方式可供选择：一是所谓的“帕累托改进”，即这种改革可以在不伤害任何既得利益的前提下予以推进；二是所谓的“卡尔多改进”，即虽然有利益群体会因改革而受损，但是，由于改革带来较大的净收益，可以拿出一部分对受损者进行补偿。当前面临的改革任务，已经很少具有“帕累托改进”的性质，但如果我们能够认识到并且把握住改革的收益，就可以适当地运用“卡尔多改进”的方式，减小改革阻力。

# 第十五章
# 从人口红利到开放红利

20 世纪 90 年代以来的全球化高潮，在广度上和深度上都超过了以往，以致许多工业化国家的国内经济社会政策跟不上其步伐，造成就业岗位损失和收入停滞，中产阶级和低收入者成为“输家”，日益强烈地表达不满。以美国信贷扩张为代表的应对政策缘木求鱼，反而导致房地产泡沫及其破灭，酿成全球性金融危机，继而引发欧洲债务危机，世界经济陷入平庸状态。随着西方国家政治结构的民粹主义化，保护主义政策盛行，全球化趋势有逆转的危险。

中国在其二元经济发展时期充分利用了上一轮全球化机遇，实现了高速经济增长及其成果的分享。我们应以经济体量和潜在消费力在世界经济中举足轻重的优势，主动有所作为，成为新一轮全球化的推动因素，同时赢得深度开放红利。

## 全球化的逆转趋势

过去我们享受人口红利，意味着生产要素特别是劳动要素，在从生产率低的部门向生产率更高的部门快速流动，从而改进了整体生产率，保持了高速增长。现在这个红利消失了，我们指望会有新的要素能够加快流动。现任世界银行首席经济学家保罗·罗默说，全球化就是创意的跨国流动。他对全球化的定义不是产品的流动，也不是劳动的流动，而是创意的跨国流动。其实，创意的流动也体现在其他产品和要素的流动之中。

全球化和我们未来的经济增长密切相关，了解了全球化，就可以知道中国未来有哪些机会。实际上，全球化正在遭遇挫折，我在本章想解释一下为什么全球化会出现挫折，中国可以在其中做些什么。

## 国际贸易和跨国投资

20 世纪 70 年代以来，世界贸易总量的增长速度一直高于 GDP 的增长速度，甚至在很多的年份是两倍于 GDP 的增长速度。但是在遭遇金融危机以后，贸易的增长速度一下子降了下来，从 2012 年至今，一直低于 GDP 的增长速度。传统意义上的全球化指标，即贸易量表明了全球化式微。此外，还有跨国的直接投资，或者用全球资本流动的数额占 GDP 的比重来表示，也从 2007 年的峰值水平迅速下降。

近年来，全球出口和全球 GDP 的数据显示，世界经济的增长速度已经够低了，但贸易增长速度更低。按照传统定义，全球化就是贸易和要素的流动，因此可以说，经济全球化已经出现了停滞迹象。出现停滞有很多原因，经济学家、政治家都在讲各种各样的理由。比如说中国已经进入中等偏上收入国家的行列，转向了更加内向型的经济增长，这是国外学者的解释。也有的解释是反过来的，因为世界经济和世界贸易不景气，中国只能更多地依靠扩大内需。还有各种各样的说法，所有解释世界经济增长速度放缓的理由，都可以或多或少地归结为全球化的停滞。

我想应该从国际政治经济学的角度来看这个问题。2008—2009年，世界金融危机以后，随即在伦敦召开了一次G20峰会。在这个峰会上，各个国家的领导人一致承诺要防止贸易保护主义，共同促使全球经济复苏。但是在会议之后，许多国家却纷纷出台贸易保护政策，其中最大、最发达的西方国家经济体，恰恰是出台贸易保护措施最多的国家，比如美国、德国、英国这三大经济体，它们在2009年峰会之后，分别出台了数百项可以定义为贸易保护的政策措施。

我们对此的评价应该是，这体现了全球化治理中非合作博弈的性质。不能说这是全部的原因，但至少是全球化停滞一个很重要的原因。如果每一个国家因经济不景气，想到的办法就是筑起一个贸易壁垒，那么表面看起来是想保护自己的经济，结果却是全球化进程全部放缓，最后自食其果。

我们把保护主义看作一个经济政策，那么和经济政策相关的更广义的政策，即在政治上又发生了什么呢？可以看到，整个经济政策和各国的政治结构都走向了民粹主义化、民族主义化，必然导致贸易保护，反投资，反移民，反生产要素的流动，反地区经济一体化，进而反全球化。

在美国的选举中，特朗普很显然是一个极端的民粹主义者，他直言不讳，声称要反移民、反贸易、反协定、反多元文化。希拉里·克林顿等人本来就是政府中的人，一些贸易协定都有份，但无论是想改口，还是为了拉选票，也开始公开表示反对跨太平洋贸易协定。及至特朗普出乎意料地当选，更是说明这种反全球化思潮很有市场。

欧洲各个国家的政府虽然有极右的，也有左派的，但是极端的民粹主义政策倾向，明显前所未有地占上风。最突出的例子就是英国公投脱离欧盟，评论家说这一点也不奇怪，关键是看下一个是谁。出现这样的趋势，可以说整个世界的政治结构都出现了新的变化，注定全球化会遭遇到巨大的政治障碍。我把到目前为止的全球一体化结果，叫作本轮全球化。这个全球化的深度和广度，与历史上以往任何时期相比都更深更广，唯其如此也注定了全球化会遭遇挫折。

全球化始于何时呢？有文献说全球化始于公元前，更多的人认为应该是始于 1492 年，这是哥伦布发现美洲大陆，西班牙人、葡萄牙人向全球扩张的海外殖民时代。还有人说是 1968 年，这一年全球在不同的地区都有共同的另类思潮，比如反战、反政府等。2016 年的诺贝尔文学奖领给了鲍勃·迪伦，而他的真正成就是在 20 世纪 60 年代形成的一种政治民谣风格，代表了当时的一个思潮。另外，还有人说应该是从 2000 年开始的，信息通信技术全面影响了经济社会，使全球化变成了没有人可以阻止的潮流：你可以阻止货物流动，可以阻止人的流动，但是谁也阻止不了信息的流动。

从贸易和投资的角度看，20 世纪 90 年代初应该作为这一轮全球化的起点。20 世纪 90 年代初以来，全球出口量和跨国投资量都近乎直线地往上升。一是中国改革开放到了 80 年代后期，提出要恢复关贸总协定的地位，随后进入加入WTO的各种准备，从此开始拥抱世界经济。二是90年代初，苏联解体、东欧剧变，它们开始从计划经济转向市场经济，不论是货物也好，生产要素也好，流动到整个世界经济体中，造成了这一轮全球化的高潮。

究竟什么是全球化，说法很多，看起来也没有太大的区别，无非一个是狭义，一个是广义。狭义是指经济全球化，比如斯蒂格利茨讲经济全球化就是通过扩大商品、服务、资本甚至劳动力的流动，从而使各国之间有了更加紧密的经济互动。也有一些人给出更广义的全球化，包括创意和知识的国际流动，文化的分享，全球的公民社会和环境运动。

任何事物能够把地球变小，这就是全球化的一种动力。这一轮全球化的深度和广度，是以往历史上从来没有达到的。从狭义的全球化定义到广义的全球化定义，我们就能看出全球化在广度上的推进。我们最初是在做贸易，做直接的对外投资，随后生产要素中的劳动开始流动，劳动的流动带来了创意的流动，带来了文化的流动，各个国家在文化上再也没有出现相互之间完全陌生的东西。这些都是在广度上推进的。

从深度上讲可能稍微复杂一点：一是要看全球化如何深入下去，如何带来社会经济的复杂化和变化；二是要看从理论上如何对全球化的深度进行了反映。我想介绍两个比较重要的理论结果。

## 全球化的广度和深度

第一个理论发展，我把它叫作“经济增长和国际贸易是同源的”，两者是同一个理由、同一个原因，既可以解释经济增长，也可以解释国际贸易。最早我们讲经济学说史时并不这么看，斯密最早对经济发展问题做了系统论述，所以我们称斯密为现代经济学的创始人。在斯密之后，李嘉图提出了比较优势理论，用比较优势解释国际贸易的存在。虽然有些国家在某些方面具有绝对优势，但是终究各个国家都有自己的相对优势。它们用自己相对优势的生产换取不具备优势的产品，就形成了国际贸易，因此每个国家都可以获益。这是过去的说法。

在任何一个新的发展时期，当人们遇到矛盾时，总有一拨人要回到经典中找它的最早出处。事实也证明，任何理论都可以在亚当·斯密的《国富论》中找到最初的痕迹。斯密认为分工是经济增长的源泉，是经济规模扩大的基础，它指出国际贸易其实就是分工扩大的必然性，分工到了一定程度，最终的结果就变成了国际之间的分工。因此，增长理论和国际贸易理论其实有共同的源头。

亚当·斯密的动态经济增长分析，已经包含了今天经济增长的一些新的要素，不是简单地说资本、劳动、土地和分工，还包括了新增长理论、新贸易理论所看到的一些重要因素。就是保罗·罗默、保罗·克鲁格曼以及诸多经济学家看到的，在他们的新增长理论和新贸易理论中揭示的重要因素。

比较优势理论起源于李嘉图，随后赫克赛尔、俄林、萨缪尔森，他们对理论进一步发展，认为各个国家拥有不同的要素禀赋，因此决定了生产不同类别的产品，即具有不同因素密集度的产品可以形成各自的比较优势，所以各个国家之间进行贸易，皆可以获益。

但是，在本轮全球化之前，也就是说在20世纪90年代之前，世界贸易的主体只是那些发达的西方国家，贸易主要是在这些发达国家之间进行的。这些发达国家跟苏联和东欧国家没有交易，和发展中国家也没有什么贸易。当时中国还没有改革开放，拉美在推行内向型的经济发展战略，所以西方国家基本是自己和自己做贸易，它们的生产要素禀赋几乎是一样的。它们交换的都是同类产品，美国的制造业装备出口到英国，然后从英国进口制造业装备，因此经济学家把这叫作产业内的贸易。

由于各国拥有几乎相同的生产要素禀赋和相同的发展水平，那么比较优势理论怎么体现呢？有些理论家就出来解释这个问题。例如，克鲁格曼发现，生产同样的东西，也可以有不同的比较优势。这个比较优势不是要素的差异，而是规模报酬的差异。既然有规模报酬递增，就打破了过去的完全竞争假说，至少他解释了发达国家之间为什么做贸易。

后来又有很多内生经济增长理论假说，包括保罗·罗默等人讲到的人力资本，特别是边干边学、内生的技术进步等，都是经济增长的源泉，也是报酬递增的源泉，因此也是贸易的源泉。所以说这个理论很重要，它有助于我们随后理解全球化的一些特征，也有助于理解全球化怎么走向深入。

作为第二个理论发展，我们得出结论，全球化如同经济增长，并不必然带来平等的收入分配。过去人们认为，经济增长有一个涓流效应，如果经济增长主要使得少数投资人获益，那么投资者会通过各种方式，无论是通过消费、雇用其他人，或者别的方式，把他们得到的好处渗漏到其他社会阶层。但是人们很早就发现，经济增长并不必然改善收入分配，人们很早就倾向于否定所谓的倒 U 形库兹涅茨曲线。

在这一轮全球化中，人们发现贸易也可以只给少数人带来好处，比如大型的跨国公司，这些好处并非必然流向其他的社会阶层，穷人甚至中产阶级并不一定能够获益。这种问题长期存在并且得不到解决，以致一些西方政治家采取民粹主义的政治态度，做出改变的承诺，并因此而上台执政。

这个理论发现，终究来自我们特别明显地看到全球化带来不平等的现实。全球化规则是发达国家制定的，它们的获益多于发展中国家。1999 年，我在华盛顿大学访问期间，有一天早晨听说好多国家的人跑到这里游行，主要是反对发达国家主导的世界贸易组织谈判。不过，发达国家的政治家并不真的在意全球化是否惠及发展中国家。

然而，后来发达国家内部的人也发现，全球化的好处都被大型投资者和跨国公司占有了，而老百姓、中产阶级和低收入者没有得到相应收益，甚至损失巨大。这一点已经被事实充分证明，而且理论上人们也在尝试概括它，贸易假设给大家带来收益，但是它并不必然带来合理的分配。

我们看一看全球化到底有什么样的结果，它在政治上是怎么反映出来的。本轮全球化之前，西方国家自己跟自己做贸易，它们的生产要素没有差别，所谓差别主要体现在规模经济上面。你在这个行业的这个环节有规模经济，报酬就递增，就占便宜，别人就得买你的。如果下一个环节的产品和类似产品在别的国家具有了某些规模经济递增的特点，你就会买它的产品。生产要素的报酬差不多，你们做交易也不会改变生产要素报酬。

但是1990年之后，中国开始拥抱全球化了，曾经实行计划经济的苏联和中东欧国家也出来参与国际贸易，这时我们好像回归到了李嘉图。我们看到的贸易，就是资本富裕的国家出口它们的优势产品，进口发展中国家的劳动密集型产品，于是产生了这个时代生产要素差异巨大条件下的国际贸易，改变了不同国家生产要素的报酬。

很显然，因为发达国家的劳动密集型产品已经从别的国家进口了，本国的工人已经不那么值钱了，所以这个全球化倾向于降低高收入国家的劳动收入。对于发展中国家或者低收入国家来说，这种全球化倾向于降低本国的资本收入。在过去不进行贸易，没有国际分工的情况下，贫穷意味着资本是稀缺要素，它的价格很高。现在有了这种贸易，有了直接投资以后，资本变得相对宽裕了，因此它的报酬也被压低了。由此我们可以想象到，在发达国家，劳动者很容易成为全球化的受害者。

事实上也是如此。斯彭斯研究宏观经济研究、增长问题和就业，他在对美国的就业情况进行分析后得出一个结论，说在过去一二十年中，美国的就业总量是增长的，但全部来自非贸易部门。

我们可以把一国的产品和服务分为贸易品和非贸易品，因此部门也可以分为贸易品部门和非贸易品部门。美国的就业增长几乎全部来自非贸易品部门，而来自贸易品部门的只占0.62%，微不足道。也就是说，能够进行贸易的产品，都变成了由其他新兴经济体国家，主要是中国等国家来生产。这就意味着，美国在这个部门的劳动力就业受损了。美国仍然还有一部分就业增长，就是非贸易品，必须本土生产的或者主要适合于在本土生产的产品。例如，研发领域的一些高端产品，以及社会保障和政府服务业，还有一些非常低端的服务产品，比如蹲在街头给人擦皮鞋、在麦当劳当服务员等，这些不能作为贸易品。

因此，美国甚至欧洲的劳动力市场都出现了两极化，扩大较快的不仅有更好的高端服务业劳动者，比如科技人员，还有非常低端的几乎连高中都可以不上的服务行业的劳动者，而处在中间环节，需要一定技能的（制造业）岗位，则大幅度减少了。

两极化的劳动力市场，必然导致两极化的收入分配。这些国家这些年的主要政策都倾向于有利于人群中的1%，而不利于99%，造成收入分配的两极分化，且没有好的再分配政策。特别是美国，它的收入保障制度在发达国家中是非常不健全的。如果说过去发展中国家的人跑到西雅图游行，美国可以不理它，以后不发给他们签证就行了，但今天出来占领华尔街的是美国人。这些反全球化的民众情绪，必然会影响这些国家的政治。

## 西方政治的民粹主义基因

如果说，发展中国家的呼声难以实质性影响全球化的进程和方向，那么发达国家内部数量众多的“输家”，终究要通过“投票箱”机制表达自己的意愿，最终影响一国的政治和政策取向。然而，对此做出反应的诸多带有民粹主义色彩的经济政策，往往酿成更为严重的苦果，激起民众更大的政治对抗。

### 用手投票和用脚投票

印度央行前行长拉古拉迈·拉詹写了一本书，他提出，美国政府很早就在尝试缓解中产阶级和低收入者要求收入不断增长的深层焦虑。政府毕竟需要选票，要做一些让老百姓高兴的事，因此他们打出美国梦的旗号。美国梦的一个很重要的内容就是居者有其屋，在这个旗号下，他们创造了金融衍生工具，政府大幅度地给予背书，隐含地给信贷提供担保，再加上不严的监管，导致次贷支撑的房地产泡沫被推起，继而破灭。更广义地说，是各种资产的泡沫破灭，因为任何泡沫只要足够大，终究是要破灭的。泡沫破灭以后，民不聊生，许多家庭陷入深重的灾难，民众的反对情绪越来越激昂。

今天大家看到的新当选美国总统特朗普，人们找到他的许多缺点，其中任何一条放到过去美国总统候选人身上都会使其匆匆收场，但是今天他仍然得到了相当多的民众的支持，并最终当选。原因就是美国和欧洲的金融政策本身反映的是一种民粹主义，反过来会继续不利于老百姓。

虽然金融危机之后经济在复苏，但是非常缓慢，充满不确定性。国际货币基金组织总裁把当代世界经济增长归结为“新平庸”。曾经有一个关于经济学家的笑话：杜鲁门总统发牢骚说，你们总让经济学家当顾问出招，能不能找几个只有一只手的经济学家。因为他发现经济学家通常会说一方面的道理，当政府正要采纳的时候，又说还有另一方面（on the other hand）。

西方也遇到了和我们相同的争论。第一个争论是，你也需要“两只手”，一只是看不见的市场，另一只是看得见的政府。两者之间如何平衡，他们也没有把握好，所以到今天也是激烈争论的问题。第二个争论就是要有“两条腿”（供需两侧），不能只有一条腿。

最近关于世界经济增长停滞有各种各样的解释，总体归纳为需求侧的问题。

但是在分析需求侧因素的同时，有些西方经济学家又说是供给侧的问题，如全要素生产率长期得不到提高，很多新的技术并没有变成经济增长的动力，因此供给侧也存在问题。所以，经济增长的两条腿都要能够变成驱动力。

金融危机之后，欧洲面临债务危机，失业率仍然非常高，尤其是南欧青年失业率高达 50%。再加上难民问题及其带来的其他社会问题，也是灾难深重。金融危机之后，无论美国，还是欧洲，收入分配都没有得到改善，普通劳动者的工资没有上涨。美国失业率一直在下降，大概降到了金融危机之前的水平，但是很长时间加息的决心犹豫未决，原因是劳动参与率在下降。

我们讲劳动力群体，首先有一个概念叫劳动年龄人口，比如 16—60 岁或者 16—65 岁等。虽然是劳动年龄人口，但是这些人并不一定都就业。有些本来愿意就业的人，由于上学、生孩子、生病等原因也不能就业。除去这些人，已经就业和想就业的人占劳动年龄人口的比重叫劳动参与率。劳动参与率下降，不是因为很多人想回家享福。在美国，大部分人属于“沮丧的工人效应”。

设想我是一个统计部门的调查员，三年前入户调查来询问一个人的就业状况。第一个问题是，在过去一周内，他是否工作一个小时以上。如果他说有，那么他就是就业人口。如果他说没有，还要问他有没有积极找工作，他说积极找了，但没有找到。我还要问，如果给他一个工作，能不能马上就去。他说没问题，那他就是失业。三年后，我又去调查这个人，问了第一个问题：过去一周内是否工作一个小时以上。他回答说没有。我又问他有没有积极地寻找工作。他说也没有，我就不问了，回来就把他列入退出劳动力市场的名单。他不是失业人口，但是降低了劳动参与率。如果我继续问他为什么不找工作，三年前他还在积极找。他说："我三年前就积极找，一直到今天也没有找到，我还找什么呢？"因此他沮丧了，退出了劳动力市场，这并不意味着他不需要工作。

所以劳动参与率下降，如果只是"沮丧的工人效应"，意味着劳动力市场并没有我们想象得那么好，这是"新平庸"状况下西方面临的一个主要问题。

遇到问题，民众就要表达不满，他们怎么表达不满呢？有一些经济学文献概括了一些表达渠道，总体上看是三种方式。一是通过投票，投票选议员或总统，或者公投决定某件事情，这是他们表达意愿的渠道，也是西方政治家最在乎的东西。西方政治家不在乎基尼系数有多高，但他们很在乎基尼系数会不会影响选票。二是呼声，媒体就是一种呼声，它也是一种表达方式。呼声响到了一定程度，就会影响投票。三是退出，就是用脚投票。

在戈尔和小布什竞选时，一位美国教授说："如果小布什当选，我就移民加拿大。"美国大选尘埃落定之前，又有支持特朗普的人说："如果希拉里当选，我就移民波多黎各。"双方都会有这样的说法，这是一种退出。还有其他的退出，比如英国退出欧盟。它退出欧盟以后，对它不满的苏格兰或许考虑要退出联合王国，这也是一种退出。

## 民粹主义流行

现在的反全球化倾向，加上有悠久历史的政治传统就是民粹主义。民粹主义也很复杂，在不同国家、不同时期、不同领域、不同学科，讨论民粹主义有不同的说法。总的来说，民粹主义最初提倡的是平民主义，是反精英的，因此民粹主义往往作为讨好民众的一种手段。但现在更广泛地用民粹主义骂民粹主义，都是用一个词，右派和左派相互骂。民粹主义变成一个被政治家用来运用平民诉求的形式或政治外壳，兜售自己特定的政治主张，而这个政治主张并不一定有利于平民。

我们面临的全球化挑战，就是西方政治家借中产阶级和弱势群体在全球化中感到自己受损的情绪，来推销反全球化的理念和相应的政策以赢得选票。他们或许不见得真正愿意反全球化，而是看中了由此来获得选票。如今，不仅英国公投脱欧、美国特朗普上台、意大利伦齐总理辞职已经推动民族主义化和民粹主义化的政治进程，欧洲许多国家无疑还会以新的黑天鹅事件加速这个过程。这是我们面临的一个巨大挑战，它必然使全球化进入低潮。

## 全球化的中国主张

一般认为，以 1978 年年底中共十一届三中全会召开为标志，中国开始改革开放。请注意两层含义。第一，改革与开放是同时发生的，也是紧密联系、相互促进的。改革是开放条件下的改革，开放也在改革过程中得以推进的。所以，国内经济发展与融入全球经济是相互交织在一起的。第二，对外开放具有独立、确切的内容。初期的对外开放带有实验性和地域性，从建立经济特区、开放沿海城市和沿海省份等入手。至 20 世纪 90 年代，中国为加入 WTO 做出努力，开始了全方位地拥抱经济全球化。无论从经济特区的成功经验，还是从高速经济增长与深度对外开放的一致性，都可以得出结论，中国是这一轮全球化毋庸置疑的受益者，对此我们从不讳言。

## 中国为什么不反对全球化

总的来说，全球化对中国有利，甚至可以说中国是过去一轮全球化最大的受益者。第一，中国拥抱全球化的时期，经济发展正好处于二元经济发展时期，两者是重合的。也就是说，改革和开放同时起步，相互促进，让我们有了全球化地参与国际分工的一个机遇。第二，中国恰好是劳动力无限供给的发展阶段，劳动力的丰富对应了制造业比较优势，在竞争力上就可以占住先机。第三，我们发展劳动密集型产业，而且速度非常快，有市场、有需求，就业也就相应增加。城乡居民就业的扩大，必然给他们带来分享经济发展的机会。

我们的基尼系数曾经高达 0.49%，通常 0.4% 是基尼系数的警戒线，怎么到了 0.49 也没有出大问题呢？因为我们的经济在高速增长，蛋糕在不断做大。虽然分蛋糕的方式不那么平等，但是因为蛋糕在不断做大，大家都能够有所分享。这种分享主要是通过扩大就业进行的，过去很多人批评农民工政策，但是当时农村每户人家只有平均八九亩土地，在土地的边际报酬是零，没有什么收入增量，劳动力是剩余的。农民工进城挣到了几百块钱看上去收入并不算高，但整体上还是改善的。可以说，那个时期我们经历了一个不那么均等的分享和包容性的经济增长。

从宏观上看，由于劳动力充足，又有市场，且能把它兑现为人口红利，于是就有了充足的劳动力供给，有了充足的人力资本供给，有了资本报酬比较高的情形，有了资源重新配置效率和全要素生产率的提高。我们的潜在增长率比较高，因此实际增长率也比较高。

从改革开放到2010年之前，我们的潜在增长率大概是10%。虽然经济增长有所波动，但总体上实际增长率也有10%。到了2010年之后，我们的人口结构变了，人口出现老龄化，人口红利相应消失，但是我们已经从二元经济发展和全球化高度重合中获益。同时，中国大规模的出口支撑了大规模的进口，不仅进口了我们需要的产品，还进口了先进的技术，支撑了产业结构升级。因此，我们的人均GDP从1978年的150美元，提高到8 000美元的中等偏上水平。

前面我引用斯彭斯做的关于美国在全球化中就业变化的研究显示，美国就业增长都是来自非贸易部门，贸易部门的就业几乎是停滞的。我们在讲中国拥抱全球化的过程中的就业究竟如何扩大时，也可以与美国对照来看。我们利用中国在2004年、2008年和2013年做的三次经济普查的数据，可以看到2004—2013年，我们的城镇就业总体上增长得非常快，每年增长5.9%，到了2013年就业总量达到3.5亿。

另外，我国贸易部门与非贸易部门就业增长的速度也相对平衡，贸易部门年均增长6.9%，非贸易部门年均增长4.7%。这就和美国不一样了，美国贸易部门的就业几乎没有增长。我们把中国作为全球化的一极，把美国作为另一极，中国通过扩大就业分享了经济增长，从全球化中大大受益，这一轮的全球化有利于全体居民。

本书前面的许多章节已经叙述了改革开放如何在城镇创造就业

岗位。归根结底，就业的增长在于非农产业的增长，在于城市就业的增长。中国是一个对外贸易依存度非常高的国家，但是仅仅看贸易依存度，并不能充分反映拥抱全球化的程度，特别是分享全球化收益的程度。更重要的是应该看城乡居民如何扩大就业，我们主要是通过非农产业就业的扩大，分享了全球化的收益。

所以全球化，不管贸易理论有什么新的变化，贸易类型有什么新的变化，只要人们进行贸易，就会有收益，就是大家都认可的一个游戏。当今世界没有谁强迫谁做贸易，大家在贸易过程中都是有所收益的。问题在于收益能不能变成全民共享，或者主要由谁共享。这取决于各国的一系列经济与社会政策，这并不是全球化本身可以解决的。

中国在特定发展阶段与全球化对应的，就比较多地有利于劳动者，因为我们是劳动力丰富的国家，和资本丰富国家做贸易，我们的劳动收入倾向于提高。我们认识到了共享发展的重要性，所以不断地改善收入分配制度，因此我们的全球化是成功的。西方发达国家也看到了这个问题，但是既得利益很难触动，因此它们选择去全球化的政策，先拉到选票上台再说，这对他们来说可能是比较好的选择。

## 达沃斯论坛上的宣示

2017 年 1 月 17 日，国家主席习近平在瑞士达沃斯国际会议中心出席世界经济论坛年会开幕式，发表了题为《共担时代责任，共促全球发展》的主旨演讲。他指出，要适应和引导好经济全球化，消解经济全球化的负面影响，让它更好地惠及每个国家、每个民族。面对经济全球化带来的机遇和挑战，正确的选择是，充分利用一切机遇，合作应对一切挑战，引导好经济全球化走向。在国际舆论的一片好评声中，观察者大都认为，中国已经做好准备，扛起引领全球化的大旗。

不管怎么说，中国是全球化的最大受益者，逆转全球化的潮流对我们显然不利。在面临去全球化的挑战时，我们应该做点什么呢？第一，坚持改革开放的初衷和大方向不能动摇。全球化遭遇挫折，我们不全依赖它，所以不要着急，应该保持战略定力，在经济政策制定上保持耐心，也许短期内不会有暴风雨式的收益，但是我们要有历史耐心，在力度上保持分寸感。即使其他国家推出了各种各样的贸易保护政策，我们也没有必要以眼还眼、以牙还牙。

我们要创造一个更好的开放环境，让投资者和所有跟我们交易的伙伴都用脚来投票。从某种程度上看，其他国家设立了贸易壁垒和其他制度性障碍，我们则要创造更好的政策环境。正如古人所云，要让潜在的合作者感受到“近者悦，远者来”。不能改变整个反全球化趋势，我们就创造一个好的微环境。

第二，目前的全球化格局对我们也是一个机遇。中国毕竟是第二大经济体、第一大货物贸易国，目前还是第一大人口国家，是主要的对外投资经济体，是主要的吸引外资来源的经济体。这种经济体量，决定了我们在全球治理中已经到了一个新的发展阶段，可以争取更多的话语权和主导权。

上一轮全球化之所以对发展中国家不利，原因是发达国家在制定全球化的规则，中国虽然从中获益，但是在遵循人家的规则。下一轮全球化的高潮需要中国来创造，也需要我们有更多的话语权。“一带一路”倡议、亚洲基础设施投资银行的创立、人民币进入国际货币基金组织特别提款权货币篮子等，都在显示我们的话语权。当然，这里所说的话语权，并非像特朗普“美国第一”口号暗含的“以邻为壑”主张，而是体现合作共赢理念的话语权。例如，“一带一路”倡议已经体现出与上一轮全球化不尽相同的理念，因而赢得越来越多的积极响应（见表 15–1）。

**表 15–1　经济全球化的替代选择**

| | 西方主导的全球化 | “一带一路”推动的新全球化 |
|---|---|---|
| 国际影响 | 工业化国家制订规则，附加条件的贷款和援助，发展中国家并未均等受益 | 不附加任何条件的基础设施投资，立足于共建共享 |
| 国内影响 | 跨国公司具有强大的谈判力，劳动力市场两极化，收入差距扩大 | 提供有助于居民广泛获益的公共产品，创造就业和增收机会 |

美国和其他西方国家都在重新考虑区域合作协议，或者退出，或者想要重新谈判。中国和发展中国家的诉求，或多或少地可以利用重新谈判的机会有所表达。重新谈判中会有一些收益的变化，或许有一些有利于西方国家中产阶级和低收入者的政策改变，这对于我们来说也是一个机会。归根结底，这些人群收入的改善，可以提高我们的市场潜力，我们要抓住新的机遇。

第三，创造一个新的全球化引爆点。所谓引爆点，就是历史上的几个特定时机。这些特定时机的事件成了全球化的引爆点，让地球变得更小了。麦吉利夫雷在一本书中列举了历史上有过四次迅速把地球变得更小的引爆点：第一次是 1490—1500 年，叫作伊比利亚瓜分世界，开拓殖民地，开启第一次国际化高潮；第二次是 1880—1890 年，叫作不列颠制高点，英国开拓殖民地；第三次是

1955—1965 年，叫作人造卫星；第四次是 1995—2005 年，叫作全球供给链。这几个重要的引爆点，确实都带来全球化的高潮。

麦吉利夫雷预测，下一个全球化的引爆点叫热力全球化。热力全球化，是指全球变暖的现实，让世界各国特别是大的经济体也是大的排放国站出来，掀起一个以治理全球气候变化为主要内容的新一轮全球化。他的想法有一定的道理，至少是有利于全球化的。我们看到了《巴黎协定》的积极促成，全国人大常委会也批准了这个协议。批准的当天，习近平主席在杭州和时任美国总统奥巴马向联合国秘书长交付了文书，目前已经正式生效。新任美国总统特朗普可笑地认为全球气候变化问题是中国人制造的“阴谋”说法，也会在这个共同行动中倒退。无论是作为一个负责任的大国，还是从国内发展方式转变的迫切性考虑，中国仍将扛起大旗，发挥更加积极主动的作用。

“一带一路”发展战略的提出，反映了我们内外联动，利用好两种资源、两个市场的思路。过去制造业主导权曾经在英国，后转移到美国，又转移到日本，又到了“亚洲四小龙”。在东亚发生的这一轮制造业转移，被人们概括成雁阵模型，即先有一个国家做领头雁，它的比较优势没了，就让位给其他的国家和地区，一直到了中国的沿海地区。现在我们的劳动力成本也提高了，制造业正在丧失比较优势，但中国是一个大国，和其他的经济体都不一样。因此，我们的雁阵模型先会在中国国内很自然地延伸，然后再延伸到国境之外，变成国际版的雁阵模型，它和我们现在设计的“一带一路”思路是一致的。

利用中国既有的优势，补充其他国家和地区的不足，包括资金、基础设施建设能力和实体经济的产能，甚至市场。这个共赢共享理念在构建过程中，规则不再由西方国家主导，治理理念和规则发生了变化。“一带一路”不是简单的产能转移，而是推动新一轮全球化的一个具体措施。

西方的全球化没有被人们认可，因为它推动了全球化，但是没有管好、治理好全球化，没有把全球化和国内的治理政策很好地结合起来。我们应该推动一个体现新的发展理念的全球化，其中一个理念是创新发展。在新的发展阶段，“新常态”意味着过去的经济增长动能在消失，经济增长不再可能靠生产要素投入驱动，越来越需要提高生产率来驱动。生产率的提高更主要是通过竞争，通过优胜劣汰，也就是所谓创造性的破坏。

我们倡导以人民为中心的发展思想，没有竞争力的生产能力可以破坏，“僵尸企业”可以破坏，甚至那些过时的岗位和没有效率的岗位也可以破坏，唯独劳动者不能破坏。因为劳动者是一种特殊的生产要素，是以人为载体的，所以我们的社会政策要托底，要让劳动者能跟上创新步伐，成为新一轮全球化的赢家。

我们曾经模拟过通过供给侧结构性改革，中国未来会保持什么样的增长速度，而这样的经济增长速度可以取得什么样的效果。总的来看，按照我们的设想，通过提高全要素生产率，提高劳动参与率，提高生育率，还有一些其他措施，可以显著地推动潜在增长率在未来有所提高，形成一个长期的 L 型的经济增长轨迹。其实，在中国，改革与开放从来都是紧密相连的，只有坚持改革，通过更深更广的对外开放，才能实现发展的目标。中国必然引领经济全球化，也必然创造新的红利。

# —后　记—

早在三年前，中信出版集团的几位编辑就与我沟通，希望我把关于中国经济的一些理论思考写成一本易读易懂的书。所以从那时起，我就开始酝酿这本以“大国拐点与转型路径”为主题的书。为使书中的内容更加翔实，在过去几年里，我围绕该主题进行准备，对已有成果进行整理归纳，同时继续发表一些相关文章，做了一些讲座，并着手撰写本书，经过多次调整，最后定稿。

本书的目标读者，既包括学习经济学的高校学生、研究中国经济问题的专业人士，也包括希望深刻了解中国经济走向的投资者和企业家，以及关心中国经济发展的一般读者。虽然书中或许有不尽完善之处，但本书的确是我严肃研究之后，尝试较少依靠专业词汇进行表达的一个成果，希望能够对读者有所启发。

我要感谢中信出版集团经管出版社策划编辑袁开春、责任编辑王金强等同志对书稿的精心处理和认真编校。也要感谢国务院发展研究中心《新经济导刊》执行总编辑（新经济研究室主任）朱敏的热心协助，他为本书的策划、编审和出版工作做出了重要贡献，可谓一位尽心负责的特约策划人。当然，书中可能尚存的任何错误，都应该由我本人承担。

蔡昉

2017 年 5 月于北京